IAN STEVENSON
XENOGLOSSIA
NOVOS ESTUDOS CIENTÍFICOS

IAN STEVENSON

Nascido na cidade de Montreal, no Canadá, em 31 de maio de 1918, o psiquiatra e diretor dos Departamentos de Parapsicologia e Psiquiatria Comportamental — além do curso de Medicina da Universidade da Virgínia — Ian Stevenson sempre incluiu em suas pesquisas temas importantes, dentre os quais um em especial: a reencarnação.

A experiência de quase-morte (EQM), as aparições ou visões no leito de morte, a problemática da relação entre mente e cérebro e a permanência da personalidade pós-morte são outros assuntos vinculados às pesquisas do autor.

O professor Stevenson dedicou, com afinco, meio século de estudos debruçados sobre lembranças que crianças tinham de vida passada (o que chamamos de hipótese de sobrevivência da consciência após a morte). Segundo o renomado cientista e astrônomo americano Carl Sagan (1934-1996), este é um dos poucos estudos sobre o fenômeno paranormal que merece, efetivamente, ser analisado.

Algumas linhas não são suficientes para o leitor entender a grande contribuição científica do professor Stevenson às investigações parapsicológicas e à comprovação científica da reencarnação. Para se ter um conhecimento mais profundo sobre o renomado autor, nada melhor que a transcrição de seu artigo, escrito meses antes de sua morte, ocorrida em 8 de fevereiro de 2007. O ensaio encontra-se no livro *Reencarnação: Vinte Casos*, também publicado pela Editora Vida & Consciência.

Título da edição original: *Unlearned Language - New Studies in Xenoglossy*
© 1984 by the Rector and Visitors of the University of Virginia

Direitos da edição em Português © 2011
Editora Vida & Consciência Ltda.
Todos os direitos reservados.

Direção de Arte: Marcio Lipari
Capa e Projeto Gráfico: Jaqueline Kir
Diagramação: Priscilla Andrade e Regiane Guzzon
Tradução: Cacilda Guerra
Preparação: Melina Marin
Revisão: Cristina Peres

1ª edição — 1ª impressão
3.000 exemplares — julho 2012

Dados Internacionais de Catalogação na Publicação (CIP)
(Câmara Brasileira do Livro, SP, Brasil)

Stevenson, Ian
Xenoglossia: novos estudos científicos / Ian Stevenson; tradução Cacilda Guerra. -- São Paulo : Centro de Estudos Vida & Consciência Editora, 2012.

Título original: Unlearned language: new studies in xenoglossy

ISBN 978-85-7722-211-7

1. Xenoglossia – Estudos de casos I. Título.

12-06157   CDD-133.9092

Índices para catálogo sistemático:
1. Xenoglossia : Parapsicologia: Estudos de casos 133.9092

Todos os direitos reservados. Nenhuma parte desta edição pode ser utilizada ou reproduzida, por qualquer forma ou meio, seja ele mecânico ou eletrônico, fotocópia, gravação etc., tampouco apropriada ou estocada em sistema de banco de dados, sem a expressa autorização da editora (Lei nº 5.988, de 14/12/1973).

Este livro adota as regras do novo acordo ortográfico (2009).

Editora Vida & Consciência
Rua Agostinho Gomes, 2.312 – São Paulo – SP – Brasil
CEP 04206-001
editora@vidaeconsciencia.com.br
www.vidaeconsciencia.com.br

SUMÁRIO

Tabelas 7
Agradecimentos 8

Introdução 13
O caso de Gretchen 19
O caso de Sharada 125
Discussão geral 255

Apêndice A: Trechos de transcrições das sessões
com Gretchen 272

Apêndice B: Trechos traduzidos de anotações
e gravações em fita de conversas com Sharada ... 273

Referências bibliográficas 323

LISTA DE TABELAS

Tabela 1. Gretchen — Diferentes tipos de declaração na sessão de 5 de outubro de 1971.................. 57

Tabela 2. Gretchen — Exemplos de frases em alemão ... 69

Tabela 3. Gretchen — Alemão escrito............................. 76

Tabela 4. Casos de Jensen e Gretchen — Comparação de características... 112

Tabela 5. Sharada — Lista de afirmações sobre edificações e características geográficas de Bengala..... 160

Tabela 6. Sharada — Duração de fases em anos diferentes 181

Tabela 7. Sharada — Algumas palavras em bengali e suas correspondentes em outras línguas.................. 213

Agradecimentos

Meu obrigado especial à senhora Emily Williams Cook, que leu o livro e deu muitas sugestões para que ele fosse melhorado. Por várias sugestões adicionais, também estou em dívida com o doutor T. N. E. Greville (que leu o livro todo) e com a falecida senhora Laura Dale, o doutor Edward Kelly, a senhora Carolee Werner e o falecido doutor J. G. Pratt (cada um dos que leram e comentaram partes do texto).

Fiz a revisão final deste livro durante um período sabático em 1981-1982 e sou grato ao diretor e aos pesquisadores do Darwin College, em Cambridge, pelas acomodações e pela calorosa hospitalidade que me foi proporcionada nessa ocasião.

Além disso, é com prazer e gratidão que menciono a ajuda de muitas pessoas na investigação dos dois novos casos apresentados neste livro.

O caso de Gretchen

Agradeço ao reverendo Carroll Jay e à senhora Dolores Jay, sua esposa (o sujeito do caso) pela plena cooperação nesta investigação. Ambos pediram para serem identificados por seus nomes verdadeiros e, como os membros mais próximos da família da senhora Jay também concordaram com o uso de seus nomes verdadeiros, não foi necessário empregar pseudônimos para nenhum dos principais informantes mencionados neste relato. O senhor Jay leu a versão final das partes do livro relacionadas com o caso de Gretchen e me disse que, até onde sabe, o relato é exato.

A doutora Doris Wilsdorf (professora de ciência aplicada da Universidade da Virgínia), o doutor Kurt Kehr (ex-professor adjunto de alemão do Mary Baldwin College, Staunton, Virgínia) e a senhora Elisabeth Hölscher Day (ex-professora de alemão da Universidade da Virgínia), todos naturais da Alemanha, participaram comigo de três sessões nas quais se falou alemão com a personalidade Gretchen. O doutor Kehr, atualmente Akademischer Rat [conselheiro acadêmico] do Forschungsinstitut für Deutsche Sprache, na Universidade de Marburg, na Alemanha, deu assessoria adicional sobre questões de dialetos alemães. A senhora Day transcreveu um grande número de fitas gravadas, traduziu algumas delas e me ajudou em vários estágios da preparação do meu registro do caso, além de ter lido integralmente uma das versões revistas e dado sugestões para melhorá-la.

O senhor Pete Neumann permitiu que eu estudasse e copiasse uma fita, gravada por ele, de uma sessão com a personalidade Gretchen. O senhor Champe Ransom prestou auxílio precioso durante a parte inicial da investigação.

A senhora Dorothy Davis respondeu a algumas perguntas a respeito da localização de imigrantes de fala alemã no condado de Harrison, na Virgínia Ocidental, sobre cuja história ela é uma autoridade.

Várias pessoas me escreveram, enviando informações pertinentes sobre Eberswalde, na Alemanha, ou outros detalhes relevantes para o caso. Entre elas, o doutor Heinrich Wendt, de Mannheim, o senhor Dietmar Schulz, de Berlim, o senhor

Hermann Klein, de Colônia, e o senhor A. L. Glasfurd, de Lewes, Inglaterra.

O teste do polígrafo com a senhora Jay foi conduzido pelo senhor Richard Arther, da cidade de Nova York.

Sou grato também ao diretor da Staatsbibliothek, de Munique, onde recebi toda a ajuda que um cientista pode desejar de uma biblioteca. Tenho igualmente uma dívida de gratidão com a equipe da Alderman Library, da Universidade da Virgínia.

O caso de Sharada

Uttara Huddar (o sujeito deste caso), seus pais e outros membros de sua família cooperaram mais do que eu tinha o direito de esperar com minha pesquisa para esse caso. Eles também concordaram em ser identificados por seus nomes verdadeiros neste relato.

O professor P. Pal trouxe para a investigação tanto seu conhecimento do idioma bengali (sua língua materna) como sua ampla experiência com casos mais antigos que sugerem reencarnação ou possessão. Deixou à minha disposição várias anotações que fez sobre o caso e respondeu a inúmeras perguntas em conversas e por meio de cartas. Também me beneficiei enormemente de seus pontos de vista sobre as interpretações alternativas do caso.

A doutora Satwant Pasricha deu início à investigação desse caso em meu nome em junho de 1975. Posteriormente, ajudou-me durante todas as minhas visitas de investigação a Nagpur entre novembro de 1975 e novembro de 1980. Agradeço-lhe o cuidado na gravação em fita da fala da personalidade Sharada em bengali, transcrita, traduzida e parcialmente reproduzida aqui, no Apêndice B. Também sou grato a ela por apontar várias falhas em meu relato desse caso, a tempo para que eu pudesse corrigi-las.

O doutor R.K. Sinha, bengalês residente em Nagpur, investigou o caso de forma independente devido a um interesse pessoal. Generosamente, ele pôs à minha disposição muitas anotações e, com toda a paciência, respondeu a várias perguntas minhas sobre seus encontros com a personalidade Sharada. Além disso, gravou em fita uma conversa que teve com Sharada em 1976 e a disponibilizou para mim.

O doutor R.N. Roy, professor adjunto de inglês da Universidade de Nagpur, é outro bengalês que falou com Sharada e contribuiu com informações sobre o idioma e outros comportamentos dela.

O senhor M. C. Bhattacharya disponibilizou algumas anotações que fez de uma conversa sua com Sharada em 1974. Ele também conversou em bengali com Sharada em 2 de julho de 1975, durante o primeiro estudo do caso feito pela doutora Pasricha; essa conversa foi gravada em fita.

O senhor Chandra Prakash acompanhou a doutora Pasricha a Nagpur durante sua visita em junho-julho de 1975. Sou grato ao doutor Jamuna Prasad por providenciar o auxílio do senhor Chandra Prakash e também por ter sido a primeira pessoa a me notificar do caso.

O doutor H. N. Murthy (ex-professor de psicologia clínica do Instituto Nacional de Saúde Mental e Neurociências de Bangalore) transcreveu e traduziu preliminares da conversa em bengali entre a personalidade Sharada e M. C. Bhattacharya, gravada pela doutora Pasricha em 2 de julho de 1975. Em seguida, o senhor Ranjan Borra (natural de Bengala), membro da equipe do Departamento Sul-Asiático da Biblioteca do Congresso, em Washington, D.C., transcreveu e traduziu com mais detalhes tanto essa gravação como a que foi feita pelo doutor R. K. Sinha em 1976. O senhor Borra também fez observações sobre o bengali falado por Sharada nessas gravações.

Em 1980, o doutor Sisir Kumar Das, professor de bengali da cátedra Tagore da Universidade de Delhi, estudou as duas gravações mencionadas e me forneceu informações sobre a língua falada nelas por Sharada.

O professor V. V. Akolkar, de Poona, também estudou de forma independente o caso de Sharada e escreveu um relatório inédito a respeito. A doutora Pasricha e eu o visitamos em 5 de novembro de 1976. Entre outros assuntos, comentamos o caso de Sharada e trocamos ideias sobre suas interpretações. Não vi o relatório do professor Akolkar e, que eu saiba, não incorporei no presente relato nenhuma informação mencionada por ele que eu e meus colegas não tenhamos obtido de maneira independente.

A equipe do Departamento de Mapas da Biblioteca do Congresso, em Washington, D.C., ajudou-me a pesquisar comunidades em Bangladesh. O doutor G. C. Paul também me forneceu informações sobre lugares relevantes em Bengala.

O senhor Satish Shrikhande traduziu (com a doutora Pasricha) o diário de Uttara Huddar do marata para o inglês.

O senhor Suman Chatterji deu-me permissão para citar um extenso trecho de *Languages and Literatures of Modern India*, de autoria de seu falecido pai, professor S. K. Chatterji.

O doutor Ajit Bhide e o senhor P. S. Joshi me forneceram informações relacionadas a palavras em marata que correspondem a algumas das palavras em bengali faladas por Sharada.

Introdução

Depois da publicação de *Xenoglossia* (Stevenson, 1974c), recebi uma enxurrada de cartas, vindas de pessoas que me escreveram para me contar sobre casos de xenoglossia que elas haviam testemunhado ou dos quais tinham ouvido falar. Alguns pareciam impressionantes quando narrados, mas nem um único deles fora adequadamente gravado ou documentado. Até onde pude determinar, eu recebera material para um catálogo de possíveis oportunidades perdidas no âmbito da parapsicologia. Nunca é demais lembrar que, por mais convincente que seja para as pessoas diretamente envolvidas, uma experiência exerce pouca impressão sobre cientistas, a menos que exista um registro suficientemente detalhado a respeito dela, incluindo no mínimo informações básicas sobre quem disse o que, quando e onde.

Nos anais da xenoglossia, casos com testemunhos satisfatórios são extremamente raros, e exemplos adequadamente documentados de xenoglossia responsiva, em que o sujeito participa de uma conversa inteligível na língua estrangeira falada, são ainda mais raros. Foi, portanto, com grande interesse que tomei conhecimento, em 1971, de outro caso de xenoglossia responsiva que, como o de Jensen (Stevenson, 1974c), pareceu passível de investigação adequada. Tratava-se do caso de Gretchen[1]. Eu mal havia terminado sua investigação quando soube de um novo caso similiar, ocorrido na Índia. Era o caso de Sharada. Uma vez que tudo indicava ser ele tão promissor quanto os dois anteriores, imediatamente comecei a investigá-lo, chegando a um estágio que justificava a publicação de seu registro na íntegra.

O caso de Gretchen lembra o de Jensen em vários aspectos. Em ambos, as personalidades comunicantes foram evocadas por hipnose e, após um período de uma hora mais ou menos, dispensadas pelo hipnotizador. Também em ambos os casos, essas personalidades sabiam falar suas respectivas línguas de maneira compreensível, mas apenas de forma hesitante e com gramática e vocabulário deficientes. As semelhanças entre eles reforçam, a meu ver, a autenticidade de ambos, já que penso ser improvável, e pouquíssimo possível, que duas ocorrências similares como essas se desenvolvessem de maneira independente — como estou certo de que seja o caso —, a menos que suas similaridades indiquem algum processo subjacente comum. A incapacidade de Jensen e Gretchen de falarem suas línguas fluentemente encorajou alguns críticos a afirmar ingenuamente que, por não saberem se expressar em sueco ou alemão com perfeição, eles não sabiam falar esses idiomas. Qualquer pessoa que tenha noções rudimentares de tais línguas que estudar as transcrições publicadas nos registros dos casos logo descobrirá o equívoco dessa opinião.

---

1 Ao longo deste livro, refiro-me ao caso e à personalidade comunicante pelo nome dado à personalidade. Isso não implica compromisso com uma interpretação particular do *status* ontológico da personalidade comunicante. Também uso o nome do comunicador para me referir tanto à personalidade manifestada pelo sujeito como à possível pessoa real que o comunicador afirma ser. O leitor não deve esquecer, portanto, que cada nome tem duas referências possíveis.

O caso de Sharada contrasta com os de Gretchen e Jensen em vários pontos. Sharada surgiu espontaneamente, sem hipnose (embora tenha havido estímulos para sua manifestação, mas essa é outra questão). Quando apareceu, sua tendência foi permanecer como personalidade dominante por períodos que variavam entre um dia e sete semanas. Durante suas fases de "controle", mostrou estar num estado normal de consciência e, ao contrário dos sujeitos hipnotizados passivos dos outros casos, prosseguiu com as atividades cotidianas que lhe eram comuns, mesmo que fossem incomuns para a família no âmbito em que se manifestava. Além disso, Sharada referia-se a muitos detalhes de sua vida, alguns dos quais foram verificados. E, por fim, Sharada sabia falar sua língua, bengali, fluentemente. No seu caso temos, portanto, uma manifestação mais completa de uma personalidade importunadora e comunicante que difere das dos sujeitos dos outros dois casos de xenoglossia responsiva que investiguei.

Nos vários aspectos mencionados, o caso de Sharada se distingue do tipo de caso — se é que duas ocorrências podem ser suficientes para indicar um tipo — exemplificado pelos de Jensen e Gretchen. Mas não penso que isso o desmereça e acredito que ele também seja autêntico.

O caso de Gretchen

Introdução

Duas características do caso de Gretchen[2] que estavam ausentes em minha investigação do caso de Jensen (Stevenson, 1974c) foram de grande ajuda para mim. Em primeiro lugar, o idioma falado pela personalidade do transe é o alemão, língua na qual me expresso com satisfatória competência desde que passei um período sabático na Suíça em 1963-1964. Durante a investigação do caso de Jensen, aprendi um bocado de sueco, mas não a ponto de ter uma capacidade independente de avaliar o que a personalidade do transe, Jensen, havia dito. Assim, tive de contar com conhecedores do idioma para testemunhar a habilidade de Jensen de se expressar nessa língua. No caso presente, recrutei ajudantes cuja língua materna é o alemão, mas pude também fazer minhas próprias avaliações da língua falada à medida que a investigação avançava.

Em segundo lugar, no caso de Jensen só entrei em cena depois que os experimentos haviam sido interrompidos, e

---

2 Um curto relatório preliminar desse caso foi publicado em outro livro (Stevenson, 1976), mas sem as evidências detalhadas do alemão falado e a exposição completa de outras características do caso que estão incluídas no presente volume. Este relato também traz algumas correções, principalmente de detalhes, que se tornaram possíveis graças a informações posteriores e análises adicionais do caso depois que o relatório preliminar foi escrito.

minha investigação de sua capacidade de falar sueco teve de se basear exclusivamente em gravações em fita, e nunca em conversas ao vivo com o sujeito e a personalidade do transe. Em compensação, cheguei ao presente caso quando os experimentos ainda estavam sendo realizados. Eu mesmo participei de quatro sessões experimentais com o sujeito e, em cada uma delas, troquei comentários em alemão com a personalidade do transe, Gretchen.

Esse caso tem algumas similaridades com o de Jensen, para as quais chamarei a atenção mais adiante; apesar disso, os dois evoluíram independentemente um do outro. O caso de Jensen começou no final dos anos 1950 e foi investigado nessa época e na década de 1960. Contudo, antes da publicação de meu relato sobre ele em 1974, apenas alguns parapsicólogos (com poucas exceções), a família e alguns amigos do sujeito e seu marido sabiam de sua existência. O caso de Gretchen transcorreu em outra parte do país em 1970, e sua investigação teve início em 1971.

Será de grande auxílio se eu ressaltar, desde já, que o presente caso, assim como o de Jensen, levanta duas questões que não têm de ser solucionadas necessariamente juntas. A primeira é se o sujeito falava alemão responsivamente e o fazia sem ter aprendido a língua por vias normais. A segunda refere-se ao *status* ontológico da personalidade falante do alemão (Gretchen) e aos indícios de que uma pessoa correspondente às afirmações dela realmente viveu em alguma época. Embora essas questões sejam ligadas, felizmente podemos examiná-las em separado, porque temos muito mais informações claras relacionadas à primeira questão do que à segunda. Na verdade, não foi possível localizar uma pessoa cujos detalhes de vida correspondam às afirmações de Gretchen. Se, para despertar interesse, o caso dependesse da verificação dessas afirmações, teria pouca valia. Sua importância principal vem, portanto, dos indícios de xenoglossia responsiva existentes.

Resumo do caso e sua investigação

Carroll Jay (daqui em diante identificado como C.J.) foi o hipnotizador dos experimentos realizados no decorrer desse caso. Ele era (e é) um pastor metodista que havia se interessado pela hipnose e desenvolvido habilidades de hipnotizador. Começara a estudar e praticar a hipnose por volta de 1954. Durante muitos anos, usou essa técnica quase exclusivamente para aliviar dores ocasionais em membros de sua família e de seu círculo de amigos, mas às vezes fazia demonstrações para grupos de pessoas em escolas e outros lugares. No final da década de 1960, ele começou a fazer experiências com sugestões para que seus sujeitos voltassem a "vidas anteriores". Ele testou sua esposa, Dolores (daqui em diante identificada como D.J.), e descobriu que ela era um excelente sujeito para a hipnose. O presente caso, porém, não evoluiu a partir de sugestões explícitas dadas por C.J. a D.J. de que ela devia retornar a uma "vida anterior". Em vez disso, ele transcorreu como descrito a seguir. Certo dia, C.J. havia hipnotizado a esposa com o objetivo de aliviar sua dor nas costas e, durante o processo, ele perguntou: "Suas costas estão doendo?". Para sua surpresa, ela respondeu: "*Nein*". Isso aconteceu em 10 de maio de 1970[3]. Embora efetivamente não tivesse conhecimento do alemão, C.J. sabia que *nein* significa "não" nessa língua e, alguns dias mais tarde, em 13 de maio de 1970, tentou evocar de novo a suposta personalidade alemã. Ele conseguiu, e a nova personalidade

---

[3] C.J. tinha o hábito de gravar em fita as sessões em que usava a hipnose, mas por razões técnicas a gravação dessa sessão foi inadequada.

do transe se identificou dizendo: *"Ich bin Gretchen"* ["Eu sou Gretchen"]. Nos meses seguintes, outras sessões foram realizadas, e Gretchen pouco a pouco apareceu de maneira mais completa e forneceu mais detalhes sobre si.

Com raras exceções, Gretchen falava apenas palavras alemãs. Os Jays afirmaram que, a não ser por algumas poucas palavras que todo americano conhece, eles não sabiam nada de alemão na época em que transcorreu o caso. Não surpreende, portanto, que as frases de Gretchen nessa língua fossem inicialmente incompreensíveis para C.J. Diante de tal situação, ele providenciou um dicionário alemão-inglês e um livro didático elementar de alemão e, com o auxílio deles e de alguns amigos que traduziram algumas das falas das gravações em fita, começou a compreender o sentido geral do que Gretchen dizia, embora não entendesse muitos pormenores. Nesse processo, foi ajudado pelos sinais de emoções e os gestos que Gretchen manifestava ao falar. Palavras alemãs cognatas de termos em inglês também o ajudaram a compreender o que D.J. dizia em alemão. Um falante do inglês não precisa de grandes conhecimentos de idiomas para deduzir que *"verboten"* significa *"forbidden"* ["proibido"] ou que *"Du müssen gehen weg"* significa *"You should go away"* ["Você deveria ir embora"].

Gretchen dava a impressão de entender pelo menos o inglês elementar e respondia em alemão a perguntas que C.J. lhe fazia em inglês. Desse modo, eles desenvolveram um diálogo bilíngue do qual o trecho da sessão de 2 de agosto de 1970, no Apêndice A, é um exemplo.

Após cerca de dez sessões, e aproximadamente um ano depois da primeira aparição de Gretchen, C.J. convidou uma pessoa que tinha o alemão como língua materna para participar de uma sessão. Essa foi a primeira ocasião em que alguém falou com Gretchen nesse idioma, testando assim a capacidade dela de compreendê-lo em sua forma falada. Mais tarde C.J. considerou essa sessão insatisfatória, porque a pessoa em questão, senhora Karl Meyer (pseudônimo), não compreendeu o que era necessário fazer — explorar a capacidade de Gretchen de falar alemão — e, durante a conversa, seguiu uma linha de interrogatório planejada por ela própria. Segundo C.J., ninguém mais falou em alemão com Gretchen (ou com D.J. em seu estado normal de consciência) antes do início de minha investigação.

No verão de 1971 fiquei sabendo do caso e, no começo de setembro desse ano, na companhia do senhor Champe Ransom, viajei para Mount Orab, Ohio, onde os Jays estavam morando. Fizemos uma revisão do desenvolvimento do caso até essa época e, no dia seguinte, 2 de setembro de 1971, participei de uma sessão na qual Gretchen se manifestou. Ela e eu tivemos uma conversa compreensível em alemão. Em 10 de setembro, o senhor Pete Neumann, jornalista de Cincinnati que desde a infância tinha bons conhecimentos de alemão, foi até Mount Orab e também falou nesse idioma com a personalidade Gretchen. Em outubro voltei a Mount Orab, dessa vez acompanhado pela doutora Doris Wilsdorf. Em 5 de outubro, ela e eu conversamos em alemão com Gretchen.

A investigação do caso então sofreu uma interrupção em primeiro lugar porque C.J. estava gravemente doente e teve de se submeter a uma série de exames médicos e a uma cirurgia cardíaca, e também porque tive outros compromissos e fiz algumas viagens ao exterior naquela época. No verão de 1972, os Jays se mudaram para Elkton, Virgínia, o que facilitou nossos encontros. C.J. me emprestara fitas gravadas de algumas das primeiras sessões em que Gretchen tinha se manifestado, e a senhora Elisabeth Day começou a transcrevê-las.

Em parte por causa de sua doença e em parte por recomendação minha, C.J. não conduziu sessões com qualquer tentativa de falar alemão com Gretchen entre outubro de 1971 e abril de 1973. Eu o havia aconselhado sobre a importância da presença de falantes do alemão aptos nas sessões, que mais tarde poderiam atestar o que tinham observado. Também considerei importante que soubéssemos tão exatamente quanto possível o que dessa língua fora dito na presença tanto de Gretchen como de D.J. em seu estado desperto normal. E, ainda, estava ansioso para levar outros falantes do alemão para conversar com Gretchen.

C.J. aceitou e seguiu minha sugestão, com uma exceção. Ele compareceu a uma conferência sobre parapsicologia numa instituição educacional em Virgínia, em abril de 1973. Nessa conferência, ele e a esposa fizeram uma demonstração de hipnose, durante a qual Gretchen (a convite dele) se manifestou. Um americano que sabia alemão estava presente e falou um pouco com Gretchen. A conversa não foi gravada e durou cerca de vinte minutos.

Em 11 de maio de 1973, o doutor Kurt Kehr me acompanhou a uma sessão com Gretchen conduzida na casa dos Jays em Elkton, e nós tivemos uma conversa compreensível com ela em alemão.

Mesmo antes dessa sessão, eu me convencera de que a personalidade Gretchen sabia falar alemão responsivamente. Ela se expressava de maneira bastante imperfeita, como descreverei adiante, mas falava a língua e geralmente de forma que fazia sentido. Assim, decidi estender minha investigação do caso, com um estudo meticuloso da vida pregressa dos Jays, dando especial atenção à busca de qualquer oportunidade que D.J. pudesse ter tido de aprender alemão, talvez casualmente, quando era jovem. Com a aprovação do casal, passei dois dias em Clarksburg, na Virgínia Ocidental, onde ambos foram criados e onde membros da família de D.J. ainda viviam. C.J. havia me fornecido nomes de pessoas que, em sua opinião, seriam informantes qualificados sobre a questão central da exposição de sua esposa à língua alemã quando criança. Entrevistei essas pessoas e algumas outras que me foram indicadas por elas. Além disso, contudo, tive a precaução de perambular pela vizinhança da área onde D.J. passara a infância, e ali conversei com algumas pessoas cujos nomes *não* me foram dados por C.J. Ao final de minha estadia ali, eu tinha entrevistado dezenove pessoas em Clarksburg e em alguns de seus subúrbios vizinhos. Mais tarde em 1973, troquei correspondência com a senhora Dorothy Davis, autora de *History of Harrison County, West Virginia* (1970), a respeito do estabelecimento de imigrantes de fala alemã na área de Clarksburg, que é a sede e principal cidade do condado de Harrison.

Em 5 de fevereiro de 1974, D.J. se submeteu a um teste de polígrafo para detecção de mentiras com respeito a seu conhecimento da língua alemã anterior ao desenrolar do caso. O teste foi administrado pelo senhor Richard Arther, em seu escritório na cidade de Nova York, com a minha presença.

Em 25 de março de 1974, os Jays foram à Universidade da Virgínia e lá, no laboratório da Divisão de Parapsicologia, tivemos outra sessão com Gretchen. Nessa ocasião, a senhora Elisabeth Day participou comigo de uma conversa com Gretchen em alemão.

Os experimentos anteriores não haviam, de qualquer modo, respondido a todas as minhas perguntas sobre o caso.

Eu esperava conduzir mais alguns, bem como testes com Gretchen e D.J. em seu estado normal de consciência, com o propósito de esclarecer certos aspectos. D.J., porém, estava um tanto cansada e, compreensivelmente, não quis se submeter a experimentos adicionais. Não deve ter sido fácil para ela passar pelo que passou. Além disso, ela e o marido receberam muitas críticas desfavoráveis de membros das comunidades onde viveram, que achavam que esses experimentos estavam, para não dizer coisa pior, além dos limites do que se podia esperar de um clérigo cristão e sua esposa. Em 1977, C.J. publicou um relato do caso (Jay, 1977) em que descreveu alguns dos problemas que ele e a família enfrentaram durante e depois de seu desenvolvimento.

A senhora Day e eu, dividindo igualmente a tarefa, transcrevemos e traduzimos todas as fitas que me foram fornecidas por C.J. ou feitas por mim durante os quatro experimentos dos quais eu participara. Transcrevemos e traduzimos todo o conteúdo em alemão gravado durante dezenove sessões.

Além de minha participação nas sessões com a personalidade Gretchen propriamente dita, eu tinha feito várias entrevistas com os Jays relativas à evolução do caso, a aspectos da vida pregressa de ambos e suas atitudes no que se referia a ele, seu conhecimento do alemão e outros detalhes. Calculo que essas entrevistas tenham durado pelo menos 25 horas ao todo.

A interrupção dos experimentos em 1974 não necessariamente significa que foram perdidas oportunidades de aprender mais sobre Gretchen. Ela havia apresentado uma extensão limitada de assuntos sobre os quais conseguia conversar e, com frequência, insistia nos mesmos tópicos, embora nem sempre com as mesmas palavras. As tentativas de ampliar os temas das conversas com Gretchen geralmente não davam em nada. A pobreza temática de suas falas é uma das várias similaridades com o caso de Jensen, sobre o qual me debruçarei mais adiante.

História relevante do sujeito e seu marido

D.J. nasceu em 18 de maio de 1922, em Clarksburg, Virgínia Ocidental. Seu pai trabalhava como cortador numa fábrica de vidro local. Ela era a segunda criança da família, de três meninas e dois meninos.

Quando D.J. tinha entre um e dois anos, a família se mudou do leste de Clarksburg para o subúrbio de Eastview, com a qual faz divisa.

D.J. cresceu em Eastview, na casa onde seus pais e sua irmã mais nova ainda moravam por ocasião de minha visita a Clarksburg. A família teria sido considerada, na época de sua infância, pertencente à classe média baixa. Ela frequentou a escola primária local em Eastview, a escola ginasial em Clarksburg e por fim estudou na Roosevelt Wilson High School em Nutter Fort, outro subúrbio a leste de Clarksburg e próximo a Eastview. Não tinha completado dezoito anos quando se diplomou no curso secundário, e quase imediatamente ela e C.J. se casaram.

Do lado paterno, D.J. (e sua família) não registrava a presença de alemães. O pai, senhor Boyd Skidmore, disse que os antepassados dele estabelecidos na Virgínia Ocidental, pelo menos recuando até seus bisavós, eram de família que não tinha alemães, pelo que ele sabia. Mas do lado da mãe de D.J., senhora Lura Skidmore, havia alemães identificados.

A senhora Skidmore contou que seus bisavós paternos tinham emigrado da Alemanha para os Estados Unidos. Isso deve ter ocorrido antes de 1847, porque sua avó paterna (filha deles) nasceu nos Estados Unidos naquele ano. Esses bisavós da mãe de D.J. falavam alemão, mas não ensinaram a língua aos filhos. É duvidoso que a avó da senhora Skidmore soubesse alemão. Ela morreu em 1912, dez anos antes de D.J. nascer. Ela me disse que nunca ouviu nenhum membro da família falar alemão e tinha certeza de que seu pai não sabia nada do idioma.

C.J. também nasceu em Clarksburg e foi criado em Nutter Fort. Seu pai era soprador numa fábrica de vidro. C.J. conheceu a futura esposa quando os dois frequentavam o curso secundário em Nutter Fort e tinham cerca de catorze anos. Formaram-se na mesma classe, aos dezoito anos. C.J. tinha um grande interesse por esportes e por algum tempo pensou em ser jogador de beisebol. Durante alguns anos, trabalhou como juiz profissional de beisebol. Mais tarde, porém, decidiu estudar para se tornar pastor e foi ordenado na Igreja Unida Metodista em 1959. Ele se dedicou a estudos avançados por alguns anos, mas interrompeu por motivo de saúde. No entanto, conseguiu servir efetivamente como pastor de várias paróquias na Virgínia Ocidental, Virgínia, Alabama e Ohio. Também lecionou em escolas das áreas onde ele, a esposa e os quatro filhos viviam. Quando o presente caso se desenvolveu, eles viviam em Mount Orab, Ohio, uma pequena comunidade sessenta quilômetros a leste de Cincinnati.

Até a época do desenrolar deste caso, os Jays tinham apenas o que pode ser descrito como um interesse de um leigo inteligente em fenômenos paranormais. Eles não os absorviam com intensidade, e o nível de informação do casal sobre parapsicologia científica era apenas mediano. Não eram associados a nenhum grupo ocultista do tipo que prospera na fímbria da parapsicologia. O estudo da hipnose levado a cabo por C.J. se desenvolveu quando um professor da faculdade lhe pediu que hipnotizasse alguém. Ele tentou, foi bem-sucedido e, dali em diante, tornou-se e permaneceu entusiasticamente interessado no assunto. Às vezes fazia demonstrações de hipnose para grupos, mas usava mais a técnica para ajudar amigos e paroquianos.

Material disponível para o estudo do alemão falado por Gretchen e de sua descrição de si mesma

Como mencionado anteriormente, a senhora Day e eu transcrevemos e traduzimos todo o alemão falado e gravado durante dezenove sessões em que Gretchen se expressou nessa língua. Na primeira, em 13 de maio de 1970, Gretchen disse apenas três palavras em alemão, uma delas seu próprio nome, de modo que, por razões práticas, nos ocuparemos das dezoito restantes. A transcrição completa se constitui de 346 páginas de material datilografado em espaço duplo. Tais transcrições e as fitas que as originaram foram o principal material usado no estudo do alemão de Gretchen e da descrição que ela fez de si mesma.

As fitas de várias outras sessões, ao que tudo indica, perderam-se ou foram inadvertidamente apagadas. Uma delas se refere a uma sessão, de acordo com C.J., de 18 de maio de 1970. Outra deriva de uma sessão conduzida em abril de 1971; sua existência pode ser inferida porque, na gravação da sessão de 22 de abril de 1971, C.J. relatou que Gretchen tinha "vindo no outro dia", mas a fita imediatamente anterior disponível é de 7 de setembro de 1970, ou seja, de mais de sete meses antes. Como foi dito, uma curta sessão que aconteceu em abril de 1973 numa instituição educacional da Virgínia não foi gravada. Nem duas outras em que Gretchen falou um pouco de alemão, ocorridas no inverno de 1971-1972 e no outono de 1973, e às quais me referirei mais adiante.

Duas das fitas não podem ser datadas com exatidão, uma vez que não há dados sobre elas nem em suas caixas nem ao longo da gravação. Sua datação posterior pode ser determinada, contudo, por causa das minhas próprias gravações de quando as recebi de C.J.

De acordo com C.J., ninguém falou em alemão com Gretchen (ou com D.J.) até a sessão de 11 de maio de 1971, que teve a participação da Senhora Karl Meyer. Depois disso, houve seis sessões em que se falou com Gretchen nessa língua, das quais eu estava presente em quatro. Com exceção de uma (a de abril de 1973), essas sessões foram gravadas.

Entre 1971 e 1974, C.J. conduziu algumas vezes o que chamou de "sessões de prática" com D.J., durante as quais evocava Gretchen, mas pouco se dirigia a ela ou não lhe dizia nada; não se falou alemão com ela nessas sessões. C.J. realizava tais sessões com o objetivo de "manter-se em contato" com Gretchen e, ocasionalmente, preparar D.J. ou Gretchen para uma sessão longa que estava prestes a ocorrer.

Em certa ocasião (23 de abril de 1971), D.J. escreveu quarenta palavras em alemão de um aparente ditado feito por Gretchen, que apareceu e ficou em segundo plano, e durante a manifestação propriamente dita da personalidade Gretchen. Em outra parte deste relato, descreverei essa manifestação de xenografia.

A personalidade de Gretchen
e o conteúdo de suas principais falas

A cada sessão ao longo de quatro anos, Gretchen deu uma descrição de si mesma que em geral era consistente, embora com algumas variações em alguns eventos e especialmente em suas afirmações sobre sua morte. Infelizmente, a descrição era escassa no que se refere a detalhes, sobretudo os verificáveis.

Ela disse que seu nome era Gretchen Gottlieb e que viveu com o pai em Eberswalde, na Alemanha. Seu pai, Hermann Gottlieb, era o prefeito da cidade. Era bem idoso e tinha cabelo branco. Sua mãe, Erika, morrera quando Gretchen tinha cerca de oito anos. Ela não tinha irmãos. Gretchen vez ou outra mencionava uma avó, mas com muito mais frequência se referia a uma tal de Frau Schilder (que às vezes soava como "Schiller"), que cuidava da cozinha e aparentemente trabalhava na casa como empregada doméstica. Frau Schilder não morava com os Gottliebs, mas ia à casa durante o dia, levando consigo vários de seus próprios filhos, com quem Gretchen brincava. Gretchen forneceu os prenomes de quatro dessas crianças.

Quanto à sua aparência, Gretchen contou que tinha cabelo castanho. Uma vez disse que seus olhos eram azuis, mas, em outra ocasião, afirmou que eram verdes. A respeito de roupas, disse apenas que seu vestido era marrom e muito bonito.

Gretchen contou que morava na Birkenstrasse, numa casa de pedra (a palavra "Birkenstrasse" às vezes foi ouvida como "Bürgenstrasse", ou ocasionalmente como outras variantes, mas tudo indica que "Birkenstrasse" seja a melhor maneira de grafá-la). Gretchen se referiu a Eberswalde como uma cidade pequena, próxima a um rio e uma floresta. Tinha uma escola[4] e uma igreja. Gretchen também mencionou um açougue e uma padaria.

Gretchen conseguiu contar poucas coisas sobre seu cotidiano. Tudo indica que ela passava a maior parte do tempo na

---

[4] Gretchen usou a palavra "*Hochschule*", cuja tradução não é equivalente à expressão americana "escola secundária". Alunos de uma *Hochschule* alemã são consideravelmente mais adiantados que os das escolas secundárias americanas ou britânicas e seus estudos correspondem, pelo menos, aos de alunos de *junior colleges* [universidades que só oferecem os dois primeiros anos do curso] americanos e às vezes de níveis mais altos de ensino.

cozinha, brincando com os filhos de Frau Schilder, e se considerava, em certo grau, alguém que ajudava a tomar conta deles (a mais nova dessas crianças, segundo contou, tinha apenas três anos). Conseguiu descrever com precisão os alimentos que comia. Não ia à escola e nunca o fizera. Explicou isso dizendo que garotas não frequentavam a escola. Ela disse que não sabia ler nem escrever. Às vezes se referia a si mesma modestamente como "burra" (em alemão, "*dumm*"). Parecia desinformada sobre a geografia e a política do período em que viveu. Não conseguiu citar nenhuma cidade grande próxima a Eberswalde, embora Berlim, a capital da Prússia e mais tarde do Império Alemão, se localize cerca de 45 quilômetros a sudoeste de Eberswalde. Ela disse que Darmstadt, distante mais de quatrocentos quilômetros, ficava "perto". As únicas outras cidades da Alemanha que Gretchen soube mencionar foram Worms e Wiesbaden, esta última pronunciada por ela como se fosse grafada "Weisbaden". Ela não conseguiu dar o nome do rio das proximidades, que descreveu como pequeno, embora o rio Oder (cerca de vinte quilômetros a leste de Eberswalde) seja um dos maiores da Alemanha[5]. Sobre personagens da realeza e da política, Gretchen sabia ainda menos do que da geografia da Alemanha. Não conseguiu citar nem o líder do governo local nem o rei, apesar de uma vez ter se referido ao "príncipe" como uma pessoa superior a seu pai, o prefeito. Por outro lado, foi bastante explícita ao dizer que o líder da Igreja era o papa e, quando lhe perguntaram seu nome,

---

[5] Talvez valha a pena notar que Wiesbaden, Darmstadt e Worms podem bem ser descritas como "perto" uma da outra; e todas se localizam às margens do rio Reno ou próximas dele. Existe uma pequena cidade chamada Eberstadt ao sul de Darmstadt, em Hesse, que foi incorporada a Darmstadt. Eberstadt combina com os detalhes geográficos fornecidos por Gretchen muito mais do que Eberswalde. Mas Gretchen pronunciou Eberswalde de forma bastante nítida em várias ocasiões, e em pelo menos uma ela corrigiu C.J. quando ele não pronunciou a palavra ao gosto dela. Posteriormente, abordarei as dificuldades envolvidas na localização geográfica de Gretchen.

ela respondeu que era Leão. Com respeito a seu conhecimento de Martinho Lutero, Gretchen fez diferentes afirmações em diferentes ocasiões. Por duas vezes disse que o havia visto, mas em outras três desmentiu isso, e uma vez também negou — em resposta a uma pergunta direta — que tivesse ouvido falar dele. Quase sempre, porém, se referiu a Lutero negativamente, como um encrenqueiro e como a pessoa responsável pela disputa que ela afirmou ter testemunhado (darei sua descrição detalhada desse acontecimento mais adiante).

Gretchen raramente falava de forma espontânea; em geral permanecia calada até que lhe fizessem uma pergunta. Então a respondia sucintamente e ficava em silêncio de novo. Sua conduta era sempre polida e um pouco reverente, como a de uma criança bem-comportada. Em várias ocasiões, porém, ela apontou com firmeza erros de pronúncia de palavras alemãs cometidos por C.J. ou corrigiu um entrevistador que tinha ouvido mal o que ela dissera. Durante as duas últimas sessões, quando o doutor Kehr, a senhora Day e eu a estávamos inquirindo, a paciência que Gretchen demonstrara até então diminuiu, e ela nos censurou por perguntarmos as mesmas coisas muitas vezes, o que sem dúvida vínhamos fazendo.

Suas falas espontâneas quase sempre se referiam aos riscos de conversar com seus interlocutores. Gretchen afirmava que era perigoso e que o *Bundesrat*[6] ouvia as conversas. De tempos em tempos, dizia que devia partir ou que o entrevistador devia ir embora por causa do risco de serem ouvidos por acaso enquanto falavam. Nas ocasiões em que parecia achar que estava conversando com o entrevistador na rua

---

6 O *Bundesrat*, mais bem traduzido como "Conselho Federal", é um conselho de representantes dos estados individuais do Império Alemão, ou República. Ele será descrito adiante.

perto de sua casa, ela tendia a declarar que devia voltar para casa imediatamente. Insinuava que o pai ficaria bravo se soubesse que ela tinha estado na rua falando com estranhos.

Além disso, Gretchen fez alusão a rixas ou conflitos ligados à conduta da Igreja. Muitas pessoas estavam envolvidas nessa disputa e, segundo contou, ocorreram muitas mortes. Ela era católica romana, e os oponentes de seu lado eram os protestantes. Certa vez, disse: "Martinho Lutero, traidor do povo". Em várias outras ocasiões, repetiu a expressão "traidor do povo" logo depois que ela ou alguém mencionara o teólogo alemão; Gretchen evidentemente associava Lutero a deslealdade e traição. A uma pergunta direta que uma vez lhe fiz sobre ser católica ou protestante, ela respondeu que era católica. Sua clara afirmação de que o papa era o líder da Igreja dá uma indicação adicional de sua afiliação religiosa, assim como sua atitude hostil em relação a Martinho Lutero.

Dentro de certos limites, Gretchen se mostrou receptiva a sugestões de que deveria surgir mais velha ou mais nova, permitindo-se, assim, regredir ou avançar para diferentes idades. Porém, resistiu a qualquer tentativa de ir além dos catorze anos. Algumas vezes, ela se permitiu ir para a idade de dezesseis anos, mas nunca mais do que isso e, durante a sessão de 5 de outubro de 1971, recusou-se a avançar dos catorze para os dezesseis anos. Ela manifestou fortes emoções ao se opor à proposta de que se lembrasse do que tinha lhe acontecido depois que completou dezesseis anos. Pelo visto, ela morreu por volta dessa idade e, de fato, durante a sessão de 11 de maio de 1973, a própria Gretchen disse que morreu aos dezesseis anos (ver o trecho da sessão dessa data no Apêndice A). De vez em quando, Gretchen era induzida a falar algo sobre como havia morrido. Infelizmente, e apesar das repetidas perguntas sobre isso, ela fez descrições fragmentadas e diferentes a respeito de sua morte, embora as variações possam ter surgido de mal-entendidos por parte dos entrevistadores, mais do que de confusão de sua parte. De acordo com uma interpretação do que ela estava tentando dizer, Gretchen foi mandada para um esconderijo na floresta fora da cidade durante um período particularmente turbulento do conflito religioso mencionado anteriormente. Em certa ocasião ela comentou que esteve na prisão e pareceu sugerir que tinha morrido ali. Mas Gretchen também falou que tinha uma doença grave, cujo sintoma principal era dor de cabeça. Um médico foi chamado, mas veio examiná-la apenas uma vez. Um ouvinte poderia ter a impressão de que essa era a doença terminal de Gretchen e que ela morrera naturalmente.

O estado mental da personalidade Gretchen

Foi sugerido que Gretchen tinha um leve retardo em seu desenvolvimento mental. Sou propenso a rejeitar essa ideia. Ela era no mínimo inteligente o suficiente para se desculpar por ser "burra". Mas há outro indício de que, longe de ser obtusa, ela possuía uma inteligência aguçada. Como veremos adiante, embora sua gramática do alemão tivesse sérias deficiências, seu vocabulário incluía algumas palavras incomuns, que a mim parecem as de alguém que, apesar de não saber ler, sabia ouvir e de fato ouvia o que as pessoas à sua volta diziam. A suposição da própria Gretchen (e de outros) de que não era inteligente podia ter surgido do fato de ela ter tido uma vida extremamente limitada, com poucas oportunidades de se colocar a par de eventos sobre os quais outras pessoas escolheram não informá-la. Ela parecia ser quase uma caricatura do papel que Bismarck atribuía às mulheres. Estas, dizia ele, deviam se interessar por *"Kinder, Küche und Kirche"* ["crianças, cozinha e igreja"]. Esses eram precisamente os três temas dominantes das falas de Gretchen.

O humor de Gretchen em geral era sério ou melancólico. Às vezes ela demonstrava medo, como quando falava sobre o *Bundesrat* e o perigo que ele representava para ela ou quando resistia a ter sua idade adiantada para além dos dezesseis anos. O medo podia então ser visto em seu rosto e, também, ouvido em sua voz. Sua preocupação obsessiva e paranoica com o *Bundesrat* torna sustentável a hipótese de que Gretchen era, em algum grau, mentalmente doente. Adiante comentarei a conjectura de que a personalidade manifesta de Gretchen pode ter sido uma parte anormal de uma personalidade mais ampla que não conseguia se expressar completamente através de D.J.

Além do medo, Gretchen às vezes demonstrava outros sentimentos. Quando descreveu sua dor de cabeça, pôs a mão na cabeça e sua expressão facial transmitiu sofrimento. E em poucas ocasiões ela expressou um estado de espírito mais alegre. Uma vez deu risinhos de prazer ao descrever seu pai andando a cavalo. Em outra ocasião, sorriu quando lhe foi perguntado se tinha namorado e, timidamente, protestou que era muito nova para isso.

Com frequência ela se queixava de cansaço e suspirava profundamente. De tempos em tempos, tendia a fazer apartes com uma frase como *"Gretchen ist müde"* ("Gretchen está cansada"). Tal refrão lembra o frequentemente repetido *"Jag är trött"* ("Estou cansado") de Jensen (Stevenson, 1974c, Apêndice). Como no caso dos protestos parecidos de Jensen, entrevistadores e intérpretes tendiam a ignorar as queixas de cansaço de Gretchen, ou a tranquilizavam e às vezes negavam suavemente seu desconforto.

Ao longo da maior parte dos períodos em que Gretchen se manifestou, os olhos de D.J. se mantiveram fechados. Mas em pelo menos três ocasiões eles ficaram abertos, e ela olhou ao redor.

Onde e quando Gretchen viveu

Como já mencionado, as tentativas para que Gretchen fornecesse mais detalhes sobre sua vida não deram em nada, embora eu não saiba dizer se isso se deveu à inépcia de seus entrevistadores ou à sua memória insuficiente. A descrição que Gretchen fez de si mesma contém algumas discrepâncias que não podem ser facilmente harmonizadas. Acredito, contudo, que suas afirmações se aplicam corretamente a uma vida na Alemanha nos últimos 25 anos do século 19. Essa conclusão exige algumas conjecturas, mas não daquelas que requerem meios arbitrários para se encaixar nela.

Como foi dito anteriormente, C.J. declarou que não sabia alemão antes das sessões em que Gretchen se manifestou. Com a ajuda de um dicionário, de um livro didático e de alguns amigos falantes dessa língua, ele começou a entender ou inferir que ela estava falando sobre disputas religiosas. Já na terceira sessão (conduzida em 14 de maio de 1970) em que Gretchen apareceu, ele de algum modo deduziu que o medo dela de falar, expresso em seu uso da palavra *"verboten"* [proibido], sugeria uma briga religiosa. Não surpreende que, como pastor protestante cristão, ele achasse que uma dissensão religiosa na Alemanha devesse ter tido alguma ligação com Martinho Lutero. Assim, nessa sessão (14 de maio de 1970), C.J. começou a fazer a ela perguntas sobre o teólogo alemão.

Daí em diante, ele voltou persistentemente ao tema, em geral com perguntas capciosas. Como já mencionado, Gretchen fez afirmações inconsistentes sobre Lutero. Sem essas perguntas capciosas de C.J. sobre ele, talvez ela nunca o tivesse citado. Mas penso que isso seja pouco provável, porque depois disso a própria Gretchen espontaneamente fez alusões a Lutero em várias ocasiões, quando não estava com a compulsão de fazê-lo e quando ninguém tinha, nessas sessões posteriores, falado sobre ele previamente.

Além dos nomes de membros de sua família e dos de Frau Schilder e Martinho Lutero, Gretchen citou apenas outro, o do papa Leão. Uma vez que ela o disse bem claramente em duas ocasiões diferentes, acredito que não haja nenhuma dúvida sobre ele. Na primeira, Gretchen mencionou o nome Leão associado à palavra *"Papst"* [papa]; na segunda, citou-o ao responder a uma pergunta direta sobre o nome do papa. Todavia, Gretchen não disse a qual papa Leão se referia.

Na era moderna, à qual me refiro como o período iniciado com a queda de Constantinopla (1453), houve quatro papas com o nome Leão. Dois deles podem ser rapidamente desconsiderados. Leão XI teve um breve papado de 26 dias no começo do século 17. Leão XII foi papa de 1823 a 1829, mas nada digno de nota nos assuntos religiosos da Alemanha aconteceu durante seu pontificado.

Leão X, cujo papado durou de 1513 a 1521, era papa quando Martinho Lutero afixou suas 95 teses de protesto contra abusos religiosos na porta da igreja de Wittenberg, em 31 de outubro de 1517. Entre essa data e a morte do sumo pontífice em 1521, a agitação de Lutero para uma reforma na Igreja criou grande comoção na Alemanha e na Itália. Leão X, preocupado com a política italiana e com seus planos para a reconstrução da basílica de São Pedro, em Roma, a princípio mostrou-se inclinado a tratar o que viu como impertinência de Lutero com indiferença e tolerância. Mas pouco a pouco se tornou mais envolvido no assunto e, em 3 de janeiro de 1521, excomungou o teólogo. Ele morreu em 1º de dezembro desse mesmo ano. Portanto, está sem dúvida associado a problemas religiosos na Alemanha e a Martinho Lutero. Por outras razões, contudo, ele não pode ser o papa Leão de Gretchen.

Gretchen usava várias palavras cuja origem data claramente de períodos posteriores à época do papa Leão X e Martinho Lutero. Uma delas é *"Kartoffel"* [batata], não introduzida até bem depois do início do século 16. A importação de batatas do Novo Mundo para o Velho Mundo começou apenas no final do século 16. A palavra *"Cartoufle"* era ocasionalmente usada na Suíça por volta de 1600, mas o uso geral de *"Cartoufle"* e *"Kartoffel"* não ocorreu até o século 18 (Kluge, 1960, p. 354). O sobrenome Gottlieb, sobre o qual falarei mais adiante, ao que parece não foi introduzido na Alemanha antes do século 17 (Moser, 1965). Mais importante, Gretchen usava várias palavras que não estiveram em voga até o século 19. Embora a palavra *"Zentimeter"* [centímetro] tenha lhe sido dita na sessão de 11 de maio de 1971, em duas ocasiões posteriores ela própria usou as palavras *"Meter"* [metro] e *"Zentimeter"* numa correta referência a medidas de distância e comprimento. O sistema métrico de pesos e medidas foi proposto mais ou menos como o conhecemos hoje na França, em 1791, mas levou muitos anos para ser aceito mesmo nesse país; as unidades do sistema não foram empregadas na linguagem cotidiana até o século 19. Portanto, um uso apropriado de medidas métricas provavelmente data do século 19 ou mais tarde. Gretchen também se referiu ao *"Zollverein"*, uma aliança aduaneira estabelecida na Alemanha pouco depois das guerras napoleônicas e, por conseguinte, outra palavra do século 19. Ela usou a palavra *"grossdeutsch"*[7], um termo amplamente empregado em discussões políticas alemãs na metade do século 19. No período em que a Alemanha estava evoluindo de muitos pequenos estados para uma nova unidade nacional, alguns alemães eram favoráveis à união com a Áustria; tratava-se da "grande solução alemã". Outros eram favoráveis à proposta *"kleindeutsch"*, ou união sem a Áustria.

A palavra de datação mais decisiva dita por Gretchen, contudo, foi *Bundesrat*. O nome foi dado ao Conselho Federal de estados que formavam a mais importante unidade de governo — primeiro na Confederação da Alemanha do Norte, fundada em 1867, e depois em seu sucessor, o Império Alemão, que foi criado após a Guerra Franco-Prussiana em 1871. O *Bundesrat* lembrava um gabinete ou Conselho Privado (na Grã-Bretanha) mais do que uma câmara alta de um parlamento. A Confederação da Alemanha do Norte e o Império Alemão na verdade possuíam uma câmara parlamentar, o *Reichstag*; mas seus poderes legislativos eram limitados e ele não tinha controle sobre o *Bundesrat*. Este, por outro lado, tinha de aprovar cada projeto de lei do *Reichstag* antes que se tornassem leis. Em seu estudo sobre Bismarck, Medlicott (1965) ressaltou que "o corpo imperial efetivo era o *Bundesrat*, que ele [Bismarck], como chanceler, presidia" (p. 94). O uso de *Bundesrat*, uma palavra sugerida pelo príncipe herdeiro Frederico da Prússia para substituir o termo

---

[7] Não nitidamente, devo admitir. A senhora Day não ouviu essa palavra como *"grossdeutsch"* até depois que eu o havia feito e lhe pedido para ouvir novamente, para ver se ela concordava comigo.

mais antigo *Bundestag*, imprime à vida de Gretchen, se ela existiu, uma data anterior a 1867[8].

Uma vez que Gretchen falou com tanta frequência do *Bundesrat*, acho enigmático que ela não tenha mencionado os nomes tanto de Bismarck, o chanceler do império (e presidente do *Bundesrat*), como do rei Guilherme I da Prússia, que se tornou o primeiro imperador do Império Alemão (Segundo Reich).

Ocorreu-me que a disputa religiosa à qual Gretchen aludiu com tanta frequência e sua difusa sensação de perigo e perseguição podiam derivar de algum conhecimento, de sua parte, do conflito entre o governo da Prússia e a Igreja Católica Romana que aconteceu na década de 1870[9]. Embora o norte da Alemanha na época fosse predominantemente protestante, a Igreja Católica Romana tinha conservado muitas propriedades e muitos privilégios ali. Além do mais, a expansão da Prússia durante os séculos 18 e 19, no leste (à custa da Polônia) e na Vestfália e Renânia, tinha levado à incorporação, em seu território, de populações católicas substanciais, cujos interesses nacionalistas ou provinciais coincidiam com seus interesses religiosos. Bismarck achou que essas minorias

---

8 Uma breve guerra civil foi travada na Suíça em 1847. É conhecida como *Sonderbundskrieg*. Ela eclodiu devido a diferenças entre cantões de minoria católica e cantões protestantes no que se referia a privilégios concedidos a ordens religiosas, como a dos jesuítas. Após a *Sonderbundskrieg* a Constituição suíça foi revisada em 1848 para preparar-se para um efetivo governo central ou federal. O conselho executivo de sete membros do governo suíço era (e é hoje) chamado de *Bundesrat*. A ocorrência de uma guerra civil religiosa e um *Bundesrat* podia, ao que tudo indicava, qualificar a Suíça, em meados do século 19, como um local para a vida de Gretchen. Desconsiderei essa possibilidade, porém, porque na fala dela não há traços do dialeto alemão característico (*Schwyzertutsch*) da Suíça.

9 O patologista e político progressista da época, Rudolf Virchow, descreveu esse conflito entre a Igreja Católica Romana e o governo alemão como uma *Kulturkampf*, ou "batalha de civilizações". O nome pegou e tem sido usado desde então em referência a esse importante episódio da história alemã (para detalhes das causas e eventos da *Kulturkampf*, ver as obras de Bornkamm [1969], Bussmann [1956], Medlicott [1965], Pinnow [1936], Richter [1962] e Schmidt-Volkmar [1962]).

estavam sendo incitadas por poderes católicos estrangeiros, como Áustria e França, países derrotados recentemente pela Alemanha e cuja desforra ele temia. Além disso, a Igreja Católica Romana sob o papa Pio IX (1846-1878) adotou na década de 1860 várias medidas que ampliaram a autoridade do Vaticano sobre seus membros e culminaram na promulgação do dogma da infalibilidade papal em 1870. Esta foi aceita pela maioria dos católicos, mas enfrentou a resistência de um grupo na Alemanha que ficou conhecido como Velhos Católicos. O Vaticano solicitou que esses intransigentes fossem banidos de seus cargos, mas o governo prussiano se recusou a fazê-lo. Bismarck podia explicar racionalmente a redução da autonomia e dos privilégios da Igreja Católica Romana e suas ordens religiosas na Alemanha, uma vez que as leis anticlericais introduzidas por ele também continham elementos de necessária modernização. Entre 1872 e 1875, uma série de leis foi aprovada, principalmente pelo governo da Prússia, mas em certo grau por todo o Império Alemão, que, entre outras medidas, colocou as escolas católicas sob controle civil, estabeleceu padrões mínimos para a educação de padres, criou sistemas uniformes para o registro de nascimentos, mortes e casamentos, e tornou o casamento civil obrigatório (independentemente de também haver ou não uma cerimônia religiosa). Em 1872, a ordem dos jesuítas foi expulsa da Prússia, e romperam-se as relações diplomáticas entre a Alemanha e o Vaticano. O papado resistiu vigorosamente a essas medidas. O papa declarou as leis anticlericais alemãs inválidas para os católicos romanos e ameaçou excomungar aqueles que se conformassem a elas. O governo, em troca, impôs pesadas multas a padres e bispos recalcitrantes, expulsou muitos deles e prendeu alguns. A princípio, o governo pareceu estar em vantagem. No final de

1876, os mosteiros católicos romanos tinham sido desativados, quatro dos bispos haviam morrido ou ido para o exílio, e mais de 1.300 paróquias católicas romanas estavam sem padres — ou pelo menos sem sacerdotes legalmente sancionados. Mas os católicos romanos se mantiveram firmes, e o partido do Centro, que representava seus interesses na esfera política, realmente adquiriu mais força no *Reichstag*. Muitos padres católicos continuaram a atender seus paroquianos da melhor maneira possível. Com esse objetivo, eles com frequência se disfarçavam e rezavam missas ou ministravam os sacramentos em celeiros, florestas e outros lugares isolados (Schmidt-Volkmar, 1962). De ambos os lados, a luta foi vista na época como mais desesperada e mais importante do que parece ter sido para escritores posteriores. A tentativa de assassinato de Bismarck por um jovem católico, em 1874, despertou entre os protestantes um medo quase paranoico dos católicos; e, quando um popular leão morreu no zoológico de Berlim (também em 1874), sua morte foi atribuída a um envenenamento perpetrado por católicos. Entre estes, por outro lado, as leis anticlericais eram encaradas como uma fachada legal para uma perseguição ultrajante.

Ao manter a *Kulturkampf* contra a Igreja Católica Romana, Bismarck lançou mão sobretudo do aparato legislativo e administrativo do governo prussiano, e a principal batalha ocorreu na Prússia. Mas o Conselho Federal, ou *Bundesrat*, que representava tanto os outros estados do Império Alemão como a Prússia, tomou o partido de Bismarck. Várias das mais importantes leis anticlericais, entre elas a Lei do Registro Civil (que regulava o registro de nascimentos, casamentos e mortes) e a que baniu os jesuítas, foram decretadas pela legislação imperial, o que significava que eram propostas no *Bundesrat* ou aprovadas por ele. Teria sido bastante apropriado, portanto, que um católico daquele tempo atribuísse seus problemas ao *Bundesrat*.

A luta atingiu seu ápice em 1876, época em que Bismarck começou a perceber que tinha ido longe demais e que sua campanha anticatólica impedira a conquista de outros objetivos mais importantes. O chanceler também descobriu que a hostilização de católicos em nome do Estado despertara menos entusiasmo entre os protestantes do que ele havia esperado, pela compreensível razão de que pelo menos alguns destes acharam que ele poderia se voltar contra cristãos protestantes no futuro. Em 1878, Pio IX morreu. Ele tinha sido um implacável e exasperante opositor de Bismarck. Seu sucessor, Leão XIII, era menos conservador e mais flexível. Logo depois que ele assumiu o cargo, foram iniciadas, sem alarde, negociações visando a uma solução das diferenças entre a Igreja Católica Romana e o governo alemão. Na década de 1880, a estrutura da legislação repressiva anticatólica foi gradualmente desmantelada na Alemanha, embora as leis mais construtivas e neutras que regulavam o casamento civil e o registro de nascimentos, mortes e casamentos tenham permanecido.

A *Kulturkampf* foi conduzida com amargor de ambos os lados e desintegrou a vida religiosa dos católicos romanos na Alemanha. Não foi, contudo, associada a atos de violência, a menos que as capturas e prisões de padres e bispos possam ser consideradas como tais. Não houve mortes, exceto durante um tumulto, quando a mobília do bispo de Münster foi vendida para pagar sua multa; na confusão, uma pessoa foi morta. Gretchen mencionou a morte de muita gente durante a *Kampf* à qual se referiu, mas isso poderia ser um equívoco se tratava-se de uma alusão à *Kulturkampf*. No entanto, ela não soube ou não conseguiu dizer exatamente sobre o que era o conflito, além de relacioná-lo de alguma forma à Igreja e a Lutero. Em uma das ocasiões em que citou o papa Leão, ela parecia ter catorze anos. Leão XIII foi eleito papa em 1878 e, se imaginarmos que Gretchen estava com doze anos nessa época, ela teria nascido em 1866. Nesse caso, teria quatro ou cinco anos no período da Guerra Franco-Prussiana (1870-1871), quando muitos soldados alemães foram mortos. Pode-se conjecturar que as lembranças das mortes na Guerra Franco-Prussiana e mesmo da guerra propriamente dita se fundiram na mente de Gretchen com lembranças da *Kulturkampf*, que teve muitas características de uma guerra civil, embora, como foi dito, ela quase não tenha sido associada a violência e morte. Por outro lado, as menções de Gretchen ao esconderijo na floresta e à sua prisão podiam facilmente se referir a situações pelas quais alguns católicos passaram durante a *Kulturkampf*.

Eberswalde fica numa parte da Alemanha em que a grande maioria da população é luterana desde a Reforma, e parece improvável que distúrbios importantes tenham ocorrido lá, como ocorreram nas áreas ocidental e oriental da Prússia, onde viviam muitos católicos romanos. Não encontrei menção à *Kulturkampf* na detalhada história de Eberswalde elaborada por Schmidt (Schmidt, 1941). Contudo, a presença de uma minoria católica romana ali teria acarretado alguns problemas durante a *Kulturkampf* e, para os católicos romanos de tal área, a situação talvez parecesse até mais perigosa do que para os que viviam em regiões onde eles eram maioria e podiam contar com o apoio de pessoas poderosas, tanto seculares como do clero. Portanto, é plausível pensar que a *Kulturkampf* teve efeitos importantes sobre os católicos romanos de Eberswalde.

Até aqui, tudo bem situar Gretchen num período específico da história — os conflitos religiosos da *Kulturkampf.* Infelizmente, vários fatos não se coadunam com a descrição de si mesma feita por ela. Em primeiro lugar, nunca existiu um prefeito de Eberswalde chamado Hermann Gottlieb. Schmidt (1939, 1941) publicou listas de todos os prefeitos da cidade de 1307 a 1938; o nome Hermann Gottlieb não aparece entre eles, e nenhum prefeito de Eberswalde tinha o sobrenome Gottlieb. Este, aliás, o que não é irrelevante, é muito mais comum como prenome do que como sobrenome na Alemanha.

O senhor Dietmar Schulz, que, como representante da *Deutsche Presse-Agentur* na Alemanha Oriental, foi a Eberswalde para tentar verificar se tinha vivido ali alguém que correspondia às afirmações de Gretchen, não conseguiu fazê-lo (Schulz, 1975). Seja como for, os registros civis de nascimentos e mortes em Eberswalde são posteriores a 1870. Registros anteriores a esse ano foram mantidos em arquivos de igrejas das diferentes paróquias. O senhor Schulz verificou os arquivos da comunidade protestante (consideravelmente maior), mas não os da Igreja Católica Romana[10]. Se Gretchen era uma católica nascida antes de 1870, seria possível esperar que seu nascimento tivesse sido registrado nos arquivos da Igreja Católica Romana, não nos das igrejas protestantes. Isso significa que os resultados da investigação do senhor Schulz são inconclusivos.

Apesar disso, Gretchen estava equivocada ao afirmar que era filha de Hermann Gottlieb, prefeito de Eberswalde. Eu mesmo estava me acostumando com a ideia, quando informações que me foram enviadas por outro correspondente meu na

---

10 Eberswalde situa-se agora [1984] na República Democrática Alemã, onde a verificação de arquivos por estrangeiros (incluindo cidadãos da Alemanha Ocidental, como o senhor Schulz) é particularmente difícil. Uma carta que escrevi solicitando informações sobre os funcionários públicos da cidade de Eberswalde não foi respondida.

Alemanha sugeriram uma possível solução para a discrepância: que Gretchen era filha ilegítima. Esse correspondente, senhor Hermann Klein (1975), lera num jornal alemão um relato do caso, no qual minha investigação era citada, e achou que eu estaria interessado nos fatos que se seguem. Por volta de 1940, o senhor Klein teve alguns negócios a tratar em Eberswalde e lá conheceu um homem de sobrenome Schiller, que na época estava traçando sua árvore genealógica. O homem precisava fazer isso porque estava se candidatando a um cargo oficial, e as normas estabelecidas pelos nazistas exigiam que ele provasse a pureza de sua linhagem ariana. Para sua contrariedade, ele descobriu que um de seus ancestrais era filho ilegítimo e tinha o sobrenome Gottlieb. Eu achava que o nome Gottlieb[11] podia ser dado particularmente a filhos ilegítimos. É o que acontece às vezes, mas com suficiente frequência ele também é dado a filhos legítimos. Foi bastante usado por famílias judias obrigadas a adotarem sobrenomes, à medida que gradualmente se viram sob pressões sociais e leis de governos europeus durante os séculos 18 e 19. Esse fato acabou com as esperanças do amigo do senhor Klein de obter o cargo que havia pleiteado.

Conjecturas levam conexões variadas a fatos que podem, em maior ou menor grau, apoiá-las. Eu não teria me arriscado a interpretar o equívoco de Gretchen ao dizer que seu pai, Hermann Gottlieb, era o prefeito de Eberswalde, se não houvesse recebido a informação citada acima. Contudo, saber que Gottlieb era um sobrenome dado pelo menos a um filho ilegítimo em Eberswalde me estimula a sugerir que talvez Gretchen fosse ilegítima (nesta especulação não estou agregando importância à similaridade entre o nome Schiller,

---

11 O sobrenome Gottlieb parece ter se originado do nome mais antigo Gottlob, que significava algo como "Deus seja louvado".

do amigo do senhor Hermann Klein, e o da "Frau Schilder" de Gretchen; tanto Schiller como Schilder são sobrenomes alemães comuns). Ela pode ter recebido o sobrenome Gottlieb e, sabendo que seu pai se chamava Hermann, ter presumido que o nome completo dele era Hermann Gottlieb. Como Gretchen deu o passo seguinte, pensando que o pai era o prefeito de Eberswalde, permanece um mistério, a menos que um prefeito da cidade no período que estamos considerando tivesse uma filha ilegítima. Já citei minhas razões para achar que Gretchen era católica romana (dentre as quais não se inclui de modo algum o fato de que ela própria disse isso). Mas é possível afirmar sem ressalvas que no século 19 nenhum católico romano pode ter sido prefeito de Eberswalde, já que esta se encontrava na área predominantemente protestante do norte da Alemanha. Além disso, nenhum prefeito da cidade tinha o prenome Hermann entre 1809 e 1940 (Schmidt, 1941, pp. 97-102). É possível que Gretchen fosse filha ilegítima de um funcionário público municipal — talvez um escriturário — no gabinete da prefeitura, que ela confundiu com o prefeito. Se Gretchen *era* ilegítima, esse podia ser o motivo do descaso com sua educação e talvez também de sua tendência, a julgar pelo que ela disse, a passar a maior parte do tempo na cozinha com Frau Schilder, e não em outro lugar com outras pessoas.

Gretchen disse que sua casa ficava na Birkenstrasse, nome que às vezes era ouvido como *Bürgenstrasse* ou outras variantes. Schmidt (1939, 1941) não faz menção a uma Birkenstrasse ou uma Bürgenstrasse em Eberswalde, embora as ruas da cidade sejam apresentadas com certa minuciosidade em seu livro. Em 1864, uma rua antes conhecida por outro nome foi rebatizada de "Bergerstrasse", em homenagem a um cidadão proeminente do século 18. Pode-se conjecturar que Gretchen estava querendo se referir a *Bergerstrasse* quando dizia o que foi ouvido na maioria das vezes como *Birkenstrasse*. Contra essa especulação, contudo, devo observar que, embora a gramática de Gretchen fosse lamentavelmente precária, sua pronúncia — que também tinha algumas falhas graves — com frequência era bastante acurada, e ela tendia a corrigir outras pessoas que não pronunciavam as palavras alemãs como ela achava que deviam. Se tivesse havido algum sinal do som de *r* na segunda sílaba do nome com que ela identificava a rua onde afirmava morar, eu ficaria satisfeito em dizer a mim mesmo que tinha ouvido essa letra, mas, mesmo depois de escutar repetidamente a palavra em diferentes ocasiões, não fui capaz de fazê-lo.

Antes de concluir esta seção, farei um breve resumo dos fatos pertinentes e inferências a eles associadas. Os indícios linguísticos tornam improvável que uma pessoa correspondente às afirmações de Gretchen tenha vivido antes da segunda metade do século 19. Sua menção ao papa Leão sugere que ela viveu pelo menos até 1878, quando Leão XIII se tornou papa. Suas alusões à discórdia e à perseguição rigorosa relativas a assuntos religiosos podiam se aplicar ao período da *Kulturkampf* na Alemanha durante a década de 1870. Na época, uma prolongada luta entre o governo alemão e a Igreja Católica Romana resultou, para muitos padres e bispos, em destituição de cargos, multas e prisões, com a consequente interrupção de serviços religiosos. Padres que não foram presos ficavam com frequência escondidos. Havia muita amargura e desconfiança generalizada, embora não tanta violência quanto os comentários de Gretchen sugeriam.

Se Gretchen estava certa ao dizer que o pai se chamava Hermann Gottlieb, ela estava equivocada ao dizer que ele era o prefeito de Eberswalde, já que nunca houve um prefeito da cidade com esse nome. É possível que ela fosse uma filha ilegítima a quem deram o sobrenome Gottlieb, que tenha sido criada num ambiente isolado como uma criança católica romana bastante negligenciada que não recebeu instrução escolar.

Também precisamos levar em conta que Gretchen pode ter vivido numa outra comunidade chamada Eberswalde além da cidade com esse nome cujas qualificações acabei de examinar. Tanto na Alemanha como na Áustria pode haver outros lugares chamados Eberswalde. Todavia, uma verificação de todas as comunidades listadas em 1975 no arquivo do serviço postal alemão não mostrou a existência de outra comunidade (tanto na Alemanha Oriental como na Alemanha Ocidental) denominada Eberswalde. Sou grato ao doutor Heinrich Wendt (1975) por essa informação. Além disso, o doutor Wendt me escreveu dizendo que o "*e*" final de Eberswalde é uma terminação típica dos nomes de lugares do norte da Alemanha, não sendo encontrado nos nomes do sul da Alemanha, da Áustria e da Suíça (Gretchen era categórica em sua pronúncia do "*e*" final em Eberswalde). Se outras localidades chamadas Eberswalde, ou talvez Eberswald, existem na Alemanha, devem ser meras aldeias e não teriam prefeito.

Não excluí a possibilidade de que outra comunidade chamada Eberswalde, grande o suficiente para ter um prefeito, tenha existido outrora na Alemanha e sido posteriormente absorvida por uma cidade maior, perdendo assim sua identidade independente e seu nome. Nesse sentido, como mencionei antes, Darmstadt incorporou uma cidade chamada Eberstadt.

Um correspondente (Glasfurd, 1981) escreveu-me para contar que duas comunidades chamadas Eberwald e duas chamadas Eberswalde localizam-se na Europa oriental, dentro dos limites do Império Alemão do século 19 e início do século 20. Para a maioria dos habitantes desses lugares naquele período, o polonês (ou um dialeto dele) teria sido a língua corrente. Mas o alemão era o idioma do funcionalismo e das pessoas que ascendiam socialmente. Um morador de uma dessas comunidades, com a pretensão que Gretchen mostrou bem, podia ter falado em alemão com pessoas que ela identificava como educadas. Essa poderia ser a razão das imperfeições no alemão falado por ela, supondo que o polonês fosse sua língua materna. Mas outras dificuldades permanecem. Por exemplo, pode-se duvidar que comunidades tão pequenas como essas tivessem tido um prefeito, embora um funcionário público similar pudesse ter sido chamado familiarmente de *Bürgermeister*. Também, quando Gretchen se manifestou pela primeira vez (e mais tarde em muitas ocasiões), não havia ninguém por perto que falasse alemão. Portanto, ela não teria tido mais incentivo para falar nesse idioma com os presentes do que para se expressar em sua suposta língua materna, o polonês.

Mencionei na nota 5 que a região ao sul de Hesse se ajusta melhor aos detalhes geográficos citados por Gretchen do que Eberswalde. O próprio C.J. foi favorável a localizar Gretchen em Hesse, na área ao redor de Darmstadt (Jay, 1977). Ele achou que a luta à qual ela fazia alusão com tanta frequência podia ter sido a desordem revolucionária ocorrida na Alemanha durante dos anos de 1847-1849. O povo de Hesse se envolveu de forma proeminente nesses distúrbios, mas as questões que os motivavam eram antes de tudo sociais e políticas, e não religiosas. Por essa razão, e influenciado por outras características das afirmações de Gretchen, em especial sua pronúncia clara da palavra Eberswalde, não sou favorável a situá-la em Hesse.

Chego a essa conclusão sem nenhuma sensação de segurança, e muito menos de finalidade. Não verificamos a existência de ninguém que correspondesse às declarações de Gretchen. Para mim, elas parecem se aplicar melhor a uma vida em Eberswalde no final do século 19, mas não excluímos outra localização para Gretchen, se ela existiu. Fico satisfeito com o fato de que as características linguísticas do caso o abastecem de importância ao lado da verificação das afirmações de Gretchen. E para elas me volto agora.

A língua falada por Gretchen

No Apêndice A, transcrevo quatro trechos de sessões em que Gretchen se expressou em alemão. Na primeira (de 2 de agosto de 1970), C.J. era o único observador, e ele falou inglês enquanto Gretchen respondeu em alemão. Em cada uma das outras três sessões, eu estava presente com uma pessoa cuja língua materna era o alemão. Essas sessões aconteceram em 5 de outubro de 1971, 11 de maio de 1973 e 25 de março de 1974.

A seguir, descrevo e comento características específicas do alemão falado por Gretchen.

Habilidade para falar alemão responsivamente. Como mencionei anteriormente, falo alemão desde 1963 e, embora esteja longe de ter alcançado o ápice da fluência nessa língua, posso afirmar sem falta de modéstia que sei quando alguém está falando alemão ou não. E estou bastante convicto de que em quatro ocasiões diferentes tive diálogos compreensíveis com Gretchen nesse idioma. Na primeira delas (2 de setembro de 1971), fui o único a falar com Gretchen em alemão. Nas outras duas, contudo, falantes nativos de alemão também participaram das conversas com ela.

O doutor Kurt Kehr participou da sessão de 11 de maio de 1973. Posteriormente, ele assinou uma declaração (datada de 26 de fevereiro de 1974), que traduzi e está reproduzida a seguir:

> Declaro que falei com a senhora Dolores Jay em alemão depois que ela foi hipnotizada por seu marido. Esse experimento aconteceu na casa do casal Jay em Elkton, Virgínia, em 11 de maio de 1973.
>
> Durante a sessão, uma personalidade que se identificava como "Gretchen" se manifestou, e foi essa personalidade que surgiu através da senhora Jay que falou comigo em alemão. Embora "Gretchen" tenha cometido vários erros gramaticais, ela sem dúvida entendia o idioma e deu respostas compreensíveis a perguntas que lhe foram feitas nessa língua.
>
> No que se refere à ligação entre a senhora Jay e "Gretchen", a nova personalidade que se manifestou, não tenho opinião formada. Também não sei onde e como a senhora Jay aprendeu alemão.

A senhora Elisabeth Day estava comigo durante o experimento de 25 de março de 1974, na Universidade da Virgínia, e conduziu grande parte da conversa com Gretchen ao longo dessa sessão. Ela assinou uma declaração com teor idêntico à do doutor Kehr, com um pequeno acréscimo que mencionava o tempo da sessão, que durou mais de uma hora[12].

A doutora Doris Wilsdorf me acompanhou numa sessão com Gretchen que aconteceu na casa dos Jays, em Mount Orab, Ohio, em 5 de outubro de 1971. Por razões que estou longe de compreender, Gretchen reagiu de maneira menos

---

[12] Depois de cada sessão de que um dos meus colegas falantes do alemão tinha participado, eu discutia as conclusões com ele e apurava o que ele desejava declarar com relação ao alemão falado por Gretchen. Então eu redigia uma declaração que, na minha opinião, representava os pontos de vista do colega e a apresentava com a solicitação de que fosse alterada da maneira desejada até que expressasse exatamente, e apenas, o que ele queria declarar. Essa é a razão de as declarações do doutor Kehr e da senhora Day serem quase idênticas. A doutora Wilsdorf, porém, preferiu redigir sua própria declaração, que reproduzo a seguir com uma pequena omissão.

satisfatória do que o esperado às tentativas de aproximação da doutora Wilsdorf, mas na mesma sessão falou comigo em alemão com bastante desembaraço. Com certeza não houve nada na conduta da doutora Wilsdorf que me autorizasse a responsabilizá-la por essa diferença, e seu alemão era perfeito, enquanto o meu, não. Tampouco se pode supor que Gretchen se sentia mais à vontade para conversar com homens do que com mulheres porque, embora se comunicasse adequadamente com o doutor Kehr, também o fazia bem com a senhora Day. Seja como for, a doutora Wilsdorf afirmou depois que, apesar de Gretchen ter se expressado em alemão, tinha algumas dúvidas se Gretchen compreendera o que ela estava dizendo nessa língua. A doutora Wilsdorf me enviou a seguinte declaração:

> Em 5 de outubro de 1971, participei com o doutor Ian Stevenson de um experimento na casa do senhor e da senhora Carroll Jay em Mount Orab, Ohio. O objeto do experimento era a investigação de um possível caso que, pelo que entendo, denomina-se "xenoglossia responsiva", ou a pretensa habilidade, de algumas pessoas hipnotizadas, de falarem e responderem a perguntas numa língua que é desconhecida para elas em seu estado desperto normal.
>
> Durante esse experimento, a senhora Jay foi hipnotizada pelo senhor Jay. Enquanto a senhora Jay estava sob hipnose, o doutor Stevenson e eu nos dirigimos a ela em alemão e, por cerca de uma hora, fizemos várias perguntas nessa língua. O senhor Jay fez algumas contribuições em inglês.
>
> Ao longo de todo esse período, a senhora Jay respondeu apenas em alemão, tanto quando se dirigiram a ela nessa língua como em inglês, e o fez como se fosse uma tal de Gretchen Gottlieb, de Eberswalde, há muito falecida. Contudo, suas respostas não foram nem um pouco fluentes, foram dadas numa inflexão monótona e sem conter uma quantidade significativa de informação.

Embora eu fale alemão fluentemente, nunca havia testemunhado uma sessão de hipnose, a não ser no palco. Tampouco sou qualificada para fazer um julgamento científico sobre o resultado do experimento. Assim, meu ceticismo quanto ao indício de xenoglossia que surgiu da sessão é de pouco valor. Até que ponto "Gretchen" entendia o que disse em alemão ou o que lhe foi dito, e até que ponto ela se envolveu numa conversa com significado, eu gostaria de deixar ao julgamento do leitor da transcrição, de preferência na versão em alemão[13].

A doutora Wilsdorf se referiu apropriadamente a leitores da transcrição do alemão falado na sessão de que ela participou a fim de que eles possam, na medida em que entenderem alemão, decidir por si mesmos se Gretchen compreendia o que estava dizendo nessa língua. No Apêndice A, reproduzi algumas páginas da transcrição da sessão em que a doutora Wilsdorf esteve presente. Uma vez que incluí uma tradução do alemão no Apêndice A, leitores que não conhecem a língua (e também os que conhecem) podem julgar se Gretchen deu respostas apropriadas ao que foi exatamente dito a ela. Talvez seja melhor dizer que os leitores podem julgar até que ponto ela deu respostas apropriadas, já que é evidente que algumas de suas respostas faziam sentido e outras não.

Fiz uma análise detalhada de cada declaração de Gretchen na sessão de 5 de outubro de 1971, a única que contou com a participação da doutora Wilsdorf. Nela, classifiquei primeiro cada declaração de acordo com categorias

---

[13] Como não é relevante para este tópico, omiti o último parágrafo da declaração da doutora Wilsdorf, que expressava sua impressão dos Jays como pessoas íntegras e sua satisfação com o fato de que eu estava investigando um caso de potencial importância como este.

dadas na Tabela 1. Para os propósitos desta análise, defini uma "declaração" como uma palavra ou sequência de palavras faladas ao mesmo tempo por Gretchen entre palavras ou frases ditas por outra pessoa que estava presente, isto é, os entrevistadores que falavam com ela em alemão ou C.J., o hipnotizador. Uma declaração longa podia conter várias frases e, nesse caso, o julgamento sobre a adequação da resposta foi feito com base na primeira frase inteligível da declaração. Contei o número de declarações que julguei pertencerem a cada categoria. Então, pedi à senhora Elisabeth Day para classificar cada declaração também, depois expliquei-lhe os princípios gerais que segui ao fazer minha própria classificação. A senhora Day e eu concordamos na classificação de muitos itens, mas discordamos em relação a outros. Então, discutimos as declarações sobre as quais divergimos até chegar a um acordo, sem, creio eu, coerção de um lado ou de outro. Nossa revisão dos itens individuais me mostrou pelo menos que classificar com segurança uma declaração em determinada categoria foi mais difícil do que eu tinha pensado. Foi o caso, em especial, de quando estávamos decidindo se uma das observações de Gretchen devia ser considerada exatamente pertinente ou apenas uma associação adequada, ligeiramente fora do padrão. A Tabela 1 mostra a divisão em categorias resultante das declarações, decidida em comum acordo por mim e pela senhora Day[14].

---

14 Para meu relatório preliminar deste caso (Stevenson, 1976), reuni um número muito menor de respostas dadas por Gretchen. Nessa avaliação, incluí apenas respostas que arbitrariamente considerei "importantes". Mais tarde, insatisfeito com a subjetividade de tal método, decidi que cada declaração deveria ser classificada, se possível, em uma ou outra das categorias listadas na Tabela 1. Também achei que devia pedir que outra pessoa (a senhora Day) me desse sua opinião sobre a classificação das respostas nas diferentes categorias.

TABELA 1.
Diferentes tipos de declaração na sessão de 5 de outubro de 1971

Respostas a perguntas ou instruções de C.J. em inglês

Declarações adequadas	
Respostas pertinentes	12
Associações adequadas a uma pergunta precedente, mas não respostas diretas	4
Declarações inadequadas	
Uso de "frase estereotipada" irrelevante para comentário ou pergunta precedente	1
Outra observação irrelevante	1

Respostas a perguntas ou comentários da doutora Wilsdorf ou meus em alemão

Declarações adequadas	
Respostas pertinentes	32
Associações adequadas a uma pergunta precedente, mas não respostas diretas	29
Declarações inadequadas	
Uso de "frases estereotipadas", em geral irrelevantes para comentário ou pergunta precedente	17
Outras observações irrelevantes	18

Repetições de Gretchen do que ela ou outra pessoa tinham acabado de dizer em alemão	35
Observações espontâneas de Gretchen não diretamente estimuladas por pergunta ou comentário precedente	6

Declarações menos importantes de Gretchen

Ja, Nein e *Nicht*	33
Observações que expressavam perplexidade ou ignorância, como *Ich verstehe nicht* ["Eu não entendo"], *Ich weiss nicht* ["Não sei"], *Was ist das?* ["O que é isso?"] e variantes dessas frases	17
Ich bin müde ["Estou cansada"] e variantes	3

Inclassificável devido à audibilidade ou inteligibilidade insatisfatória	9
Total	217

Pode-se perceber que as respostas adequadas de Gretchen, dadas diretamente a uma questão precedente ou em uma associação apropriada à pergunta, são consideravelmente mais numerosas que as inadequadas. Para respostas ou comentários expressos em alemão, suas declarações adequadas superaram as inadequadas numa razão de aproximadamente 12 para 7. Para respostas ou comentários expressos em inglês, a razão correspondente foi 8 para 1. E a razão para todas as declarações juntas foi maior que 2 para 1. A classificação das declarações que a senhora Day e eu adotamos subestima o total de declarações adequadas de Gretchen, já que as mais sucintas, como *Ja* e *Nein*, geralmente eram respostas adequadas a algo que acabara de ser dito, assim como algumas de suas frases estereotipadas[15].

Não fiz uma análise similar a essa de qualquer outra sessão, mas o Apêndice A contém fragmentos de três outras sessões, que fornecem aos leitores pelo menos uma base parcial para uma comparação entre elas.

Durante uma conversa comigo após a sessão de 5 de outubro de 1971, a doutora Wilsdorf também mencionou sua impressão de que o alemão falado por Gretchen podia ter derivado de uma mera repetição do que nós havíamos dito a ela. A doutora Wilsdorf não incluiu essa crítica em sua declaração escrita, mas, apesar disso, tal observação merecia uma resposta séria que, felizmente, um exame da fita gravada e da transcrição da sessão permitiu. Ele mostrou que Gretchen na verdade introduzira 96 palavras alemãs naquela sessão; isto é, ela disse tais palavras antes que a doutora Wilsdorf

---

15 Numa seção posterior deste relato, faço uma lista comentada das principais frases banais de Gretchen.

ou eu o tivéssemos feito. Em sua maioria eram, sem dúvida, palavras que a própria Gretchen utilizara em sessões anteriores, e algumas haviam sido ditas a ela por outras pessoas. Todavia, 21 dos vocábulos introduzidos por Gretchen nessa sessão nunca tinham sido ditos anteriormente nos experimentos por ela ou qualquer outra pessoa. A impressão da doutora Wilsdorf sobre as muitas repetições feitas por Gretchen não era, contudo, equivocada. Gretchen, de fato, repetia com frequência palavras e frases que lhe eram ditas ou que ela acabara de dizer, como indica a Tabela 1. Mas suas declarações de modo algum se limitavam a tais repetições.

Limitações da fluência em alemão. Gretchen raramente iniciava um diálogo com um entrevistador. De vez em quando, ela dizia algo espontaneamente, mas na maior parte do tempo respondia a uma pergunta com uma palavra ou uma frase curta e então se calava de novo, até ser estimulada por outra pergunta.

Pausas um tanto longas ocorriam às vezes entre o final de uma pergunta feita a Gretchen e sua resposta. Durante essas pausas, os entrevistadores às vezes passavam para outra pergunta. O próximo comentário de Gretchen podia então ser a resposta atrasada a uma pergunta anterior, em vez de sua resposta à pergunta que acabara de ser feita. Um exemplo de resposta atrasada pode ser encontrado no fragmento da sessão de 5 de outubro de 1971, no Apêndice A. Outro possível exemplo ocorreu na sessão de 11 de maio de 1973, também no Apêndice A.

Quase todos os comentários espontâneos de Gretchen consistiam na observação de quão perigoso era conversar porque o *Bundesrat* estaria ouvindo, em referências ao conflito religioso que a preocupava, ou em advertências de que o entrevistador devia ir embora ou que ela própria devia fazê-lo. Gretchen nunca disse frases longas; acredito que sua maior frase gramaticalmente *correta* tinha apenas cinco palavras. Às vezes, ela dizia frases mais longas que eram incorretas do ponto de vista gramatical. Uma delas, por exemplo, tinha sete palavras. E ela também conseguia falar sucessivamente várias frases desconectadas, cada uma com várias palavras. Uma longa sequência desse tipo (na sessão de 5 de julho de 1970) continha 21 palavras alemãs seguidas. Elas eram encadeadas não gramaticalmente, mas comunicavam um significado. Em outra sequência desse tipo (na sessão de 2 de agosto de 1970), ela disse vinte palavras alemãs em frases curtas similares com pouca ou nenhuma conexão sintática, embora fizessem algum sentido.

A julgar pelas transcrições das sessões e pelas minhas próprias observações das quatro nas quais estive presente, não penso que a fluência de Gretchen tenha aumentado ou diminuído significativamente entre a época em que os experimentos começaram, em maio de 1970, e a última sessão de que participei, quase quatro anos depois. Ela de fato oscilou até certo ponto de sessão para sessão, e fiz uma anotação dando conta de que Gretchen parecia menos fluente precisamente na última sessão, de 25 de março de 1974, em relação às anteriores; mas as diferenças na sociabilidade de Gretchen de sessão para sessão não foram grandes.

Habilidade para responder em alemão a perguntas em alemão e em inglês. Gretchen sabia responder em alemão a perguntas que lhe eram feitas tanto em inglês como em alemão. Ela própria, contudo, falava apenas alemão, com raras exceções. De vez em quando, uma palavra inglesa "escapava" durante uma sequência naquela língua. Um exemplo disso ocorreu na sessão de 2 de setembro de 1971. Perguntei a Gretchen[16] que animais havia em sua casa, e ela respondeu com a palavra alemã *Kuh* ["vaca"]. Perguntei, então, se havia outros animais, e ela disse *"chicken"* ["galinha"], embora pronunciasse *shicken*. Daí em diante ela continuou a responder às perguntas em alemão e disse a palavra *Pferd* ["cavalo"]. A invasão da palavra inglesa *chicken* nessa sequência parece particularmente estranha, já que um mês depois (5 de outubro de 1971) Gretchen mostrou que conhecia uma das palavras em alemão para *chicken*, que é *Küchlein*. Houve alguns outros episódios em que ela disse uma ou duas palavras em inglês no meio de uma sequência de palavras alemãs. Na sessão de 7 de setembro de 1970, duas frases e uma palavra isolada do idioma inglês foram ditas por Gretchen (ou D.J.); mas não está claro na fita gravada se a personalidade Gretchen tinha sido completamente "induzida" quando tais palavras foram faladas. Essa passagem é a única em todo o *corpus* sobre a qual sinto tal incerteza.

Extensão e variedade do vocabulário em alemão. Contei, nas 19 transcrições, todas as palavras alemãs que Gretchen disse antes que qualquer pessoa as dissesse a ela. Excluí desse cálculo todos os artigos e todas as pequenas variações da mesma palavra; por exemplo, contei *Streit* ["conflito", um substantivo] e *streiten* ["brigar" ou "discutir", um verbo] apenas uma vez. Também excluí cerca de meia dúzia de palavras que pareciam ambíguas. Após tais exclusões, o número de palavras que

---

16 Deve ficar entendido que eu e os outros falantes de alemão levados por mim para as sessões com Gretchen sempre (com algumas breves exceções) falamos com ela nesse idioma. Durante essas sessões, C.J. às vezes se dirigia a Gretchen em inglês.

Gretchen introduziu primeiro foi 237[17]. Dessas, mais ou menos metade (120) foram ditas por Gretchen em aproximadamente dez sessões que aconteceram antes que qualquer termo em alemão fosse dito a ela. Seu vocabulário total demonstrado nessas sessões foi maior que 237 palavras, porque ela também usou algumas palavras que outras pessoas haviam lhe dito.

Os idiomas alemão e inglês são membros estreitamente ligados do ramo germânico oriental do grupo germânico das línguas indo-europeias. Eles têm muitas palavras cognatas, embora suas gramáticas sejam acentuadamente diferentes. Calculo que quase metade das palavras faladas por Gretchen são (ou provavelmente são) cognatas de palavras inglesas. Contudo, as palavras podem ser, de maneira próxima ou distante, derivadas de um ancestral comum, e seu relacionamento pode, assim, ser óbvio ou obscuro. As estreitas relações de palavras como *Brot*[18] e *bread* ["pão"], *Vater* e *father* ["pai"] e *Zucker* e *sugar* ["açúcar"] não precisam ser enfatizadas. Que o alemão *müde* ["*tired*" em inglês, "cansado" em português] e o inglês *moody* ["mal-humorado", "melancólico"] têm uma ligação distante é menos óbvio. Além disso, alguns cognatos próximos têm significados bastante diferentes nas duas línguas. Desse modo, a palavra alemã *Volk* ["*people*"; "povo"], contém pouco da ideia que a palavra inglesa *folk* ["povo", "gente"] agora transmite. A palavra alemã *Stuhl* hoje em dia significa "*chair*" em inglês ["cadeira"], enquanto o cognato inglês *stool* ["banco"] é traduzido como *Schemel* ["banquinho"] em alemão. E, por fim, muitas palavras que são cognatas estreitamente ligadas nas duas

---

17 Gretchen falou todas menos quatro dessas palavras. Essas quatro ela escreveu por ocasião da xenografia que descrevo a seguir.

18 Todos os exemplos de palavras alemãs mencionadas neste parágrafo são de palavras realmente ditas por Gretchen.

línguas, como *Schwester* ["*sister*"; "irmã"], *Bruder* ["*brother*"; "irmão"], *Schule* ["*school*"; "escola"] e *Milch* ["*milk*"; "leite"], têm pronúncias bastante distintas nos dois idiomas. Acredito que essas questões mereçam ênfase porque o uso, por Gretchen, de palavras alemãs cognatas com inglesas não me pareceu (com raras exceções) mostrar sinais de derivar do conhecimento das palavras inglesas correspondentes.

Além do seu uso de cognatos alemão-inglês, Gretchen empregava muitas palavras que não são relacionadas ou são apenas remotamente ligadas a termos em inglês. Eis alguns exemplos de palavras que Gretchen usou antes que qualquer pessoa as dissesse a ela: *ausharren* ["persistir"], *beistehen* ["socorrer" ou "auxiliar"], *beschwerlich* ["incômodo"], *Bundesrat* ["Conselho Federal"], *Kerker* ["prisão"], *Fleischerladen* ["açougue"], *Fürst* ["príncipe"], *gefährlich* ["perigoso"], *Gemüse* ["legumes"], *Himmel* ["céu"], *Kampf* ["luta" ou "briga"], *Kopfweh* ["dor de cabeça"], *Küchlein* ["galinha"], *Möglichkeit* ["possibilidade"], *Rinderbraten* ["carne assada"], *spielen* ["jogar"], *Verrat* ["traição"], *Zollverein* ["acordo aduaneiro"] e *zulande* [usada em referência a "nosso país"].

Uma vez que Gretchen repetia com frequência o que dissera em sessões anteriores, ela introduzia poucas palavras novas nas sessões posteriores. Apesar disso, nas duas últimas, em 11 de maio de 1973 e 25 de março de 1974, ela incluiu, respectivamente, doze e dezenove palavras não ditas por ela ou por outra pessoa em sessões prévias (gravadas).

O alemão tem duas palavras para os diferentes sentidos da palavra inglesa *know* ["conhecer", "saber"]. Como ocorre no francês, o alemão distingue *knowledge of* ou *acquaintance with* ["conhecer, estar familiarizado com algo ou alguém"], para os quais usa o verbo *kennen* ["conhecer"], e *knowledge about* ["conhecimento sobre alguma coisa"], para o qual usa o verbo *wissen* ["saber"]. Pelo menos durante parte do tempo, Gretchen demonstrou uma compreensão da distinção entre esses verbos. Por exemplo, quando lhe perguntaram qual era sua idade, ela disse: *"Ich weiss nicht"* ["Não sei"]. E em outra ocasião, quando lhe foi perguntado: "Você conhece Martinho Lutero?", ela respondeu: *"Ich kenne ihn nicht"* ["Eu não o conheço"]. Em outros momentos, porém, Gretchen deu a impressão de não entender a diferença entre *kennen* e *wissen*.

O vocabulário de Gretchen em alemão era, de modo geral, moderno. Contudo, ela usava algumas palavras nitidamente arcaicas. Uma delas é *Kerker* ["prisão"], hoje em dia substituída por *Gefängnis*. Gretchen, diga-se de passagem, também conhecia essa palavra mais moderna e a usou espontaneamente em uma ocasião.

Outro possível arcaísmo ocorreu no uso da palavra *Kühne*[19] como um substantivo referente, ao que tudo indica, a pessoas imprudentes ou audaciosas. A palavra *kühn* como adjetivo, significando "corajoso" ou "audacioso", é encontrada com frequência no alemão moderno, mas os dicionários dessa língua não registram um substantivo correspondente, a não ser o abstrato *Kühnheit* ["audácia"]. Contudo, o doutor Kurt Kehr me informou que *Kühne* e *Kühner* encontram-se em uso como substantivos no alemão moderno, embora apareçam mais em obras literárias do que na linguagem do dia a dia (Kehr, 1981). Podemos encontrar um precedente para o uso da palavra como substantivo na frase *Karl der Kühne*, que era o nome em alemão de Carlos, o Temerário, duque da

---

[19] Do jeito como era pronunciada por Gretchen, essa palavra parecia ter um *r* no final, como se ela estivesse dizendo *Kühner*.

Borgonha (1433-1477). Outro exemplo ocorre no provérbio *Dem Kühnen gelingt alles* ["A fortuna favorece o valente"]. O uso da palavra como substantivo é, portanto, um tanto inconvencional, mas não incorreto.

Gretchen usou apenas duas palavras que podem com certeza ser consideradas solecismos. A mais importante delas foi *Bettzimmer*, dita na sessão de 5 de outubro de 1971, e que evidentemente pretendia significar "quarto de dormir". Não encontrei *Bettzimmer* em nenhum dos dicionários comuns de alemão que consultei (Grimm e Grimm, 1854; Jones, 1974; Kluge, 1960; Kupper, 1955), e estou inclinado a achar que ela não existe, nem mesmo como uma palavra de dialetos alemães. Gretchen também sabia qual era a palavra alemã correta para quarto de dormir, *Schlafzimmer*. Ela a usou espontânea e adequadamente na sessão de 25 de março de 1974, e também como resposta quando a senhora Day (mais tarde, na mesma sessão) lhe pediu que fizesse uma associação com a palavra *Bettzimmer*.

A outra palavra que não consegui encontrar é *Markenbrat*. Gretchen a usou durante a sessão de 16 de agosto de 1971, quando C.J. lhe perguntou sobre o que gostava de comer. Ela citou *Kuchen* ["bolo" ou "bolinhos"], *Fleisch* ["carne"] e *Markenbrat*. *Das Mark* significa "tutano" em alemão (esta palavra não deve ser confundida com a que designa a unidade monetária, *die Mark*). Jones (1974) registra *Brühe mit Mark* como um consomê com tutano de boi. É possível que *Markbrat* (provavelmente não *Markenbrat*, como pronunciado por Gretchen) fosse um tipo de carne com osso assada, talvez mais ou menos equivalente a costela de porco magra. Contudo, já que não encontrei nem *Markbrat* nem *Markenbrat* em nenhum dos dicionários de alemão que consultei, minha sugestão deve ser encarada como uma conjectura, embora plausível.

Como explicarei adiante, a gramática de Gretchen era bastante falha, mas seu uso de palavras se mostrava quase sempre inteligível — geralmente podia-se compreender com facilidade o que ela estava tentando dizer.

Gramática e sintaxe do alemão. O alemão de Gretchen era de um tipo extremamente simples. Em geral, ela se expressava com frases curtas ou de construção truncada, se não primitiva.

Falava quase que exclusivamente no tempo presente. Sua tentativa mais notável de usar o tempo passado ocorreu com a palavra *torpen*, uma contração infantil ou dialetal de *gestorben*, particípio passado de *sterben* ["morrer"]. Ela nunca tentou se exprimir usando a ordem inversa de palavras de orações secundárias, uma característica importante da língua alemã. E mesmo sua ordem de palavras de orações principais se mostrava equivocada com frequência. Ela apresentava certa propensão a omitir palavras, sobretudo verbos auxiliares. Também tendia a colocar um pronome no singular, como *du*, com um verbo no plural, como *müssen*, de modo que costumava dizer *du müssen* em vez de *du musst* (mas pelo menos em uma ocasião ela disse corretamente *du musst*).

O falante do alemão expressa o conceito de *none* ou *not any* ["nenhum"] de uma maneira diferente da usada pelo falante do inglês. Este pode dizer, corretamente, tanto "*I have no car*" como "*I do not have a car*" ["Eu não tenho carro"]. Ao traduzir essas frases para o alemão, é provável que ele diga: "*Ich habe nicht einen Wagen*", mas a tradução correta é: "*Ich habe keinen Wagen*". Dominar o emprego correto de *kein* é um tanto difícil para quem fala alemão, mas essa não é sua língua materna. Nas transcrições, encontrei quatro momentos em que Gretchen podia ter usado uma construção com *kein*. Ela a empregou corretamente três vezes e não conseguiu fazê-lo na quarta ocasião.

Os substantivos alemães são altamente flexionados e têm quatro desinências casuais possíveis, com cujos artigos e (geralmente) adjetivos devem concordar e cujos pronomes devem também refletir. Gretchen apresentou um conhecimento gravemente falho de desinências casuais do alemão.

Os substantivos em alemão têm três gêneros, que os falantes desse idioma distinguem com o emprego de artigos e adjetivos. O uso que Gretchen fazia dos artigos era especialmente falho. O artigo indefinido é o mesmo para os gêneros masculino e neutro, e o gênero feminino é indicado apenas pelo acréscimo de um *e* final, como em *eine Kirche*. Mas os artigos definidos *der*, *die* e *das* são suficientemente distintos, de modo que não é difícil saber qual deles está sendo dito. Nas dezenove transcrições, encontrei vinte exemplos em que Gretchen havia empregado o artigo definido antes do substantivo de maneira que se podia dizer que gênero ela estava atribuindo ao substantivo. Ela estava certa em dez desses exemplos e errada em dez. Tinha uma tendência a exagerar no uso do artigo neutro *das*, e empregou o artigo definido feminino *die* apenas uma vez. Seus erros no que se refere a artigos, contudo, não se deviam sempre ao uso incorreto de *das*, e alguns dos seus empregos corretos foram do masculino *der* e (uma vez) do feminino *die*.

A gramática do alemão de Gretchen não se mostrava sempre ruim, e ela às vezes dizia frases curtas de forma totalmente correta. Na Tabela 2, apresento uma lista de exemplos de frases corretas e incorretas ditas por ela, porque acredito que os pontos fortes e fracos de seu alemão só podem ser compreendidos adequadamente a partir do estudo desses exemplos.

A gramática do alemão de Gretchen oscilava em termos de qualidade, mostrando-se às vezes sensivelmente melhor do que em outras. Por exemplo, em uma ocasião, ela disse erroneamente: "*Ich nicht verstehen*" ["Eu não entendo"), com o verbo no infinitivo. Mas, em outro momento, ela disse a mesma frase com a ordem das palavras e o verbo corretos: "*Ich verstehe nicht*". Desconheço as causas dessas variações, que, contudo, não eram extensas.

Pronúncia. A pronúncia da maioria das palavras que Gretchen falava era satisfatória, boa ou excelente. Apenas de vez em quando se podia dizer que ela flagrantemente havia pronunciado uma palavra de maneira equivocada, que soava de modo notavelmente diferente do que se esperaria de uma pessoa que tivesse o alemão como língua materna.

Sua pronúncia do som de *ch* nesse idioma era irregular, mostrando uma certa predisposição a alterá-lo para o som de *sh* em inglês. (Alguns falantes nativos do alemão também fazem isso.) Assim, ela tendia a dizer *gefährlish* em vez de *gefährlich* e *Kirsh* em vez de *Kirche*. Mas havia outras ocasiões em que seu som do *ch* em alemão era excelente. Ao ouvir as gravações, anotei casos em que ela pronunciou bem as palavras *glücklich*, *nicht*, *wichtig* e *schlecht*.

Gretchen tinha tendência a omitir alguns "*e*" finais e a acrescentar um "*e*" final gratuito a algumas palavras que terminavam com consoante. Assim, ao dizer *Deutschland*, ela às vezes a pronunciava com um "*e*" final supérfluo, como *Deutschlande*, e às vezes não. Ela omitia o "*e*" final de *Schule*, de modo que a palavra soava como *Shool*, e de *Kirche*, que soava como *Kirsh* (mas Gretchen uma vez corrigiu C.J. quando ele não pronunciou o "*e*" final em *Strasse*). Também

TABELA 2. Exemplos de frases em alemão

A. Exemplos de construção correta em alemão

Alemão	Inglês	Comentários
Ich muss nicht sprechen.	I must not talk. [Não devo conversar.]	
Sie haben nicht recht.	You are wrong. [Você está errado.]	
Wo ist mein Freund?	Where is my friend? [Onde está meu amigo?]	
Helfen Sie mir.	Help me. [Ajude-me.]	
Mein Haus ist in Eberswalde.	My house is in Eberswalde. [Minha casa fica em Eberswalde.]	
Ich kann nicht lesen.	I cannot read. [Eu não sei ler.]	
Musik ist schön.	Music is beautiful. [Música é bonito.]	
Ich kenne ihn nicht.	I do not know him. [Eu não o conheço.]	
Ich weiss nicht.	I do not know. [Não sei.]	Gretchen mostrou certa compreensão da diferença entre as duas palavras para *know* ["saber", "conhecer"] em alemão. Elas são *wissen* ["saber sobre alguma coisa"] e *kennen* ["conhecer, estar familiarizado com algo ou alguém"].
Ich heisse Gretchen.	My name is Gretchen. [Meu nome é Gretchen]	
Sie hören zu.	They are listening. [Eles estão escutando.]	
Es tut mir leid.	I am sorry. [Desculpe-me.]	

TABELA 2. (Continuação)

B. *Exemplos de frases incorretas ou com palavras importantes omitidas**

Alemão	Inglês	Comentários
Ich klein.	I [am] small. [Eu (sou) baixa.]	O verbo *bin* é omitido.
Vor langer Zeit, der Völker glücklich.	The people [were] happy a long time ago. [O povo (era) feliz muito tempo atrás.]	A frase não tem verbo, e o artigo de *Völker* devia ser *die*, a menos que Gretchen pretendesse usar o singular *Volk*, e nesse caso o artigo correto seria *das*.
Mein Vater ist sehr gut mit mir.	My father is very good to me. [Meu pai é muito bom para mim.]	O alemão correto para essa frase seria: "*Mein Vater ist sehr gut zu mir*". Em outra passagem, Gretchen usou corretamente a construção *gut zu mir*. Ver o trecho no Apêndice A, da sessão de 11 de maio de 1973.
Ich beistehe Frau Schilder das Kinder.	I help Mrs. Schilder with the children. [Eu ajudo a senhora Schilder com as crianças.]	Aqui, uma preposição de algum tipo é omitida e o artigo está incorreto. A última parte da frase, dita corretamente, podia ter sido *mit den Kindern*. Gretchen também não consegue separar as duas partes do verbo. O alemão correto para a frase completa seria: "*Ich stehe Frau Schilder mit den Kindern bei*".

70

TABELA 2. (Continuação)

Alemão	Inglês	Comentários
Du soll nicht kommen.	You should not come. [Você não deveria vir.]	O verbo auxiliar correto seria *sollst*.
Ich nicht verstehen.	I do not understand. [Eu não entendo.]	O alemão correto seria ou *"Ich verstehe nicht"* ou *"Ich kann nicht verstehen"*. Em outra ocasião, Gretchen disse corretamente: *"Ich verstehe nicht"*.
Du müssen weggehen.	You should go away. [Você deveria ir embora.]	Aqui o pronome no singular foi combinado com um verbo no plural.
Ich nicht darf mein sprechen.	I ought not to talk. [Eu não deveria conversar.]	A ordem das palavras no alemão correto seria: *"Ich darf nicht sprechen"*. O *mein* de Gretchen parece supérfluo aqui.
Auf dies Sache ist verboten zu sprechen.	One is not allowed to talk about this. [Não é permitido que a gente fale sobre isto.]	O alemão correto seria: *"Es ist verboten, von dieser Sache zu sprechen"*.
Fräulein nicht gehen in Schul.	Girls do not go to school. [Meninas não vão à escola.]	Gretchen omite o *e* final de *Schule*, mas fora isso ela pronuncia bem a frase. O alemão correto seria: *"Mädchen gehen nicht in die Schule"*. Numa sessão posterior, Gretchen usou a palavra *Mädchen* numa frase parecida: *"Mädchen nicht gehen Schule"*.

TABELA 2. (Continuação)

Alemão	Inglês	Comentários
Ich beistehe der Hausfrau.	I help the housekeeper. [Eu ajudo a empregada.]	Gretchen não consegue separar as partes do verbo; todavia, ela flexiona corretamente o artigo para o caso dativo. O alemão correto da frase seria: *"Ich stehe der Hausfrau bei"*.
Ich gehe in mein Vaters Haus.	I am going into my father's house. [Estou entrando na casa do meu pai.]	Aqui Gretchen não põe o pronome possessivo no caso genitivo. O alemão correto seria *"Ich gehe in meines Vaters Haus"* ou *"Ich gehe in das Haus meines Vaters"*.
Warum der Fragen wieder und wieder?	Why the questions over and over again? [Por que as perguntas várias vezes?]	Aqui Gretchen usa a forma plural do substantivo precedida de um artigo inadequadamente flexionado. A última parte da frase, *wieder und wieder*, embora não seja categoricamente errada, não está construída em bom estilo alemão. Ela é literalmente traduzida pela expressão comum em inglês *"again and again"*. Um falante do alemão correto teria dito: *"Warum immer wieder diese Fragen?"* ou *"Warum die Fragen immer wieder?"*.

* As palavras omitidas são mostradas nas traduções para facilitar a compreensão dos exemplos.

tendia a omitir o *"e"* final em verbos como *verstehe* e *lebe*, e em alguns adjetivos flexionados, como *viele*.

Embora, como mencionei antes, Gretchen normalmente pronunciasse palavras alemãs cognatas de palavras inglesas como faria um falante do alemão, vez ou outra sua vogal soava como a do cognato inglês. Isso acontecia com o som de *blau*, que era emitido como o inglês *blue*, e *machen*, cuja primeira sílaba tinha o som do inglês *make*. Ela pronunciava a vogal final em *Bäckerei* como *"ee"* em inglês, de maneira que essa última parte da palavra soava como o inglês *bakery*, embora ela falasse a primeira parte da palavra do jeito que um alemão falaria. De modo geral, casos de pronúncias anglicizadas foram raros comparados às muitas palavras que Gretchen pronunciava corretamente, ou quase.

Ao pronunciar a palavra *hier* [*"here"* em inglês; "aqui", em português], Gretchen lhe atribuiu o som de *higher* ["mais alto"] em inglês. Numa sessão posterior, contudo, ela pronunciou *Bier* como um alemão faria, como o cognato inglês *beer* ["cerveja"].

Gretchen era fraca na pronúncia de vogais com trema. Assim, seu *schön* soava como a palavra inglesa *shown*, e não como na pronúncia habitual do alemão. Ela também pronunciava *Völker* como se falaria corretamente a forma singular de *Volk*, mas não a forma plural. Do mesmo modo, dizia *Dorfer* [*"villages"*; "aldeias"] em vez de *Dörfer*. Ela pronunciava *hören* [*"hear"*; "ouvir"] como *horen* e *Häuser* [*"houses"*; "casas"] como *Houser* (por outro lado, pronunciava corretamente alguns sons com trema, como em *gefährlich* e *Bäckerei*).

No que se refere a outras palavras que Gretchen pronunciava de forma correta, acho importante registrar algumas porque demonstram que o conhecimento de alemão dela podia não ter sido obtido apenas da leitura dessa língua[20]. Determinadas letras são pronunciadas de maneira diferente em alemão e em inglês. Assim, um falante nativo do inglês seria capaz de dar à primeira consoante em *Vater* (por vê-la escrita) o som de *v* em inglês, ao passo que alemães lhe dão o som de *f* em inglês. E ao *w* em alemão é atribuído o som de *v* em inglês, a exemplo de palavras como *Wald* ["floresta" ou "bosque"] e *wichtig* ["importante"]. Gretchen normalmente pronunciava o *v* e o *w* como um alemão pronunciaria.

Da mesma forma, o *s* antes de *p* e *t*, como em *sprechen* ["falar"], *Strasse* ["rua"], *Stadt* ["cidade"], *spielen* ["jogar"] e *Stein* ["pedra"], é uma consoante sibilante palatal e tem no alemão padrão um som próximo ao inglês *sh*. Para a maioria dessas palavras, Gretchen usou essa pronúncia, embora às vezes seu *s* soasse como uma sibilante dental, isto é, como um falante do inglês não familiarizado com o alemão provavelmente faria, caso lesse essas palavras e tentasse dizê-las sem ter ouvido um alemão pronunciá-las. Contudo, tal som de *s* antes de *p* e *t* ocorre normalmente entre muitos falantes no norte da Alemanha, sobretudo os de baixo-alemão, ou *Plattdeutsch*.

O *d* no final de palavras do alemão, como em *Freund* ["amigo"], *leid* ["pena", "dor"] e *Geld* ["dinheiro"], dito por falantes dessa língua, tem o som bastante próximo de *t* em inglês. Gretchen pronunciava essas palavras como um alemão.

Por fim, reparei que Gretchen atribuiu uma pronúncia alemã correta ao *g* final em *wichtig* e *fertig* ["pronto" ou "concluído"]. Falantes do alemão articulam esse *g* suavemente, e ele geralmente tem um timbre gutural.

---

20 Se aceitarmos a afirmação de Gretchen de que ela não sabia ler, estamos considerando aqui a possibilidade de que D.J. tinha aprendido um pouco de alemão por meio da leitura.

Embora Gretchen proferisse poucos nomes próprios, sua pronúncia era perfeita, com exceção do *e* supérfluo que ela às vezes acrescentava a *Deutschland*. Pronunciava o nome do papa Leão da mesma forma que um alemão faria, isto é, como se para um falante do inglês a palavra fosse grafada como *layo*, não *leeyo*.

Devo observar que o *ritmo* de algumas frases de Gretchen (como distinto da *inflexão*) não era o de alguém que tem o alemão como língua materna. Assim, na frase *"Ich weiss nicht"* ["Não sei"], ela punha ênfase na última palavra da frase, enquanto falantes do alemão normalmente enfatizariam a segunda. Em outros casos, contudo, como ao dizer *"Es tut mir leid"* ["Me desculpe"], ela apresentou o ritmo de um falante nativo do idioma.

Assim como sua gramática, a pronúncia de Gretchen variava um pouco de uma ocasião para outra. Um exemplo disso ocorreu na articulação da palavra *dumm* ["burro" ou "tolo"]. Esta palavra deveria soar, em alemão, mais ou menos como a palavra inglesa *doom*. Na sessão de 11 de maio de 1973, Gretchen a pronunciou corretamente, mas mais tarde, na mesma sessão, ela lhe atribuiu o som do cognato inglês *dumb*. Contudo, na sessão de 25 de março de 1974, voltou a articular melhor a palavra. Em certa ocasião (5 de julho de 1970), Gretchen pronunciou a palavra *Zeit* ["tempo"] como o inglês *site*; nas sessões de 11 de maio de 1973 e 25 de março de 1974, porém, pronunciou-a de forma correta, como a maioria dos alemães o faria, como se em inglês sua grafia fosse *tzite*.

Escrita. Como já mencionado, em uma ocasião (23 de abril de 1971) Gretchen escreveu quarenta palavras em alemão. Essas frases fazem pouco sentido, embora em certa medida reflitam o teor de suas declarações ditas antes e depois, e incluem uma expressão de relutância em continuar falando sobre

Martinho Lutero. Elas estão reproduzidas na Tabela 3, junto com uma tradução que é, em certo grau, uma conjectura, por causa da natureza fragmentária das frases em alemão[21].

TABELA 3. Alemão escrito

Alemão escrito por Gretchen	*Tradução*

Mein Leib Freund
  Ausharren versuchen bemuhung
mein moglishkite sehr gefahrlish auf
sich ehefrau
	Meu caro amigo
	  Tente aguentar [apesar do seu] problema. Minha possibilidade [situação?] [é] muito perigosa no que se refere [à] esposa.

Sich bystehen Ich mogen Nichts mehr moglich reden auf Martin Luther stelle Zulande	Eu desejo ajudar. Não [é] mais possível falar sobre a posição [de] Martinho Lutero no país.

Zietweise sache recht
  Grunden eagen Kirch Martin Luther
  Da nicht zurickkommen
  Einstag Ich zurickkommen
	As coisas [estão todas] em ordem às vezes. Oficialize sua própria igreja. Martinho Lutero não voltará para cá.
	Um dia eu [irei] retornar.

Essas palavras escritas são valiosas para o estudo do processo de xenografia, do qual constituem um exemplo. Algumas delas sugerem que alguém que sabia escrever em inglês estava tentando escrever em alemão a partir de um ditado, sem saber nada da ortografia dessa língua. Assim, a palavra *Möglichkeit* foi grafada como *moglishkite*, que se aproxima da maneira como ela é pronunciada em alemão — ou ao menos da maneira como Gretchen a pronunciava. Quem

---
21 Reproduzi a ortografia de Gretchen, inclusive as letras maiúsculas e suas linhas como aparecem na escrita original. Na tradução, introduzi entre colchetes algumas palavras não representadas no alemão, mas fornecidas aqui para tornar mais preciso seu significado. Coloquei um ponto de interrogação junto a uma palavra, *situação*, para indicar que a presumi a fim de conferir sentido à frase na qual *moglishkite* aparece no alemão. Também acrescentei alguns sinais de pontuação na tradução.

escreveu essas palavras também foi inconsistente ao grafar os substantivos alemães com letra inicial maiúscula (desde a época de Lutero, *todos* os substantivos alemães são escritos com inicial maiúscula, não apenas alguns, como no inglês). *Kirch* (grafada sem o *e* final) e *Freund* estão com maiúscula, mas os dois outros substantivos (*Bemühung* e *Ehefrau*), não. A palavra *ich* aparece com letra maiúscula no meio de uma frase, embora isso nunca ocorra em alemão.

Por outro lado, quem escreveu também mostrou alguma familiaridade com o alemão escrito, já que certas palavras foram grafadas corretamente, mas não como faria um falante do inglês que as estivesse anotando depois de ouvi-las, sem jamais tê-las visto na forma manuscrita ou impressa. Por exemplo, a palavra *mein* em alemão tem o som de seu cognato inglês *mine*, mas quem escreveu essas palavras usou a grafia correta. Palavras como *sehr* e *mehr* foram grafadas de maneira exata, embora os alemães as pronunciem um pouco como se elas fossem grafadas (em inglês), respectivamente, *zayer* e *mare* (ou talvez *mayor*). Algumas palavras apresentaram uma mistura desses dois processos. Assim, a palavra *gefährlich* ["perigoso"] foi grafada *gefahrlish*. A grafia de suas duas primeiras sílabas estava certa, embora o trema tenha sido omitido; então a última sílaba foi grafada incorretamente, apesar de escrita do jeito que Gretchen a pronunciava. Outro híbrido foi a palavra *bystehen*, representando obviamente a palavra alemã *beistehen*. Aqui, a grafia da primeira sílaba estava errada, mas a das duas últimas estava certa. Um falante do inglês que apenas tivesse ouvido a palavra, sem tê-la visto escrita, talvez pudesse ter usado a grafia *byshtayan*, mas uma pessoa familiarizada com o alemão escrito sem dúvida teria grafado a primeira sílaba como *bei*.

Em resumo, a xenografia alemã desse caso apresenta, às vezes dentro da mesma palavra, uma mescla de grafias que exige que o escritor tenha visto e se lembrado do alemão escrito com outras grafias, que correspondem ao que um falante do inglês usaria, se este não tivesse familiaridade com o alemão escrito e simplesmente tentasse, da melhor forma possível, reproduzir sons escritos do alemão que ouvisse.

Em cima: palavras escritas por Gretchen em 23 de abril de 1971. *Embaixo:* trecho de carta escrita por D.J. em seu estado normal de consciência em 27 de fevereiro de 1972.

A figura reproduz o trecho escrito por Gretchen. Abaixo dele, está reproduzida a amostra de uma carta escrita por D.J. em 27 de fevereiro de 1972, em seu estado normal de consciência durante o período das manifestações de Gretchen.

A caligrafia de Gretchen tem semelhança com letras de forma, com o *r*, o *e*, o *a* e o *s* grafados mais como estão impressos aqui, em vez de como normalmente são escritos, em caligrafia cursiva, por ingleses e americanos e como D.J. os escreve em seu estado normal. As letras de Gretchen eram separadas, como na escrita uncial ou espacejada, em vez de ligadas umas às outras, como as cursivas.

Para evitar mal-entendidos, quero enfatizar que não estou afirmando que esses dois manuscritos foram feitos por duas pessoas diferentes (*experts* em escrita à mão não estão, portanto, convidados a dizer que os dois são semelhantes ou que são diferentes). Nem estou sugerindo que o manuscrito de Gretchen é tipicamente alemão. Alguns leitores podem ver nele traços sugestivos da escrita de algumas pessoas alemãs; mas outras características, tais como o uso incorreto de inicial maiúscula dos substantivos, são nitidamente não alemãs.

Outras características do alemão de Gretchen. Gretchen (como Jensen) mostrou uma tendência a perseverar, isto é, a repetir a mesma palavra ou frase várias vezes. Ela não fazia isso tanto quanto Jensen, mas, mais do que ele, tendia a reiterar determinadas frases estereotipadas em diferentes sessões. Essas frases têm um atributo de perseveração para eles, embora fossem mais provavelmente repetidas de uma sessão para outra, e não na mesma sessão.

Entre exemplos de tais frases repetidas com frequência, ocorreram as seguintes: *reiten das Pferd* ["andar a cavalo"], *viel Kühner* ["muitos corajosos"], *ist sehr gefährlich* ["é muito perigoso"], *vor langer Zeit* ["muito tempo atrás"], *viele Völker kämpfen* ["muitas pessoas lutam"], *verborgen das Wald* ["escondido na floresta"], *du müssen gehen weg* ["você deveria ir embora"], *Sache sehr schlecht* ["coisa muito ruim"], *das Kirch streiten* ["as rixas da Igreja"] e *Sie hören zu* ["eles estão escutando"] (algumas dessas frases estereotipadas eram refrões antigramaticais, embora outras fossem gramaticalmente corretas).

Gretchen dizia suas frases estereotipadas com pouca incitação e, às vezes, sem nenhum estímulo explícito. Desse modo, elas acabavam se intrometendo na conversa, como se proferidas sob pressão. Mas havia ocasiões em que eram ditas de maneira adequada, em resposta a uma pergunta ou como uma associação sensata a uma pergunta ou observação feita pelo entrevistador.

Quase todos os falantes de todas as línguas têm frases estereotipadas desse tipo. Elas podem mesmo ser usadas às vezes para identificar o escritor ou falante de um trecho cuja autoria é incerta[22]. Acredito, porém, que Gretchen usava suas frases estereotipadas mais do que o falante médio, e ela parecia trazê-las à luz à mais leve solicitação. Na verdade, o uso repetitivo de tais frases contribuiu para minha conclusão de que nós provavelmente não podíamos ter descoberto muito mais sobre a vida e a situação dela, mesmo se prosseguíssemos com os experimentos.

Já salientei que tanto a gramática quanto a pronúncia do alemão de Gretchen apresentavam variação na qualidade. Nem uma nem outra, todavia, mostrou qualquer melhora global das primeiras sessões, em maio de 1970, para a última, em 25 de

---

[22] Thomas (1945) aplicou este método à análise de uma comunicação aparentemente vinda de Sir Oliver Lodge depois de sua morte. Thomas comparou a frequência de determinadas peculiaridades da fala apresentada por Sir Oliver Lodge numa conferência que ele havia proferido com a frequência de características similares que ocorriam na comunicação. Ele descobriu uma estreita correspondência entre as duas amostras.

março de 1974. Durante os últimos três anos desse período, sete pessoas falaram com Gretchen nessa língua, e seria de esperar que o fato de ouvi-las tivesse aperfeiçoado sua gramática e sua pronúncia. O doutor Kurt Kehr fez um esforço especial para ajudar Gretchen nisso, corrigindo delicadamente suas falhas gramaticais sempre que possível, sem interromper o fluxo geral da conversa. Ele me recomendou que reparasse se nas sessões seguintes a gramática de Gretchen melhorava. Na realidade, houve apenas mais uma sessão depois dessa na qual o doutor Kehr esteve presente. Nela (em 25 de março de 1974), contudo, não consegui detectar nenhuma melhora (ou piora) do alemão de Gretchen em relação ao que ela havia apresentado na sessão com o doutor Kehr.

Gretchen tinha ideias claras sobre como as palavras alemãs que ela usava deviam ser pronunciadas, e não hesitava em corrigir as pessoas cuja pronúncia não atingia seus padrões. Nesses momentos, repetia a palavra em questão com uma ênfase nítida na sílaba que desejava corrigir. Assim, ela corrigiu C.J. quando ele pronunciou *Deutschland* como se a primeira sílaba fosse grafada *dootch* em inglês em vez de *doitch*. Ela repôs um *e* final que ele omitiu de *Strasse* e suprimiu um *r* supérfluo que ele uma vez acrescentou ao final de *Eberswalde*. Também corrigiu o senhor Pete Neumann quando este se referiu incorretamente ao *die Bundesrat*. Gretchen, então, repetiu seu próprio e incorreto *das Bundesrat* (o artigo correto seria *der*).

Características geograficamente localizadas da fala de Gretchen. O alemão é a língua materna de 100 milhões de pessoas e tem mais do que algumas formas dialetais reconhecíveis. O alemão de Gretchen era geralmente neutro, sem quaisquer traços indicativos de um dos dialetos locais. Essa não é meramente minha opinião, mas também a de três alemães nativos que conversaram com Gretchen em várias das sessões comigo.

Dessas pessoas, a de melhor referência em questões de dialeto é o doutor Kurt Kehr, membro da equipe do Marburg University Speech Institute e bem informado sobre dialetos alemães. Ele foi incapaz de identificar o alemão de Gretchen com qualquer dialeto específico, embora tenha achado que alguns dos usos dela sugeriam uma influência do alemão do sul, isto é, do alemão falado na Baviera e na Áustria. Por outro lado, algumas das palavras ditas por Gretchen e, de vez em quando, seu sotaque indicam uma origem do alemão do norte, o que seria congruente com sua alegação de viver em Eberswalde. Assim, a palavra *Kartoffel* ["batata"] é encontrada entre falantes do norte e do leste da Alemanha; entre os do sul e do oeste do país, ouve-se *Erdapfel* (Kluge, 1960). Também *Rinderbraten* ["carne assada"] é uma palavra do norte da Alemanha. Já mencionei uma certa tendência (de modo algum invariável) de Gretchen para articular o *s* inicial como uma sibilante dental em vez de palatal, pronúncia que é encontrada mais no norte da Alemanha do que em qualquer outro lugar.

Comentários adicionais sobre erros do alemão. Várias pessoas que ouviram o alemão de Gretchen chamaram a atenção para o fato de que seus erros, assim como sua predisposição para o uso exagerado do artigo definido neutro *das*, são característicos de americanos que não tiveram um aprendizado perfeito dessa língua. Concordo com isso. É importante acrescentar, no entanto, que esses erros não são específicos de aprendizes americanos; eles podem ser cometidos por qualquer falante não nativo que tenha aprendido o idioma. Seriam eles, contudo, cometidos por uma criança criada num lar de falantes nativos do alemão? Se o pai de Gretchen era um funcionário público de Eberswalde (mesmo que não pudesse ter sido prefeito se seu nome era Gottlieb), ele podia ter nascido na Alemanha e, provavelmente, também teria sido ao menos um homem moderadamente instruído e falante de um excelente alemão. Seria de esperar que seus filhos, dos oito aos catorze anos (a idade que Gretchen parecia ter na maioria das sessões), fossem capazes de falar bem, se não com perfeição, o alemão. Se, contudo, como supus, Gretchen era uma filha ilegítima e negligenciada que passava a maior parte do tempo na cozinha com uma empregada e, provavelmente, uma pessoa sem instrução, ela poderia te aprendido alemão de maneira bastante inadequada.

Por outro lado, como mencionei anteriormente, o vocabulário de Gretchen incluía algumas palavras bastante avançadas e de maneira considerável excedia sua gramática em qualidade. Neste aspecto, sua linguagem se parecia com a de um paciente com uma espécie de afasia na qual ele (a partir de outros indícios) tem imagens mentais conscientes, mas não consegue comunicar aquilo com uma fala coerente e gramatical. Parte da gramática ruim de Gretchen pode ter derivado de seu aprendizado falho, mas muito dela pode se dever a dificuldades de comunicação, no caso, comunicação mediúnica. Devo voltar a este tópico mais adiante.

Tendo anteriormente apresentado o que me parece ser indício suficiente de que a personalidade Gretchen sabia falar alemão responsivamente, ainda que de maneira imperfeita, devo agora expor o indício relativo ao fato de D.J. ter aprendido alemão normalmente antes da primeira das sessões em que Gretchen se manifestou.

*Afirmações e perguntas ligadas ao fato de D.J.
ter aprendido alemão normalmente*

Afirmações feitas por C.J. e D.J. Em várias ocasiões desde o início de minha investigação deste caso, no outono de 1971, os Jays negaram veementemente que houvessem aprendido ou estudado alemão ou tivessem algum conhecimento da língua antes do desenvolvimento do caso, fora as poucas palavras que podiam ser ouvidas de vez em quando nos programas de rádio e de televisão. Desses últimos, eles se lembravam de ter assistido a *Combate* e a *Guerra, sombra e água fresca,* séries sobre a Segunda Guerra Mundial, na qual comandantes alemães às vezes apareciam dando ordens nesse idioma.

Os Jays também negaram que tivessem conhecido qualquer falante do alemão na área de Clarksburg, Virgínia Ocidental, onde haviam sido criados. Disseram que o alemão não era ensinado nos programas escolares do condado de Harrison, Virgínia Ocidental, na época em que eles frequentaram a escola.

Descrevi anteriormente como C.J. (logo após a primeira aparição de Gretchen) aprendera um pouco de alemão com a ajuda de um dicionário alemão-inglês, um livro didático de alemão e amigos que traduziram alguns trechos de gravações em fita das sessões com Gretchen. Mas todo esse esforço para aprender a língua foi feito apenas depois que Gretchen se manifestou pela primeira vez.

D.J. não participou dessas primeiras tentativas de C.J. de entender o alemão gravado. C.J. disse que ela nunca ouviu ninguém que tentava ajudá-lo por meio da tradução das fitas antes da sessão de 11 de maio de 1971, quando a senhora

Karl Meyer, uma alemã, estava presente; além de falar um pouco de alemão com Gretchen, a senhora Meyer também ajudou C.J. a entender o idioma em algumas fitas gravadas anteriores, e D.J. estava presente quando ela fez isso. Mas, a essa altura, Gretchen vinha se manifestando havia um ano e tinha falado 120 palavras alemãs diferentes.

D.J. disse que, uma vez, cerca de dez anos antes de C.J. iniciar os experimentos com regressão, tinha dado uma olhada num livro alemão numa biblioteca. Ao que parece, ela agiu assim só por curiosidade, não se deteve numa observação especial do livro e não o retirou da biblioteca.

D.J. me contou que, fora esse episódio, nunca lera nenhum livro alemão antes do desenvolvimento do caso. Porém, em várias ocasiões depois que o caso evoluiu, sonhou que tinha feito isso. Teve o mesmo sonho três vezes (em noites seguidas) e ficou fortemente impressionada. Nele, ela se via na casa da avó examinando um livro alemão chamado *Greta*. Mais tarde, ela contou esses sonhos a C.J., e D.J. não se lembrava de ter de fato lido um livro chamado *Greta*. Os sonhos aconteceram durante o verão de 1971, quando eu estava iniciando minha investigação. D.J. tinha certa preocupação — nas circunstâncias, uma preocupação bastante razoável — com críticas públicas (ou privadas) feitas a ela com relação ao caso. Tempos depois, ela interpretou o sonho do livro chamado *Greta* como uma tentativa inconsciente de sua parte de fornecer um sinal de que havia aprendido um pouco de alemão normalmente, e o interpretou como uma falsa "confissão" disso. Isso, se comprovado, teria causado a interrupção imediata de experimentos e investigações adicionais. C.J. tentou descobrir se a família de D.J. possuíra um livro chamado *Greta*, mas não encontrou indícios disso; e os pais dela, bem como a irmã mais nova, negaram que tivessem tido livros em alemão em casa[23].

Durante o inverno de 1971-1972, D.J. fez uma tentativa desordenada de aprender um pouco de alemão. Nessa época, C.J. estava gravemente doente e preparava-se para uma grande cirurgia cardíaca, à qual ele e a esposa acharam que ele podia não sobreviver. Eu havia iniciado minha investigação do caso, mas sem muitos progressos. C.J. estava tentando hipnotizar D.J., mas com pouco êxito, possivelmente por estar seriamente doente e sob a influência de medicamentos, inclusive tranquilizantes. D.J. sentiu que o marido estava frustrado com o caso e o lento desenvolvimento de sua investigação. Havia a possibilidade de que, se ele morresse com a investigação não concluída, o caso se perdesse por completo. Ela decidiu, portanto, como explicou mais tarde, tentar consolá-lo com uma aparição bem-sucedida antes de ele ser submetido à cirurgia. Assim, tentou aprender algumas palavras alemãs com ajuda de um dicionário alemão-inglês. Então, simulou que entrava num estado de transe hipnótico com o marido e tentou falar as palavras alemãs que havia estudado. Esta sessão não foi gravada. D.J. achou que não tinha conseguido atingir seu objetivo, mas C.J. não percebeu sua trapaça. Mais tarde, D.J. se sentiu cada vez mais culpada a respeito

---

23 A única discrepância importante no testemunho dos Jays está ligada a informações sobre o livro chamado *Greta*. Em janeiro de 1973, C.J. me deu um relato desse episódio diferente do fornecido por D.J. mais tarde (no verão de 1975). Nessa ocasião, C.J. retratou-se de seu relato anterior, dizendo que, na época em que o fizera, sua memória tinha sido afetada por sua doença e pelos remédios que ele tomava então.
A principal discrepância entre os relatos dizia respeito à lembrança do que D.J. havia realmente vivido. C.J. pensou que ela dissera que de fato lera um livro chamado *Greta* quando criança, ao passo que D.J. disse que ela apenas havia sonhado que tinha lido tal livro. Não consegui apurar nada de qualquer livro chamado *Greta*, e penso que tal livro pode não ter existido. O guia de dezesseis volumes Olbrich (1960) de literatura de ficção não lista nenhum livro com tal título.

do episódio, confessou o que fizera a C.J. e, tempos depois, a mim[24]. Depois, ela destruiu o dicionário alemão-inglês e nunca mais adquiriu outro.

Os parágrafos anteriores expõem tudo que consegui descobrir sobre os contatos de D.J. com livros alemães.

C.J. me descreveu uma ocasião que lhe pareceu, e a mim também parece, fornecer indícios adicionais de que sua esposa não sabia nada do alemão do qual ela estava conscientemente a par antes das sessões em que Gretchen se manifestou. Como já mencionado, C.J. começou a se preparar para uma graduação na universidade, que mais tarde abandonou por motivo de saúde. Em 1966, ele havia alcançado o ponto em que era necessário preencher o requerimento para apresentar conhecimentos de uma língua estrangeira; para isso, tinha de optar entre o francês, o espanhol e o alemão. Sua esposa se ofereceu para ajudá-lo a aprender o idioma escolhido, mas não afirmou ter conhecimento de qualquer uma das três línguas que ele estava cogitando. C.J. estava certo de que, se ela soubesse alemão, teria comentado o fato com ele na época e dito que estava, portanto, numa posição melhor para ajudá-lo com essa língua do que com qualquer outra.

O último tópico nos faz voltar também à questão de quanto de alemão o próprio C.J. sabia antes das sessões em que Gretchen se manifestou. Já foi dito que, no verão de 1971, C.J. com frequência era capaz de compreender a essência do

---

[24] Esse esforço consciente para aprender um pouco de alemão ocorreu depois da sessão de 5 de outubro de 1971, quando a doutora Doris Wilsdorf e eu conversamos com Gretchen. Mesmo supondo que todas as palavras novas ditas por Gretchen depois dessa data derivassem do estudo de D.J. do dicionário alemão-inglês — algo que considero improvável —, nós deveríamos ainda levar em conta que Gretchen tinha sido a primeira pessoa a falar 206 palavras alemãs até o fim da sessão de 5 de outubro de 1971. Nas duas demais sessões, Gretchen introduziu apenas 31 palavras novas.

que Gretchen estava dizendo em alemão. De acordo com sua compreensão do que ela acabara de dizer, ele lhe fazia outra pergunta em inglês e ela respondia em alemão. Dessa maneira, ele conduzia conversas em inglês e alemão com ela (para um exemplo desse diálogo bilíngue, ver o trecho da transcrição da sessão de 2 de agosto de 1970, no Apêndice A). C.J. se saiu tão bem em compreender o sentido geral, se não os detalhes, do que Gretchen tentava dizer, que por algum tempo pensei que ele sabia mais alemão do que imaginava e que ele talvez estivesse minimizando para si mesmo e para mim o grau de seu conhecimento da língua. Contudo, quando examinei as gravações em fita, topei com casos, nas sessões anteriores, em que C.J. claramente não entendia alguma palavra dita por Gretchen, mas a entendia numa sessão posterior. Provavelmente, nesse meio-tempo ele havia procurado a palavra num dicionário ou perguntado a um amigo o seu significado. Como indício da ignorância de C.J. sobre o idioma, posso mencionar que até a sessão de 2 de agosto de 1970, a sexta das gravações que temos, ele não percebeu que *Bürgermeister* é a palavra alemã para prefeito; ele estava fazendo perguntas a Gretchen supondo que ela significava "mestre-escola". Um mês depois, na sessão de 7 de setembro de 1970, C.J. não sabia que *Freund* é a palavra alemã para seu cognato inglês próximo *friend* ["amigo"]. Na sessão de 15 de agosto de 1971, C.J. não sabia que *Fluss* é a palavra alemã para "rio". Penso que esses exemplos mostram que o esforço de C.J. para aprender alemão satisfatoriamente, a fim de conseguir entender o que Gretchen dizia, tinha sido menos que completo.

Nas sessões em que meus colegas e eu falamos alemão com Gretchen, C.J. apresentou um entendimento apenas ocasional e limitado do que dizíamos a ela, embora às vezes mostrasse, a partir de suas observações, que havia captado o significado das respostas dela (normalmente, nessas sessões, C.J. falava bem pouco depois que Gretchen havia se manifestado e sido apresentada a nós; mas, de vez em quando, ele fazia intervenções em inglês para encorajá-la a falar mais ou para induzir uma mudança em sua idade).

Os Jays assinaram, cada um, a seguinte declaração a respeito de seu conhecimento da língua alemã e de sua exposição a ela antes do desenvolvimento do caso:

> Esta é uma declaração de que, antes do desenvolvimento, em 1970, dos experimentos nos quais a personalidade Gretchen surgiu e começou a falar em alemão, eu não tinha conhecimento consciente da língua alemã, nem a consciência de ter aprendido ou de ser capaz de entender ou falar esse idioma.
>
> Antes de 1970, nunca estudei alemão na escola ou em qualquer outro lugar, e nunca estive, que eu saiba, na presença de ninguém que falasse essa língua comigo ou na minha presença. As únicas situações em que estou ciente de ter escutado o alemão falado (antes do desenvolvimento dos "experimentos Gretchen" em 1970) foram programas de rádio e televisão nos quais se falava um pouco do idioma, como em produções que tratavam da Segunda Guerra Mundial.
>
> 23 de abril de 1975   Dolores Jay
>
> 23 de abril de 1975   Carroll Jay

Uma informação de demonstração direta ligada ao conhecimento de alemão por parte de D.J. merece ser mencionada neste tópico. Depois da sessão de 11 de maio de 1973, quando o doutor Kurt Kehr e eu estávamos conversando um pouco com os Jays, o doutor Kehr de repente disse algumas frases em alemão para D.J. A expressão desconcertada no rosto da mulher mostrou que era desnecessário dizer que ela não entendia o que ele estava dizendo, mas ela disse mesmo assim.

Resultados de um teste de polígrafo para detecção de mentiras. Em *Xenoglossy* (Stevenson, 1974c), salientei que testes de polígrafo para detecção de mentiras não são guias infalíveis para a verdade, e não vim a avaliá-los mais favoravelmente desde então. Acredito, contudo, que eles podem acrescentar indícios proveitosos de veracidade aos já disponíveis. Em minha investigação do caso de Jensen (Stevenson, 1974c), tomei providências para que o sujeito do caso e seu marido (que também era o hipnotizador para o caso) fizessem o teste do polígrafo para detecção de mentiras. A importância do presente caso pareceu justificar o pedido para que os Jays também se submetessem ao teste.

C.J. tentara providenciar um teste do polígrafo para D.J. em 1971 (antes de eu conhecê-los), mas os preparativos para isso nunca foram satisfatórios ou concluídos. Ele e a esposa concordaram prontamente em se submeter ao teste quando lhes fiz essa proposta.

À medida que se aproximava a época do teste, a ser realizado na cidade de Nova York, onde eu providenciara para que ele fosse aplicado pelo senhor Richard O. Arther (que havia testado T.E. e seu marido no caso de Jensen), ficou claro que C.J. não seria um sujeito adequado para o teste do polígrafo por causa de seu estado de saúde. Ele tinha uma doença cardíaca grave e ainda estava tomando remédios, o que podia mascarar ou distorcer suas reações fisiológicas. Portanto, decidimos que ele não deveria se submeter ao teste. Depois disso, C.J. me enviou uma carta na qual disse formalmente que estava perfeitamente disposto a fazer o teste, e estou convicto de que ele o teria feito se seu estado físico tivesse permitido.

Portanto, procedemos ao teste de D.J., que o senhor Arther conduziu em minha presença em 5 de fevereiro de 1974. As seguintes perguntas foram feitas a ela:

1. Antes de maio de 1970, em seu estado normal de consciência, você sabia falar alemão?
2. Antes de maio de 1970, você passou algum tempo com alguém que falava alemão?
3. Antes de maio de 1970, alguém falou alemão com você?
4. Alguém alguma vez lhe ensinou a falar alemão?
5. Antes de maio de 1970, em seu estado normal de consciência, você alguma vez disse uma frase completa em alemão?
6. Antes de ser hipnotizada em 1970, você alguma vez ouviu a si mesma dizendo uma frase completa em alemão?

A todas essas perguntas D.J. respondeu "Não". O senhor Arther declarou sua opinião em seu relatório: "A senhora Jay acredita que está dizendo a verdade no que se refere às perguntas acima relacionadas".

Perguntas entre familiares e amigos de infância de D.J. Em *Xenoglossy* (Stevenson, 1974c), reexaminei cada caso publicado de xenoglossia que eu sabia ter sido suficientemente documentado para ser levado a sério[25]. Nunca me deparei com um caso de recuperação, na vida adulta, da capacidade

---
[25] Posteriormente, fiquei sabendo de outro caso, relatado por Fromm (1970), com o qual não estava familiarizado quando escrevi *Xenoglossy*. No caso de Fromm, a língua falada era o japonês, que o sujeito tinha aprendido quando criança e depois esquecido completamente, com exceção de algumas palavras. O caso não apresentava mistério quanto ao aprendizado do idioma; o sujeito tinha aprendido a falar japonês no convívio com a própria família.

de falar uma língua aprendida na infância sem que esse aprendizado anterior fosse do conhecimento da pessoa em questão e normalmente também de outras pessoas à sua volta. Isso não significa, contudo, que tais casos não ocorram. Portanto, concentrei parte da minha investigação deste caso, como fiz no de Jensen, na possibilidade de que D.J. podia ter aprendido alemão de algum modo quando criança e depois ter se esquecido disso.

Algumas pessoas se deram ao trabalho desnecessário de me contar que o alemão é sem dúvida amplamente falado nos Estados Unidos. A esse respeito podemos substituir suposições por fatos, já que o censo de 1970 dos Estados Unidos incluiu um relatório, baseado numa amostra, do número de pessoas que informaram que o alemão era sua língua materna (U. S. Bureau of the Census, 1970).

A expressão "língua materna" identifica a língua falada no lar de uma pessoa quando ela era criança. A lista de pessoas de acordo com a língua materna não indica diretamente o número de falantes de um idioma, já que nem todas as crianças que ouvem uma língua a aprendem, e algumas aprendem uma língua estrangeira mais tarde na vida. Pode-se supor, contudo, que a maioria das pessoas estrangeiras e pelo menos algumas pessoas de ascendência estrangeira ou mista falam sua língua materna. Em 1970, estimava-se que 1.201.535 pessoas eram estrangeiras que tinham o alemão como língua materna. Isso representava aproximadamente 0,6% das 203.210.158 pessoas incluídas no censo. Das línguas além do inglês, o espanhol era a mais comumente falada e o alemão vinha em segundo lugar (o italiano era classificado em terceiro na lista; outras línguas, como polonês e francês, tinham muito poucos falantes). Existem, portanto, muitos falantes do alemão nos Estados Unidos, e, tendo em vista a migração em massa da Europa Central para o país no período entre 1880 e 1920, penso que é seguro afirmar que a proporção de falantes do alemão na população total, embora não em números absolutos, provavelmente era mais alta na década de 1920, quando D.J. era pequena, do que é hoje. Para os propósitos que nos interessam, contudo, não estamos preocupados com o número total de falantes do alemão nos Estados Unidos nos anos 1920. Muito mais relevante é a distribuição deles e, acima de tudo, os fatos que podiam nos autorizar a estimar, ou avaliar mais positivamente, as oportunidades que D.J. pode ter tido de ouvir um deles falando alemão.

A fim de obter informações relativas a essa questão, viajei para Clarksburg, Virgínia Ocidental, em maio de 1973, e passei a maior parte de dois dias lá indagando sobre falantes do alemão da área e, em particular, sobre a probabilidade de que algum deles tivesse tido a oportunidade de falar essa língua com D.J. ou em sua presença. Concentrei minha atenção especialmente no subúrbio de Eastview, onde D.J. foi criada.

Em 1973, Eastview ainda era uma porção não incorporada do condado de Harrison, localizada a leste de Clarksburg e adjacente a ela. Sua maior parte situava-se numa colina de certa forma isolada. Embora Eastview fizesse divisa com o município de Clarksburg, tinha perfil suburbano e muitas características rurais. As casas normalmente eram construídas em amplos jardins, e vastos campos abertos e pastos estendiam-se a leste. Um informante estimou que a população de Eastview era de 1.500 habitantes, mas eu teria avaliado um número consideravelmente menor. De qualquer maneira, a população era sem dúvida muito menor nas décadas de 1920 e 1930, durante a infância e a adolescência de D.J. Achei dignas de crédito as afirmações que ouvi de informantes no sentido de que em Eastview todo mundo conhecia todo mundo.

Para meus propósitos, as pessoas mais bem informadas eram naturalmente os pais de D.J., senhor e senhora Boyd Skidmore, e sua irmã mais nova, senhorita Mary Skidmore, que viviam em Eastview, na casa onde D.J. fora criada. Tive um encontro demorado e outro mais breve com eles, e fiz um retrospecto bastante minucioso de sua genealogia no que se referia a falantes do alemão pertencentes à família (do qual os detalhes relevantes já foram mencionados) e de suas possíveis relações com falantes do alemão com quem D.J. podia ter tido contato durante a infância. Também indaguei sobre livros alemães que eles talvez tivessem possuído na época. Em todos os pontos, minhas perguntas levaram a respostas negativas com respeito a uma possível exposição de D.J. a pessoas que falavam alemão ou outras fontes de informação sobre a língua alemã. Os Skidmores assinaram para mim a seguinte declaração:

> Esta é uma declaração de que conhecemos Dolores Skidmore Jay desde seu nascimento ou tenra infância e que podemos fazer as seguintes afirmações sobre sua exposição a oportunidades de aprendizado da língua alemã.
> Dolores teve dois ancestrais que falavam alemão, mas eles haviam morrido muitos anos antes de ela nascer. Nenhum membro de sua família desde seu nascimento falou alemão em sua presença.
> Não temos conhecimento de nenhum amigo ou conhecido que falasse alemão com Dolores ou em sua presença quando ela era criança ou depois disso. Ao que nos é dado saber, não havia falantes do alemão na região de Eastview, divisa com Clarksburg, onde ela viveu até se casar (havia algumas pessoas que falavam alemão na cidade de Clarksburg, mas ela não teve oportunidade de falar com elas nessa língua).

Durante a infância, Dolores foi supervisionada de perto e nunca se ausentou de casa por mais do que breves períodos sem nosso conhecimento de onde estava. Ela visitava apenas casas de parentes e amigos da vizinhança onde vivíamos. Nenhum deles sabia falar alemão.

Não tínhamos livros escritos em alemão em casa quando Dolores era criança. Havia alguns livros escritos em inglês cujo conteúdo tinha alguns contos folclóricos ou contos de fadas alemães.

Dolores nunca estudou alemão na escola ou de outra maneira, até onde sabemos.

21 de maio de 1973

Boyd E. Skidmore
Pai

Lura Q. Skidmore
Mãe

Mary E. Skidmore
Irmã mais nova

Mary Skidmore é aproximadamente quatro anos e meio mais nova que D.J. Embora parecesse bem informada sobre os eventos da infância de ambas, achei que seria proveitoso obter informações também com a irmã mais velha delas, Helen Skidmore Colvin, que estava morando em Detroit, Michigan. Não me encontrei com ela, mas trocamos correspondência sobre questões relevantes. Ela assinou e me enviou uma declaração com texto idêntico ao assinado por seus pais e sua irmã mais nova.

Depois dos Skidmore, entrevistei outros moradores de Eastview do presente e do passado que podiam ter estado em situação de saber sobre falantes do alemão desse subúrbio nas décadas de 1920 e 1930. Minha intenção era falar com duas gerações dessas pessoas na medida em que elas estivessem disponíveis. Eu queria me encontrar com gente da idade de D.J., de preferência seus colegas de classe; e também com pessoas mais velhas da geração acima da dela que poderiam ter conhecido falantes do alemão (se tivesse havido algum) de cuja existência os informantes mais jovens podiam ter se esquecido, ou nunca ouvido falar. Fui bem-sucedido ao me encontrar com gente de ambos os grupos. Falei com quatro pessoas que nasceram no mesmo ano (1922) que D.J., das quais três tinham sido suas amigas próximas e colegas de escola. Estas tinham estado um ano atrás dela na escola. Todas disseram não saber de nenhum falante do alemão em Eastview durante o período em questão (uma delas assinou a declaração que os pais e as duas irmãs de D.J. haviam assinado). Encontrei-me com vários outros informantes da mesma faixa etária, e eles também não sabiam da existência de falantes do alemão na comunidade, assim como as pessoas da geração mais velha com quem conversei.

Antes que eu fosse para Clarksburg, C.J. tinha me dado os nomes não só de membros da família de sua esposa, mas também de alguns de seus vizinhos e amigos com quem ele achou que seria proveitoso para mim conversar. No total, entrevistei treze pessoas que pertenciam a esse grupo ou que me foram indicadas por seus membros. Achei, contudo, que também seria útil entrevistar alguns habitantes de Eastview que não tivessem uma ligação óbvia com os Skidmore e cujos nomes C.J. *não* tivesse me fornecido. Portanto, passei mais algum tempo no subúrbio conversando com essas pessoas (que ficaram levemente espantadas quando bati na porta delas e expliquei minhas razões). Falei com seis integrantes desse grupo, com resultados igualmente negativos quanto à existência na comunidade, entre 1920 e 1940, de pessoas que falavam alemão.

No decorrer das dezenove entrevistas que conduzi em Eastview e Clarksburg, surgiram duas informações adicionais relevantes. Primeiro, alguns dos informantes comentaram a respeito da improbabilidade, naquele tempo, de uma criança da região sair de casa e ir para alguma outra casa da vizinhança, ou mais longe, sem que os pais soubessem. Nessa comunidade, naquela época, a vigilância sobre crianças pequenas parece ter sido muito mais rigorosa do que é hoje na maioria das comunidades de subúrbio dos Estados Unidos. Além disso, dois informantes da geração de D.J. e um da geração mais velha (não membros de sua família) observaram que D.J. não tinha sido uma criança do tipo que vai à casa dos outros sozinha. Se ela fosse a algum lugar (além da escola), invariavelmente ia acompanhada de uma irmã, um dos pais ou uma amiga.

Em segundo lugar, vários dos informantes fizeram comentários espontâneos a respeito da integridade de D.J.. Embora alguns estivessem perplexos com o que tinham ouvido sobre sua capacidade de falar alemão, nenhum deles sugeriu que houvesse algum embuste envolvido no caso, e vários mostraram acreditar que a possibilidade de fraude simplesmente estava fora de questão. Eu não tinha ido a Clarksburg para averiguar a honestidade de D.J., mas não me recusei a ouvir pessoas que a conheciam e quiseram me dizer que ela era, na opinião delas, alguém completamente confiável. E registro essa informação adicional como contribuição para algo de valor à avaliação do caso.

Perguntas adicionais relativas às oportunidades de D.J. ter aprendido alemão quando criança. À medida que a investigação prosseguia, tornou-se óbvio que uma verificação de todo mundo, de casa em casa, em Eastview não era viável nem sensata, pela razão de que, embora muitas pessoas tivessem vivido lá e nas mesmas residências por muitos anos, outras haviam se mudado para lá mais recentemente e não podiam dizer nada sobre os moradores anteriores na mesma área. Mas achei que podia obter algumas informações úteis apurando a dimensão da imigração alemã para o condado de Harrison no período de 1910-1930. Essas décadas viram o fim do período de migração em massa da Europa Central para os Estados Unidos. Muitos artesãos especializados e semiespecializados da Europa foram atraídos para o condado de Harrison por causa do desenvolvimento local de uma fábrica de vidro, outra de manufatura de zinco e minas vizinhas. Davis (1970) forneceu números relacionados aos estrangeiros residentes no condado durante esse período, de acordo com seus países de origem. Em 1920, os maiores grupos de imigrantes eram belgas, italianos e espanhóis que iam para lá trabalhar, respectivamente, na fábrica de vidro, nas minas e na manufatura de zinco. O número de residentes estrangeiros de países de fala alemã era bem menor. Em 1920, o condado de Harrison tinha uma população de 74.793 habitantes. Desses, 6.584 eram estrangeiros e, desses, 476 vieram de países de fala alemã — Alemanha, Áustria e Suíça. Em 1930, o número de residentes estrangeiros do condado tinha caído para 4.327, e o dos originários dos três países de fala alemã baixara para 217. Os números mostram, contudo, que vários falantes do alemão viveram no condado durante as décadas de 1920 e 1930. Assim, busquei informações sobre onde eles tinham se estabelecido. Imigrantes vindos de países específicos para os Estados Unidos tendem a se aglutinar nas mesmas áreas, dando origem às denominadas comunidades étnicas. Isso, ao que tudo indica, foi particularmente verdadeiro no condado de Harrison. A área de Eastview desenvolveu-se depois de 1915 e foi em grande parte estabelecida por imigrantes italianos com alguns espanhóis e poloneses. Os imigrantes alemães que foram para o condado não se aglomeraram tanto como os italianos e os espanhóis. E não formaram colônias na região de Eastview. Um pequeno grupo de alemães vivia cerca de um quilômetro diretamente ao norte dali, mas pela estrada essa parte do condado na verdade ficava a pelo menos 1,5 quilômetro da cidade, mesmo em 1973. Outro grupo de alemães vivia nos arredores da igreja luterana a leste de Clarksburg, distante de Eastview bem mais do que 1,5 quilômetro. Um informante em Eastview me contou que algumas pessoas de ascendência suíça tinham vivido em Nutter Fort, a comunidade adjacente ao sul de Eastview, onde os Jays tinham frequentado a escola secundária. Mas não consegui descobrir se esses descendentes de suíços sabiam falar alemão ou o faziam durante a infância de D.J. Além disso, C.J., que cresceu em Nutter Fort, me disse que nunca ouvira falar de descendentes de suíços vivendo ali, e duvidava que existisse algum. Os avós maternos de D.J. viviam em Nutter Fort, e ela os visitava depois que seus pais (quando ela era pequena) se mudaram de Clarksburg, onde ela nascera, para Eastview. Não tenho motivos para acreditar, contudo, que D.J. fosse menos vigiada na casa de seus avós do que em sua própria casa, em Eastview. Além do mais, se ela tivesse aprendido alemão com descendentes de suíços, poderíamos esperar que o alemão de Gretchen contivesse sinais do dialeto suíço-alemão, do qual, no entanto, ele não tinha nenhum traço.

Em resumo, até onde pude descobrir em uma pesquisa bastante ampla, não havia falantes do alemão na comunidade suburbana de Eastview, onde D.J. viveu da idade entre um e dois anos até se casar, aos dezoito. Havia pessoas de origem ou ascendência alemã, algumas das quais, é praticamente certo, falavam alemão, vivendo em várias áreas a cerca de 1,5 quilômetro de onde ela fora criada, em Eastview. A partir das informações sobre sua infância que obtive de seus pais e que foram confirmadas por colegas de escola que a conheciam bem, parece improvável e quase impossível que D.J. tenha, sozinha, se distanciado 1,5 quilômetro de sua casa (que é o que ela teria feito para entrar em contato com pessoas que falavam alemão) sem que isso fosse do conhecimento de seus pais.

Os informantes em Clarksburg foram igualmente amáveis e prestativos. Eles não se opuseram a responder às minhas perguntas, embora tenham achado a maioria delas disparatada. Com isso, quero dizer que a ideia de D.J. de alguma forma ter entrado em contato com falantes do alemão quando criança sem que seus pais soubessem ou que ela se lembrasse parecia absurda. Mas ideias absurdas têm de ser levadas em conta na ciência, sobretudo em parapsicologia.

Outra pesquisa que empreendi em Clarksburg merece ser citada. C.J. me forneceu uma cópia de uma carta do supervisor escolar do condado de Harrison (datada de 12 de abril de 1972), que afirmava não ter havido ensino de língua alemã em nenhuma das escolas do condado desde a época da Primeira Guerra Mundial. Uma vez que o supervisor era amigo pessoal de C.J., pensei que talvez sua busca nos registros pudesse ter sido um gesto de cortesia, mas não muito cuidadosa. Assim, iniciei uma pesquisa nova e independente sobre o assunto com outro supervisor escolar do condado, recentemente nomeado. Após uma busca nos registros, seu gabinete me informou que o alemão não tinha sido ensinado nessas escolas durante os anos 1920-1941. A informação confirmou o que D.J., sua irmã e quatro amigas de sua geração já tinham me dito — que ela nunca estudara esse idioma na escola porque ele não era ensinado ali. Mas a pesquisa contribuiu com a informação suplementar de que não existia nenhum professor de alemão ligado às escolas que D.J., como uma aluna amigável, pudesse ter conhecido e com quem pudesse ter aprendido alemão, talvez meio inadvertidamente.

Observações adicionais relativas ao relacionamento entre D.J. e a personalidade Gretchen

No outono de 1968, mais de um ano antes da primeira aparição de Gretchen numa sessão de regressão hipnótica, D.J. teve um sonho que, mais tarde, ela relacionou com Gretchen[26]. No sonho, ela via uma menina montada num cavalo. A menina cavalgava sentada de lado na sela e, junto dela, havia um senhor que estava a pé. Ela usava um vestido comprido com blusa e peitilho de renda. Nessa cena, apareceu uma multidão de pessoas furiosas, armadas com paus e pedras, que se aproximaram da menina no cavalo; o senhor que estava com ela fugiu, mas uma pessoa da multidão agarrou as rédeas do cavalo e, nesse ponto, D.J. acordou.

D.J. guardou uma lembrança vívida daquele sonho. Além disso, quando ele aconteceu, ela estava numa cama perto do

---

26 Em termos temporais, C.J. situou esse sonho muito mais perto do primeiro surgimento de Gretchen durante uma sessão com hipnose; ele disse, contudo, que a medicação que tomava para sua doença interferia em sua percepção de tempo e que ele divergia da esposa em questões de cronologia.
Penso que a mesma explicação também é pertinente a algumas pequenas discrepâncias na datação de algumas das sessões que ocorreram após o aparecimento de Gretchen. Minhas datas atribuídas a elas foram tiradas de anotações que fiz durante encontros com C.J. e de indicações nas fitas gravadas ou em suas caixas. C.J. disse que, quando escreveu, mais tarde, seu próprio relato do caso (Jay, 1977), redigiu-o "como ele surgiu para mim", sem anotações de datas, além das indicações nas fitas gravadas e em suas caixas.

marido e, quando ela começou a falar no sonho, C.J. lhe fez perguntas sobre os detalhes (ela respondeu em inglês). Houve um deslocamento de identificação durante o sonho. No início, D.J. parecia estar observando a menina no cavalo, mas no final ela se sentiu como a menina atacada pela multidão furiosa.

C.J. ficou suficientemente interessado para tentar, por meio da hipnose, descobrir algo mais sobre as origens do sonho. Após um dia ou dois, ele hipnotizou D.J. e a instruiu a reviver e descrever o sonho tão completamente quanto possível. D.J. fez isso, mas não surgiu daí nenhum detalhe adicional. Aparentemente, naquela época os Jays não acharam que o sonho tinha algum significado especial. Mais tarde, depois do aparecimento de Gretchen, D.J. teve a impressão de que a menina no cavalo com quem ela havia sonhado podia ter sido Gretchen.

O avanço seguinte no que se refere a esse tópico ocorreu na sessão de 23 de abril de 1971. No início da sessão, D.J. estava hipnotizada mas ainda não "transformada" em Gretchen e, aparentemente, continuava reagindo com sua personalidade normal (o diálogo entre ela e C.J. foi gravado em fita e permite uma reconstrução dos eventos). D.J. pareceu estar olhando fixamente para alguma coisa e, quando C.J. lhe perguntou o que era, ela disse que viu uma menina. C.J. então saiu da sala, evidentemente por algum motivo pessoal, mas instruiu a esposa a continuar falando e deixou o gravador ligado. A gravação então mostra a voz de D.J. (ou Gretchen) falando alemão bem devagar e emitindo um total de 39 palavras nessa língua. Essas palavras são, com ligeiras diferenças, as mesmas (quarenta) palavras que D.J. depois escreveu nesse mesmo dia e na mesma ordem (ver a seção anterior sobre a escrita de Gretchen). C.J. a seguir voltou à sala, disse a D.J. que continuasse falando, e ela o fez. Ela então falou um pouco mais de alemão com uma pequena repetição do que já dissera. Depois disso, C.J., obviamente achando que D.J. tinha "se tornado" Gretchen, "trouxe-a de volta" para o presente e lhe perguntou o que ela havia experimentado. D.J. então contou que tinha visto Gretchen "de novo" (essa pode ter sido uma referência ao sonho mencionado antes). Disse também que Gretchen havia falado com ela, mas que ela não entendera o que lhe fora dito, a não ser que Gretchen queria que ela escrevesse. D.J. não sabia o que Gretchen desejava que ela escrevesse. C.J. então perguntou à esposa se ela podia escrever, caso ele lhe desse papel e lápis. D.J. disse que não desejava fazê-lo, mas concordou em tentar. A gravação termina nesse ponto, depois de algumas palavras tranquilizadoras ditas por C.J. Imediatamente ou logo depois disso, D.J. escreveu as quarenta palavras em alemão que reproduzi e comentei numa parte anterior deste relato[27]. Essas palavras escritas têm estreita correspondência com o que ela falara antes na sessão. É digno de nota que nessa ocasião C.J. não tinha dado a D.J. nenhuma instrução para "voltar" a uma vida passada, como as sessões evocando Gretchen geralmente começavam. Aparentemente, isso seria, portanto, um exemplo do surgimento espontâneo da personalidade Gretchen.

No fim do inverno de 1971-1972, D.J. teve uma série de pesadelos em que Gretchen parecia lhe acenar, convidando-a a ir ao seu encontro onde ela estava. Esse lugar provavelmente ficava em algum outro plano de existência, de acordo com o roteiro dos sonhos. Mais ou menos na mesma época, D.J.

---

[27] Acredito que D.J. estava em transe hipnótico na hora de escrever. Mais tarde, C.J. escreveu que ele trouxera D.J. de volta do transe, mas que antes disso tinha lhe dado uma sugestão pós-hipnótica para que ela voltasse ao estado de hipnose cinco minutos depois e então escrevesse o que Gretchen havia dito.

sentiu a "presença" de Gretchen durante o dia; às vezes ela achava que, caso se virasse, veria Gretchen parada atrás dela. Em certa ocasião desse tipo, ela de fato se virou para trás e por alguns instantes viu Gretchen como uma aparição. Gretchen não disse nada e em seguida desapareceu pouco a pouco. Tais experiências assustaram D.J., e ela ficou preocupada com a possibilidade de que Gretchen de alguma forma a "possuísse". Esse medo persistiu pelo menos até o outono de 1973. Mais tarde, ao rememorar esses episódios, D.J. enfatizou que a experiência total foi perturbadora, mas que Gretchen, como pessoa, nunca a assustou. Ao contrário, ela pensava em Gretchen como uma pessoa amigável, mas angustiada e necessitando de algum tipo de ajuda. Ela e o marido tinham passado a considerar Gretchen um "membro da família".

O que parece ter sido outra manifestação espontânea de Gretchen aconteceu no outono de 1973. C.J. hipnotizou D.J. sem lhe dar instruções para regredir. D.J. começou a falar alemão espontaneamente. Essa sessão não foi gravada, mas ao que tudo indica Gretchen pode ter de novo surgido espontaneamente. C.J., contudo, interrompeu D.J. e deu instruções para que ela (ou Gretchen) tivesse uma "visão", que mais tarde descreveria para ele em inglês. Algumas semanas depois, C.J. gravou em fita um relato da visão. Segundo seu registro, D.J. descreveu-se como uma menina pequena levada pelo pai para uma cidade desconhecida "há muito tempo atrás". Lá ela viu uma aglomeração em frente a uma igreja. Um homem estava parado diante da igreja discursando para a multidão quando um policial a cavalo se aproximou e o levou embora. Ao fazer isso, ele também dispersou o grupo. Quando a multidão debandou, a menina e seu pai se assustaram e correram. A visão terminava nesse ponto. Depois que

D.J. a descreveu para C.J., ele lhe perguntou se a garotinha que ela viu era Gretchen. D.J. respondeu: "Era eu"; mas não disse que era Gretchen[28].

Já expliquei que D.J., em seu estado desperto normal, não tem nenhum conhecimento de alemão e provavelmente entende apenas algumas palavras dessa língua. No outono de 1975, contudo, C.J. me informou que D.J. conseguia ouvir as gravações do que Gretchen dissera e explicar a C.J. em inglês o que Gretchen tinha dito em alemão. C.J. disse que antes ela não fora capaz de fazer isso. Ele não me forneceu exemplos do que exatamente D.J. tinha traduzido.

Achei difícil escolher dentre várias diferentes explicações para a capacidade de D.J. de entender, em 1975, o que Gretchen tinha dito. Céticos preocupados com a integridade dela podem concluir que D.J. sabia mais alemão do que admitia, e críticos mais generosos podem dizer que ela sabia mais alemão do que se dava conta. Há, no entanto, ao menos duas outras explicações possíveis. Em primeiro lugar, nessa época D.J. podia ter desenvolvido a capacidade que o próprio C.J. havia atingido antes, de ser capaz de compreender o sentido geral do que Gretchen dizia. Ela podia ter chegado a esse estágio por ter se familiarizado com os principais temas das declarações de Gretchen e a partir de deduções baseadas nos cognatos de palavras inglesas. Em segundo lugar, é possível que Gretchen tivesse em algum grau se fundido com

---

[28] Fora os episódios descritos nesta seção e a ocasião em que Gretchen apareceu pela primeira vez espontaneamente (embora D.J. estivesse hipnotizada), C.J. descreveu duas outras situações em que Gretchen "assumiu o comando" ou tomou o lugar da personalidade normal de D.J. sem que esta tivesse sido instruída por ele a permitir que isso acontecesse (Jay, 1977, pp. 70-73). C.J. não forneceu as datas dessas aparições, nas quais a manifestação de Gretchen foi breve mas perturbadora para C.J. e, no segundo caso, para outros membros da família também. Desconheço outros exemplos de aparecimento espontâneo de Gretchen.

a personalidade normal de D.J. e trazido para a combinação sua capacidade de entender alemão. Na discussão do caso de Sharada, mais adiante neste livro, mencionarei de novo a possível fusão de duas personalidades inicialmente diferentes.

Observações e inferências ligadas às atitudes dos Jays em relação ao caso

É compreensível que os leitores achem que as informações referentes à atitude dos Jays em relação ao caso podiam ajudar em sua explicação, sobretudo com respeito à possibilidade de um embuste. E mesmo pessoas que acreditam totalmente na honestidade deles, entre as quais me incluo, acharão que é relevante dizer algo sobre como os protagonistas do caso pareciam se sentir em relação a ele.

É sempre presunçoso oferecer explicações sobre os motivos de outras pessoas. No presente caso, faço isso com particular modéstia, mas ao mesmo tempo com a consciência de que talvez eu esteja em melhor posição do que qualquer um, com exceção dos próprios Jays e dos membros próximos de sua família, para avaliar os fatores que influenciaram as atitudes deles em relação ao caso e suas reações aos vários estágios do seu desenvolvimento e à publicidade a ele associada.

A atitude de D.J. me parece ter sido bastante simples e consistente. Talvez isso seja mais bem relatado com as palavras que o próprio C.J. usou numa gravação em fita que ele fez em 15 de agosto de 1971, em que descreveu a esposa como "confusa e um pouco assustada" no que se referia ao caso. Durante meus encontros com ela, D.J. em geral mostrava essas reações a suas experiências. Ela cooperou de forma generosa com a investigação, mas com pouco entusiasmo, se bem que estimulada pela esperança de elucidar suas experiências. No início, não se mostrou de modo algum atraída pela ideia da reencarnação como uma explicação para o caso e achou-a conflitante com sua firme crença no cristianismo. Mas a aparentemente principal explicação alternativa, de possessão por uma personalidade desencarnada, lhe agradava ainda menos e na verdade a assustava bastante. Como já mencionado, ela tinha medo de que Gretchen "assumisse o comando". Pensando bem, contudo, D.J. preferia a ideia de que Gretchen de vez em quando estava de algum modo influenciando-a à ideia de que ela própria fosse Gretchen reencarnada. D.J. sem dúvida imaginava Gretchen como uma pessoa separada dela. Também pensava nela como alguém que precisava de ajuda e, como foi dito, considerava-a "um membro da família", embora essa expressão não comprometa nenhum dos Jays com uma opinião obstinada sobre o *status* ontológico de Gretchen.

No que se refere à publicidade para o caso que seu marido tinha buscado de vez em quando, D.J. me pareceu uma parceira submissa, satisfeita por deixá-lo tomar a iniciativa da forma que achasse melhor. Ela não parece ter instigado C.J. a buscar mais publicidade, nem tê-lo impedido quando ele decidiu que queria fazer isso.

C.J. também pareceu desconcertado com a manifestação de Gretchen e igualmente interessado em descobrir a correta explicação para o caso. Porém, muito mais do que sua esposa, ele se mostrou inclinado, e às vezes até ansioso, a tornar o fato público. Em certa ocasião, em 1971, C.J. tentou despertar o interesse de um repórter pelo caso. Mais tarde, como resultado de uma conferência que ele deu na comunidade (Elkton, Virgínia), onde vivia na época, um repórter o procurou e quis publicar um relato dos acontecimentos. C.J. concordou, mas a reportagem resultante, publicada num jornal local, forneceu informações fragmentadas que bastaram para estimular a desaprovação dos Jays, e não ofereceu detalhes suficientes para explicar completamente o caso[29]. C.J. então decidiu levar a "história toda" ao público e, assim, deu uma entrevista a um repórter do *Washington Post*, que, em 20 de janeiro de 1975, publicou um alentado relato do caso nesse jornal. Isso, por sua vez, gerou publicidade mundial, e os Jays ficaram imensamente surpresos com a atenção que passou a ser dada a eles.

Alguns críticos podem alegar que C.J. desejava lucrar comercialmente com tal publicidade, e a partir disso podem continuar a supor que ele arquitetou todo o caso para depois explorá-lo dessa forma. Penso que tais acusações seriam infundadas e eu mesmo não acreditaria nelas. C.J. não era avesso a fazer dinheiro a partir do livro que escreveu para descrever o caso; mas isso podia ser considerado um retorno razoável ou talvez inadequado para todo o tempo e dinheiro (com fitas, for exemplo) que ele investiu no caso (antes, ele também tinha desembolsado recursos próprios, tentando verificar "personalidades prévias" que surgiam durante seus experimentos com regressão hipnótica mencionados numa parte anterior deste relato). Sua disposição para ganhar algum dinheiro com a venda de um livro não me parece justificar a inferência de que C.J. deu andamento ao caso inicialmente (mais de sete anos antes) com esse objetivo.

---

29 Num mal-entendido pelo qual admito a maior parcela de responsabilidade, C.J. pensou que a publicação de meu relato ocorreria muito antes do que seria viável para mim. Ele esperava que a publicação lhe trouxesse a compreensão que ele acreditava que obteria de qualquer pessoa imparcial que examinasse todos os fatos pertinentes do caso.

A mim parece que dois outros motivos influenciaram C.J. muito mais do que a ideia de um retorno financeiro. Em primeiro lugar, ele falava sobre seus experimentos com a hipnose de modo geral, e sobre o caso de Gretchen em particular, entre um círculo bastante amplo de amigos e paroquianos. Isso provocou mais do que alguns comentários dos membros de sua comunidade, que achavam que um pastor cristão não devia se ocupar com assuntos ligados tão remotamente, como lhes parecia, com o cuidado com as almas e sua salvação. Alguns foram além e insinuaram, ou declararam abertamente, que C.J. podia estar associado com o Diabo (ou algo diabólico). Diante desses comentários depreciativos, C.J. naturalmente procurou se defender, esperando que a publicidade favorável diminuísse as críticas injustas que lhe eram dirigidas. Refletindo sobre a publicidade que aumentou no começo de 1975, ele expressou (no verão daquele ano) a opinião de que, em última análise, sua decisão de divulgar o caso fora correta. Acreditava que a exposição completa dos fatos no noticiário levara a um melhor julgamento dele e de sua esposa, e a um respeito maior pelo casal por parte de pessoas cuja opinião eles valorizavam. A divulgação tinha ajudado a separar os meros conhecidos dos verdadeiros amigos, e a lealdade destes mais que compensou o abandono daqueles.

Em segundo lugar, convicto da honestidade dele próprio e da esposa em relação ao assunto, C.J. tinha a esperança, a partir do início do caso de Gretchen, de poder dar uma contribuição importante para a parapsicologia e, com isso, para a compreensão que o homem tinha de si mesmo. Ele acolhia com alegria uma investigação científica que, tinha certeza, mostraria que o caso era importante. Ao mesmo tempo, não queria que os resultados de seu empenho fossem conhecidos apenas pelo pequeno grupo de acadêmicos e cientistas interessados no obscuro tema da xenoglossia. Jornais e revistas podem ajudar a abrir esse pequeno círculo e atingir um público mais amplo.

Similaridades entre os casos de Jensen e Gretchen

Já mencionei que o caso de Gretchen se desenvolveu e começou a ser investigado antes que os Jays tivessem qualquer informação sobre o caso de Jensen. Este havia ocorrido catorze anos antes, e ainda não tinha sido relatado na época do de Gretchen. Estou seguro de que as pessoas envolvidas nos dois casos não tinham (e continuam não tendo) absolutamente nenhum contato umas com as outras. Não há, portanto, nenhuma possibilidade de que o caso de Gretchen tenha sido moldado no de Jensen. Isso torna ainda mais notáveis certas similaridades entre os dois que, inclusive, estão resumidas na Tabela 4.

Comentários sobre os indícios de processos paranormais no caso

Explicações normais do caso. Considero a capacidade de falar uma língua estrangeira responsivamente uma espécie de habilidade. E acredito que habilidades não podem ser adquiridas sem prática e não podem ser transmitidas de uma pessoa para outra normalmente ou por percepção extrassensorial. Para pessoas que não leram minha discussão dessas questões em *Xenoglossy*, repetirei os principais argumentos que apoiam essa convicção no capítulo final deste livro. Aqui, portanto, farei apenas alguns comentários pertinentes ao presente caso que pressupõem que uma habilidade não pode ser adquirida a não ser por meio da prática.

Se meu ponto de vista sobre esse assunto for aceito, podemos prontamente eliminar várias explicações para esse caso propostas por pessoas que não compreendem ou não compartilham minha convicção sobre a não transmissibilidade de habilidades. Um crítico a quem deram algumas informações sobre o caso, por exemplo, foi citado numa reportagem de jornal como tendo dito que, se não havia sido encontrada nenhuma prova de que D.J. aprendera alemão na infância, então ela "devia" ter ouvido a língua enquanto era um feto no útero da mãe. Não nego que as pessoas às vezes têm memória acurada de eventos acontecidos enquanto estavam sendo geradas; estudei alguns indícios disso e achei bastante convincentes. Mas um feto treinar a fala da língua alemã (ou de qualquer outra) é algo que está além dos limites da minha credulidade.

Dificilmente menos despreocupada é a sugestão proposta às vezes de que D.J. tinha de algum modo aprendido noções de alemão, como quase todo falante do inglês — sem estar consciente de tê-lo feito —, por meio de leituras casuais, programas de rádio e televisão, e talvez de ocasionalmente ouvir a língua sendo falada por outras pessoas. O último elemento dessa sugestão exige que ignoremos o fato de não encontrar qualquer falante do alemão na família ou no bairro de D.J. que ela possa ter ouvido, por acaso, falando o idioma. Mas, mesmo se D.J. tivesse ouvido por acaso trechos extensos de alemão falado, e tivesse dessa ou de outra maneira adquirido um vocabulário da língua, ela ainda não teria sido capaz de entender e falar o idioma de forma compreensível, a menos que tivesse treinado. É isso que temos em mente quando nos referimos à habilidade de dominar uma língua. Para falar um idioma de maneira inteligível, não basta ter um vocabulário limitado dele; deve-se ser capaz de entender o que alguém diz e de dispor de uma resposta apropriada na mesma língua. Você pode adquirir algum vocabulário de uma língua estrangeira passivamente; mas só aprende a falar responsivamente essa língua por meio da prática.

TABELA 4. Casos de Jensen e Gretchen — Comparação de características

Característica	Jensen	Gretchen	Comentários
1. Capaz de entender pelo menos o inglês simples e também a língua "nativa"	Sim	Sim	
2. Preferência por responder na língua "nativa"	Sim	Sim	
3. Falou frases curtas ou partes de frases	Sim	Sim	
4. Gramática deficiente da língua "nativa"	Sim	Sim	Nas línguas faladas por ambos, o vocabulário era superior à gramática.
5. Em geral, falou apenas quando solicitado(a); pouca ou nenhuma fala espontânea	Sim	Sim	
6. Suspiros frequentes e queixas de cansaço	Sim	Sim	
7. Perseveração	Sim	Sim	Jensen apresentou muito mais perseveração, com a imediata repetição de frases, do que Gretchen. Mas Gretchen tendia a repetir "frases estereotipadas" de uma sessão para outra.
8. Respostas lentas e "sem energia", como se fossem dadas com esforço	Sim	Sim	Esta característica pode derivar apenas do estado de hipnose profunda em que os sujeitos se encontravam no momento dos experimentos.
9. Humor predominante	Variável	Medo	Gretchen às vezes mostrava prazer e contentamento em curtos períodos. Jensen exibia uma gama mais ampla de emoções.

A necessidade de praticar para adquirir uma habilidade é relevante também para a proposta feita por outro crítico, segundo o qual C.J. muniu sua esposa de conhecimentos de alemão, talvez durante sessões hipnóticas que ocultou dela, dando-lhe sugestões pós-hipnóticas para que ela as esquecesse. Não nego que se pode entupir uma pessoa de uma língua estrangeira lendo para ela nessa língua, mas o que se obteria depois seria apenas xenoglossia recitativa — a exibição de memória mecânica —, não a habilidade de falar o idioma de maneira inteligível, que chamamos de xenoglossia responsiva. Assim, esta hipótese requer, para se tornar plausível, a aliança de um falante do alemão, que teria treinado D.J. para falar a língua enquanto ela estava num estado de hipnose profundo o suficiente para que depois fosse incapaz de se lembrar do que havia acontecido. Uma variante dessa conjectura é que a própria D.J. estava envolvida na trapaça desde o começo e que ela e o marido tivessem planejado um embuste. É necessário, portanto, dizer algo mais sobre a possibilidade de fraude neste caso.

Não descobri nenhum indício — nem mesmo a mais leve sugestão — de fraude no caso. Nenhum informante deu sinais disso, e a ideia de um embuste não recebe o apoio de qualquer inconsistência ou discrepância nos testemunhos dos Jays ou outra pessoa ligada ao caso. Os Jays, como muitos outros informantes de casos parapsicológicos, mudaram detalhes de seus relatos ocasionalmente, mas em geral se mostraram constantes ao narrar os principais eventos do caso em diferentes ocasiões (mencionei anteriormente as únicas discrepâncias importantes que descobri em seus testemunhos).

Uma vez que já discuti possíveis explicações para os motivos de C.J. buscar a publicidade deste caso recebida em janeiro e fevereiro de 1975, é necessário acrescentar aqui algo mais a esse tema. Se essa divulgação, que ocorreu quase cinco anos depois do começo do caso, era o objetivo dos Jays, eles sem dúvida mostraram grande paciência ao adiar sua recompensa. Pode-se argumentar também que sua disposição para se identificar abertamente pelos seus nomes verdadeiros e ter os holofotes da atenção pública voltados para eles era um sinal de que não tinham nada a esconder ou estavam inclinados a assumir grandes riscos caso tivessem.

Além das considerações acima, o caso contém dois importantes indícios internos que, a mim, parecem cortar pela raiz a explicação de fraude. Em primeiro lugar, ele tem as acentuadas similaridades com o caso de Jensen, que resumi na Tabela 4. Pelos indícios externos, estou tão convencido da autenticidade do caso de Jensen quanto do de Gretchen. Se um ou ambos são fraudulentos, contudo, como explicar suas semelhanças em tantos aspectos sem acreditar que os dois grupos de pessoas envolvidas colaboraram de algum modo para criar dois casos com características similares? Se o caso de Jensen é genuíno e o de Gretchen não, não entendo como este pôde ter evoluído como um embuste e se tornado tão rigorosamente parecido com o de Jensen.

Em segundo lugar, se este caso foi tramado pelos Jays, eu deveria ter esperado que o alemão de Gretchen tivesse melhorado ou piorado entre 1970 e 1974. Ele podia ter melhorado se C.J. tivesse ocasionalmente feito "sessões de aperfeiçoamento" com D.J. para aumentar o conhecimento dela do alemão. E podia ter piorado com a passagem do tempo se ele não tivesse feito isso, uma vez que, se C.J. tivesse lhe dado aulas de alemão no início de 1970, seria possível esperar que seu efeito tivesse diminuído, ao menos em parte, na primavera de 1974. Na verdade, contudo, o alemão de Gretchen mostrou uma qualidade notavelmente estável, oscilando um pouco de vez em quando, mas sem revelar nenhuma melhora ou piora marcante da primeira sessão, em maio de 1970, até a última, em março de 1974.

Concluo, então, que D.J., nas sessões em que Gretchen se manifestou, apresentou uma habilidade para falar alemão responsivamente que não derivava de processos de aprendizado normais. Se essa explicação do caso for aceita, deixamos para um exame mais extenso apenas algumas explicações alternativas.

Uma delas é a "memória herdada". Mas essa explicação pode ser firmemente excluída, a menos que acreditemos que a família de D.J. tenha cometido erros improváveis ao fornecer sua genealogia. Já mostrei que a vida de Gretchen situa-se muito provavelmente na Alemanha na segunda metade do século 19. Mas os ancestrais de fala alemã de D.J. já haviam imigrado para os Estados Unidos antes de 1847. Fora isso, se aceitarmos o relato de Gretchen sobre si mesma, ao que tudo indica, ela morreu solteira e sem filhos, por volta dos dezesseis anos. Não teria tido, portanto, nenhum descendente.

Explicações paranormais do caso sem sobrevivência. A principal explicação paranormal que não exige a sobrevivência de uma personalidade desencarnada é a comunicação telepática da língua alemã de pessoas vivas para D.J. O presente caso parece especialmente fraco no que se refere a essa hipótese. Em (aproximadamente) dez sessões diferentes, D.J. (como Gretchen) falou 120 palavras alemãs antes que qualquer falante do alemão tivesse falado nessa língua com ela. Estou consciente, contudo, de que essa hipótese não exige necessariamente que as pessoas com as quais o sujeito adquire seu conhecimento de uma língua estrangeira estejam fisicamente presentes. Elas podiam ter estado em qualquer lugar, e há muitos falantes do alemão nos Estados Unidos, para não dizer no resto do mundo. Mas, embora a distância física possa não ser uma barreira para a comunicação telepática de uma língua, outro fator pode. Refiro-me à intransmissibilidade de uma habilidade, um tópico cuja discussão adicional deixei para apresentar no capítulo final deste livro.

Explicações do caso com sobrevivência. A rejeição de todas as explicações anteriores parece deixar a possessão e a reencarnação como as únicas alternativas restantes. Ao tentar escolher entre elas, sou incapaz de chegar a qualquer conclusão mais firme para este caso do que cheguei para o de Jensen. Acrescentarei, contudo, que o de Gretchen tem bem mais indicações de possessão do que o de Jensen. Uma delas ocorreu na sessão em que Gretchen aparentemente foi vista pela primeira vez por D.J., e depois "assumiu o comando" e escreveu por intermédio dela o trecho em alemão descrito anteriormente[30]. Episódios desse tipo não são, porém, completamente decisivos. Uma pessoa pode ser "possuída" por aspectos de sua própria personalidade que normalmente permanecem inconscientes e ocultos. Isso acontece nas doenças classificadas na psicopatologia como "múltiplas personalidades" ou "personalidade secundária". Parece provável que a maioria dos casos de pretensa possessão em países onde eles ocorrem com frequência, como a Índia, são exemplos apenas de personalidades secundárias (Freed e Freed, 1964;

---

[30] No final de um experimento com Jensen, depois que fizeram voltar a personalidade normal de T.E., Jensen reapareceu sem ser solicitado e teve de ser mandado embora de novo (Stevenson, 1974c, p. 26).

Opler, 1958; Teja *et al.*, 1970; Varma *et al.*, 1970)[31]. Psiquiatras indianos normalmente se referem a tais casos como "síndrome de possessão".

Leitores familiarizados com vários casos do tipo reencarnação sabem que algo parecido acontece às vezes naqueles que começam quando o sujeito é criança. Na maioria deles, a criança permanece de algum modo distanciada das lembranças que afirma ter da vida anterior; ela as localiza no passado de outra vida, que distingue tanto do passado como do presente de sua vida atual. Mas em alguns casos desse gênero, o sujeito dá a impressão de estar completamente "possuído" pela personalidade da vida anterior, de modo que ele parece se tornar essa personalidade — ao menos por um tempo — num sentido muito real. Ele pode então esquecer temporariamente seu ambiente atual e agir como se tivesse voltado à vida anterior[32]. Quando isso acontece, a informação paranormalmente derivada pode ser a principal ou única característica que distingue o caso de um de síndrome de possessão ou personalidade secundária.

Se uma personalidade desencarnada pode influenciar uma personalidade encarnada por meio de alguns processos que descrevemos com a palavra "possessão", não somos obrigados a imaginar o processo como algo que só pode ocorrer completamente ou não ocorrer absolutamente; é mais provável que

---

[31] Num pequeno número de casos indianos de possessão evidente, a influência de uma personalidade real desencarnada me parece uma explicação plausível. O caso de Jasbir (Stevenson, 1974b) pertence a esse grupo geral, embora, se considerado como um exemplo de possessão, seria de possessão permanente, e não temporária. Investiguei vários outros casos desse grupo na Índia e em outros lugares. O caso de Chaokhun Rajsuthajarn (Stevenson, 1983) é um deles, e tenho planos de vir a publicar relatos de outros.

[32] Para um exemplo de uma possessão aparente por lembranças de uma vida anterior, ver o caso de Indika Guneratne (Stevenson, 1977). Se a reencarnação for a melhor explicação para o caso de Sharada (o segundo relatado neste livro), ela fornece outro exemplo.

ele ocorra ao longo de um *continuum* de influências. Alguns leitores podem achar a analogia da embreagem num carro útil na compreensão dessa sugestão. Uma marcha, quando engatada, estabelece a conexão de um mecanismo com as rodas do carro. Idealmente, ela deveria ser totalmente engatada ou totalmente desengatada; mas engates intermediários também podem ocorrer. Num extremo, podemos usar a palavra "possessão" com respeito a uma pessoa que experimenta uma dor forte na mesma parte do corpo e ao mesmo tempo que outra (normalmente um parente próximo) que, num lugar distante da primeira pessoa, está sentindo uma dor forte (Stevenson, 1970). De quem é essa dor? A dor daquele que recebe a sensação pode ser considerada imaginativamente uma breve invasão ou "possessão" dele pelo agente. No outro extremo, temos casos como o de Jasbir (Stevenson, 1974b). Nos indícios disponíveis, o inquilino original do corpo de Jasbir podia ser considerado expulso, e seu lugar teria sido tomado pelo falecido Sobha Ram. O caso de Jasbir podia então ser considerado uma possessão completa e permanente. O de Lurancy Vennum (Hodgson, 1901; James, 1890, vol. l, p. 396; Stevens, 1887) podia ser colocado entre os dois mencionados, como um exemplo de possessão completa, mas temporária. Ele mostrou, na verdade, estados de transição em que as personalidades de Mary Roff e Lurancy Vennum pareciam se mesclar e, em algum grau, se manifestarem juntas. O presente caso pode ser um exemplo de possessão temporária e parcial. A influência da personalidade Gretchen sobre D.J. em geral se restringia a ocasiões de transe hipnótico voluntário; mas houve alguns momentos em que ela parece ter entrado nos sonhos e mesmo na consciência desperta de D.J. sem ter sido solicitada.

Em minha investigação do caso de Jensen fiquei impressionado com a manifestação dele, que pareceu mais bem identificado, por todos os indícios linguísticos e de outros tipos, como um camponês sueco do século 17, de um local não muito distante da área de New Sweden, colônia da antiga Suécia que floresceu durante, e apenas durante, o século 17. Vale, portanto, ressaltar que o presente caso se desenvolveu na área de Cincinnati, Ohio, um centro onde se estabeleceram muitos imigrantes alemães a partir do século 19. Esse fato pode ter pouco peso na decisão entre possessão e reencarnação como a melhor explicação do caso. Porém, parece digno de nota na esperança de que estudos mais extensos de outros casos de xenoglossia responsiva possam revelar características em comum adicionais entre eles. Devo acrescentar, contudo, que Gretchen não estava "presa" num lugar. Ela apareceu por completo igualmente em Elkton e Charlottesville, na Virgínia, como fizera em Mount. Orab, Ohio, perto de Cincinnati.

O status *ontológico da personalidade Gretchen*

Afirmei anteriormente que a xenoglossia responsiva é a característica importante deste caso. O fato de as declarações de Gretchen sobre si mesma não terem sido verificadas parece de significância relativamente pequena. Mas, porque elas não foram verificadas, pode parecer fútil especular sobre o *status* da personalidade Gretchen manifesta. A questão causa algum interesse, contudo, porque está ligada às alegações de que comunicantes e controles mediúnicos existem independentemente dos médiuns ou sujeitos através dos quais se manifestam.

Se apoiamos a reencarnação como uma explicação do presente caso, isso não nos obriga a pensar em D.J. como necessariamente uma reencarnação "um-para-um" de Gretchen. D.J. podia ter tido uma vida anterior na Alemanha, quando sabia falar alemão, mas tal vida não precisa ter sido aquela de alguém que corresponda exatamente às declarações que Gretchen fez sobre si mesma. Gretchen podia ter sido apenas um veículo dramático na mente de D.J., por meio do qual ela podia expressar lembranças fragmentadas dela mesma de uma vida anterior real na Alemanha e os meios pelos quais ela recuperou um pouco da habilidade de falar alemão.

Do mesmo modo, a explicação de possessão não significa necessariamente que uma personalidade desencarnada que correspondesse exatamente a Gretchen tivesse assumido o controle total de D.J. Gretchen podia ter sido uma composição mesclada tanto de elementos da personalidade de D.J. como de ingredientes fornecidos por uma personalidade real desencarnada que influenciou a mistura e, por conseguinte, as qualidades da Gretchen manifesta. Estou adotando aqui a teoria da "persona" de comunicantes mediúnicos de Hart (Hart, 1958).

Parece-me que nós quase exigimos uma teoria que pressuponha uma manifestação *parcial* para explicar as deficiências na habilidade de Gretchen e Jensen de falar suas línguas "maternas". Talvez suas deficiências linguísticas possam ser adequadamente explicadas pelo fato de ambos terem sido pessoas sem instrução, como indicavam as informações que eles deram sobre si mesmos. Talvez nós também não devamos esperar que uma pessoa conserve a habilidade de falar sua língua materna se ela não a fala há muito tempo (o caso de Sharada, também exposto neste livro, pode ser uma exceção). Devo dizer, contudo, que essas duas explicações para o empobrecimento das línguas faladas por Jensen e Gretchen — instrução escassa e falta de prática — não me satisfazem. As imperfeições gramaticais e de outros tipos nas línguas que Gretchen e Jensen falavam podem ter se originado das grandes dificuldades envolvidas na comunicação mediúnica. Podemos dizer isso mesmo se adotarmos a reencarnação como a melhor explicação dos casos, pois conceberíamos então uma "personalidade prévia" que tentasse se comunicar através de sua própria "personalidade atual", esta última atuando para esse propósito, como faz um médium quando tenta se tornar um veículo para a comunicação vinda de uma personalidade desencarnada.

As dificuldades para entender as relações entre os níveis subconscientes da mente de D.J. e uma hipotética personalidade desencarnada, imaginada como colaboradora da criação da Gretchen manifesta, não diminuem quando trazemos a escrita de Gretchen para a discussão. Devemos, porém, resistir à tentação de ignorar fatos que não se encaixam elegantemente em nossas suposições. A escrita de Gretchen em alemão exige uma explicação tanto quanto sua fala. Gretchen, a personalidade manifesta, disse que não sabia ler nem escrever. Mas mesmo uma Gretchen analfabeta podia ter "falado" alemão com D.J., que podia tê-la ouvido interiormente e, então, transcrito os sons com as representações mais próximas que conseguisse extrair de seu conhecimento da relação entre o som do inglês falado e os símbolos do inglês escrito. Tal processo explicaria adequadamente a grafia de palavras como *moglishkite* e *versuchen*. Contudo, não explicaria a grafia correta de palavras como *mein* e *Freund* ou a grafia parcialmente correta de *gefahrlish*. Um falante do inglês (sem conhecer o alemão escrito) que ouvisse tais palavras certamente as teria grafado *mine, froynd* (ou talvez *froind*) e *gayfairlish*. A grafia de Gretchen quase exige que quem escrevia o alemão que ela usava tivesse tido algum conhecimento do alemão escrito. D.J. nega que ela própria tivesse. Talvez a alegação de Gretchen de que não sabia ler nem escrever derivasse de falsa modéstia ou fosse verdadeira apenas em parte.

Para concluir esta discussão, devo fazer mais alguns comentários sobre os interesses severamente restritos que Gretchen apresentava. Seria apenas um leve exagero dizer que ela só tinha uma coisa na cabeça, porque sua preocupação obsessiva com o *Bundesrat* e a luta religiosa com a qual ela o associava equivalia a uma monomania. Numa seção anterior deste livro, escolhi discorrer sobre a *Kulturkampf* mais extensamente do que alguns leitores podem ter achado necessário, porque quis descrever o cenário histórico em comparação com o qual deveríamos avaliar as declarações de Gretchen, se eu estiver correto em pensar que elas combinam melhor com uma vida vivida durante a *Kulturkampf*. Como expliquei, o *Bundesrat* teve um papel na autorização das leis anticatólicas que Bismarck apresentou. É duvidoso, contudo, que muitos católicos romanos, ou algum, entre aqueles adversamente afetados pelas leis bismarckianas, tenham culpado o *Bundesrat* coletivamente, como fez Gretchen. Ou que eles teriam pensado que seus membros estavam pessoalmente escutando suas conversas, como Gretchen constantemente parecia imaginar. O comportamento dela, em suma, era extremamente parecido com o de alguns pacientes mentalmente doentes que, depois de um grande trauma, ficam presos no estágio da vida no qual ele ocorreu e não conseguem avançar em direção a novas experiências. A lembrança do trauma permanece ativa dentro deles e, como uma lasca de madeira fincada sob a pele e não extraída, continua a machucar e às vezes causa uma infecção. Ao âmago das lembranças e emoções do trauma podem se agregar outras lembranças, e o todo pode assumir um grau de autonomia na personalidade da qual é parte. Unidas, essas lembranças e os sentimentos a elas associados podem se tornar o que Broad (1925) chamou de *mindkin*[33]. Especialistas em psicopatologia reconhecem que os resíduos mentais de traumas podem munir a *Anlagen* a partir da qual doenças mentais às vezes evoluem[34]. Jung usou a palavra *complexo* para designar esses aglomerados de lembranças e atitudes que as acompanham, que persistem por muito tempo depois do trauma que os causou e podem influenciar significativamente a vida posterior da pessoa afetada (Jung, 1936; Jung e Riklin, 1904). Embora o trauma de um complexo possa permanecer oculto, indícios dele com frequência são expressos de uma forma ou de outra. Desejo sugerir que a pressão de tais complexos para encontrar um escape pode persistir depois da morte e muito provavelmente faz com que eles se manifestem quando um estímulo e um conduto adequados permitem. Se isso pode acontecer, e se aconteceu no presente caso, a Gretchen fenomênica teria sido apenas uma parte de uma personalidade mais ampla que não conseguia se expressar

---

[33] Broad sugeriu *mindkin* como um termo conveniente para as limitadas expressões de personalidades que muitos comunicantes mediúnicos apresentam. Elas com frequência parecem ser apenas partes de personalidades completas.

[34] Na maioria das pessoas, as experiências traumáticas não levam ao desenvolvimento de uma doença mental. Mas muitas estão familiarizadas com um resíduo de trauma mais comum: os pesadelos. Num pesadelo, o sonhador parece reviver uma experiência desagradável do passado, em geral com variações da realidade original, que ele não reconhece completamente até que acorde. A amplificação feita por Gretchen do papel do *Bundesrat* e sua fixação nele tinha algo da distorção, comparada com a realidade, que com frequência ocorre em pesadelos e também em psicoses.

completamente sob as circunstâncias reinantes quando Gretchen aparecia.

Este não é um livro sobre psicopatologia, mas penso que deveria enfatizar que não só as pessoas mentalmente doentes são consideradas compostas de uma confederação de subpersonalidades. Alguns estudiosos da personalidade diriam que a mente de todo ser humano tem uma estrutura composta, assim como seu corpo unificado é constituído de diferentes órgãos. A novidade na conjectura que propus no parágrafo anterior consiste na sugestão de que, entre as diferentes subpersonalidades de um indivíduo, as menos bem integradas ao todo podem ter uma chance maior de se tornar expressas após a morte do que suas companheiras mais bem integradas, que são igualmente membros da totalidade da pessoa.

O caso de Sharada

Introdução

O caso de Sharada[35] difere, em muitos aspectos importantes, dos de Jensen e Gretchen. Em primeiro lugar, a hipnose não fez parte, de fato, do surgimento da personalidade de Sharada, como aconteceu nas manifestações de Jensen e Gretchen; Sharada emergiu de maneira espontânea, embora muito provavelmente tenha aparecido pela primeira vez quando o sujeito do caso se encontrava em um estado alterado de consciência. Em segundo lugar, Sharada conseguia falar sua língua, o bengali, fluentemente e não apenas as frases curtas ou rudimentares que caracterizavam os casos de Jensen e Gretchen. E, em terceiro lugar, um número substancial das declarações de Sharada foi averiguado e uma família que correspondia a elas foi rastreada na região de Bengala, onde ela afirmou ter vivido.

Resumo do caso e sua investigação

Uttara Huddar[36], o sujeito deste caso, nasceu em 14 de março de 1941, no Hospital Maternidade Nagpur, em Nagpur, estado

---

35 Publiquei, juntamente com a doutora Satwant Pasricha, dois breves relatos preliminares deste caso (Stevenson e Pasricha, 1979, 1980). O presente volume inclui consideráveis detalhes adicionais sobre o caso, extrapolando o espaço que um artigo jornalístico poderia proporcionar. Contém também os resultados de entrevistas e observações feitas durante o período em que o relato preliminar foi escrito.

36 Embora eu tenha usado iniciais para me referir aos sujeitos dos casos de Jensen e Gretchen, decidi usar o nome completo de Uttara aqui. Ela é citada com frequência ao longo deste relato, e acredito que os leitores terão a leitura facilitada se eu mantiver o nome completo.

de Maharashtra, na Índia. Seus pais eram G. M. Huddar e sua esposa, Manorama, ambos maratas. Uttara era a quinta entre seis filhos do casal. Tinha um irmão e três irmãs mais velhos, e um irmão (de criação) mais novo. G. M. Huddar era proprietário rural e agricultor na região de Wardha, uma cidade menor ao sul de Nagpur. Na época em que o caso ocorreu, início de 1974, ele estava aposentado e vivia em Nagpur com a esposa. Uttara morava com eles, assim como um de seus filhos casados e sua própria família.

Uttara gozou de saúde satisfatória durante a infância e até a casa dos vinte anos. Então, desenvolveu diversas enfermidades físicas, como a asma, uma doença ginecológica (não especificada) e um problema de pele que aparentemente teria sido um eczema. Por muitos anos (a partir de 1970), o doutor J. R. Joshi (pseudônimo), um médico homeopata, tratou dela como sua paciente. No final de 1973, considerando que a condição de Uttara não obteve melhora satisfatória, ele a internou em sua clínica particular, localizada num subúrbio de Nagpur.

Durante a estada de Uttara na clínica, um mestre iogue deu palestras e aulas de meditação. Uttara já tinha tido experiência com meditação e participou de sua prática na clínica. Daí em diante, seu comportamento mudou visivelmente. Ela se tornou emotiva, mas essa característica se alternava com períodos de silêncio, e ela desenvolveu uma tendência a perambular sem destino para fora da clínica, afirmando que "queria ir a um lugar ao qual acreditava pertencer". Ela se expressava em uma língua, que não era o marata, que o doutor Joshi, com a ajuda de pacientes falantes do bengali, acabou por identificar como bengali. Ela também modificou seu jeito de se vestir, passando a usar o sári ao estilo característico de Bengala, diferente do das mulheres maratas. O doutor Joshi não acreditava que sua clínica estivesse qualificada para lidar com alguém que demonstrava um comportamento irracional como esse, e solicitou aos seus familiares que fossem buscá-la. Ao mesmo tempo, mencionou a eles sua impressão de que ela havia passado a falar bengali. Um incidente desse período provavelmente anulou qualquer dúvida que ele tivesse sobre mandar Uttara embora. Certa noite, o médico estava jantando com uma de suas assistentes quando Uttara irrompeu na sala em que eles se encontravam. Ela parecia ter assumido uma nova personalidade e começou a repreender o doutor Joshi naquela estranha língua que ele supunha ser bengali.

Considerando que os Huddars não tinham nenhum conhecimento de bengali nem qualquer conexão com Bengala, a sugestão de que sua filha soubesse falar tal língua naturalmente os intrigou. Eles se confrontavam com duas questões: seria possível que Uttara realmente estivesse falando bengali? Como eles poderiam explicar e lidar com esse estranho comportamento? Não foi necessário que ninguém lhes dissesse que essas duas questões, embora distintas, estavam relacionadas. Eles levaram Uttara de volta para casa e começaram a procurar pessoas que falavam bengali e pudessem se comunicar com ela em seu estado alterado.

M. C. Bhattacharya, sacerdote de um templo da deusa Kali em Nagpur, foi um dos primeiros bengaleses a falar com Uttara em sua nova condição, e talvez tenha sido o pioneiro. Ele conheceu Uttara e sua "nova personalidade" no início de fevereiro de 1974 e a visitou diversas vezes. Essa nova personalidade passou a fornecer informações sobre si mesma em bengali, a única língua que ela falava agora. Apresentou-se como "Sharada"[37] e deu numerosos detalhes sobre a vida que afirmava ter em Bengala (Sharada nunca se referiu a si mesma como falecida e parecia viver num presente que, para os outros, havia muito já se passara).

O doutor J. Dutta, um amigo do cunhado de Uttara, também estava entre os primeiros falantes do bengali que opinaram sobre o idioma de Sharada (em novembro de 1975, G. M. Huddar reconheceu que o doutor Dutta tinha sido o primeiro a garantir que a língua de Sharada era, sem dúvida, o bengali). Ele conheceu os Huddars e se comunicou com Uttara em bengali entre fevereiro e março de 1974. Descobriu que Sharada não era capaz de entender nem marata nem híndi quando falavam com ela nessas línguas, mas apenas bengali. Sharada não soube *falar* bengali ao se comunicar com o doutor Dutta, mas sabia escrever, e o fez (não entendo por que ela não falou com o doutor Dutta em bengali, uma vez que falara com outras pessoas antes e ainda o faria depois de encontrá-lo). A nova personalidade de Uttara comunicou por escrito algumas informações a seu respeito para o doutor Dutta.

Depois de algumas semanas, Sharada desapareceu e a personalidade normal de Uttara retornou. Ela não se lembrava de nada que Sharada havia dito ou feito. Mais tarde, Sharada reapareceu e continuou a fazê-lo periodicamente desde então, pelo menos até outubro de 1982, quando recebi a informação sobre suas fases (antes da conclusão deste livro). Sharada algumas vezes permanecia apenas por um dia ou dois antes que a personalidade normal de Uttara retornasse,

---

[37] Gostaria de lembrar os leitores de que vou me referir à personalidade falante de bengali como Sharada, sem incorrer em explicações de quem ou o que "ela" é ou foi.

mas, em outras ocasiões, ela se quedava por semanas, chegando mesmo a permanecer por sete semanas seguidas.

Sharada se manifestava de forma irregular, mas por algum tempo ela apareceu cerca de duas vezes por mês. A cada uma de suas fases, os pais de Uttara, perplexos, cuidavam dela com carinho em casa até que Uttara, a filha habitual, retornasse após sua aparente supressão completa durante o domínio de Sharada. Eles buscaram aconselhamento com *experts* em religião, medicina e parapsicologia. Nenhum tratamento recomendado foi capaz de cessar as vindas de Sharada, mas aparentemente nenhum deles teria sido nocivo. Durante 1976, os pais de Uttara notaram uma propensão de Sharada a aparecer com menos frequência e permanecer durante períodos mais curtos. Essa tendência de fases mais curtas continuou.

Ninguém esperava que um caso tão incomum fosse permanecer desconhecido dos jornalistas. Notícias sobre ele se espalharam em Nagpur, e, a fim de evitar a distorção dos fatos, G. M. Huddar deu um depoimento a um repórter. Um relato do caso apareceu a seguir em diversos jornais indianos no início de 1975. Um de meus colegas na Índia, o doutor Jamuna Prasad, encaminhou-me um informe publicado no *Northern India Patrika* em 18 de fevereiro de 1975. Quando esse material chegou às minhas mãos, imediatamente instei meus colegas indianos a iniciarem uma investigação do caso.

No final de junho e início de julho de 1975, a doutora Satwant Pasricha e o senhor Chandra Prakash se dirigiram a Nagpur e iniciaram nossa investigação. Eles entrevistaram Uttara, uma de suas irmãs, seus pais e seu irmão mais novo, bem como M. C. Bhattacharya. Durante os primeiros quatro dias da visita deles, Uttara permaneceu em sua personalidade normal. Mas, em 2 julho, ela sofreu a mudança de personalidade que, a essa altura, já havia se tornado habitual, e a doutora Pasricha pôde conhecer Sharada. Com a assistência de M. C. Bhattacharya, ela gravou em fita uma amostra do bengali falado por Sharada (ver Apêndice B).

O professor Pal já investigara casos que sugeriam reencarnação e possessão na Índia por muitos anos — de maneira independente e como meu assistente, na função de intérprete. Ele é natural de Bengala, e tanto sua perícia no estudo de casos quanto seu conhecimento do bengali pareciam fazer dele um parceiro ideal para a investigação do caso. Angariei sua ajuda e ele não me desapontou. O professor Pal viajou para Nagpur pela primeira vez em outubro de 1975. Depois disso, fez outras quatro visitas àquela cidade: em fevereiro e novembro de 1976 e em fevereiro e novembro de 1977. Sua terceira visita, em novembro de 1976, foi a mais longa e coincidiu com minha própria segunda visita a Nagpur. O professor Pal conseguiu conhecer e falar com Sharada em quatro de suas cinco visitas. Então, ele me forneceu três longos relatórios que escreveu sobre o caso. Também me beneficiei de informações adicionais e comentários que ele me enviou em cartas ou que eu mesmo anotei durante (ou logo após) as ocasiões em que nos encontramos e discutimos o caso, entre 1975 e 1981.

O doutor R. K. Sinha, um nativo de Bengala que atualmente vive em Nagpur, interessou-se pelo caso no início de 1975, depois de ter lido os relatos a respeito nos jornais de Nagpur. Ele realizou uma extensa investigação independente do caso. Após gravar algumas declarações de Sharada sobre sua vida em Bengala, incluindo os nomes da família à qual ela dizia pertencer, ele viajou (em maio de 1975) para o estado e lá rastreou uma família que correspondia às declarações dela (posteriormente, o professor Pal e eu encontramos o atual chefe dessa família, que vive em Bansberia, Bengala Ocidental). Uma vez que o doutor Sinha vive em Nagpur, ele teve diversas oportunidades de conversar com Sharada e me forneceu muitas informações valiosas sobre o caso, além de me disponibilizar uma gravação em fita da entrevista feita com Sharada em 2 de maio de 1976.

Fui a Nagpur pela primeira vez (acompanhado pela doutora Pasricha) em novembro de 1975. Passamos três dias ali, entrevistando todos, à exceção de uma única pessoa, com quem a doutora Pasricha havia conversado previamente, entre junho e julho; mas também ampliamos a lista de informantes. Um ano mais tarde, em novembro de 1976, voltamos a Nagpur. A essa altura, já havíamos acumulado indícios sólidos da habilidade de Sharada de falar o bengali. Daí por diante, concentramos nossa atenção principalmente na exploração mais extensa de todas as formas possíveis pelas quais Uttara poderia ter aprendido o bengali normalmente. A doutora Pasricha e eu retornamos a Nagpur para novas entrevistas em novembro de 1977, fevereiro de 1980 e novembro de 1980. Além disso, Pasricha esteve na cidade sem mim em fevereiro de 1978, outubro de 1980 e maio de 1981. Nas visitas a Nagpur entre 1977 e 1980, demos maior atenção às entrevistas com Uttara e com os membros de sua família, que nos informaram sobre a evolução do caso à medida que o observavam. No entanto, também identificamos e entrevistamos outros informantes na cidade que pareciam qualificados a fornecer informações sobre vários aspectos dos fatos, especialmente a habilidade de Sharada de falar o bengali, e as possibilidades de Uttara haver aprendido a língua normalmente. Em outubro de 1980, a doutora Pasricha esteve em Nagpur durante uma fase Sharada e gravou em fita uma nova amostra de seu bengali.

Em março de 1977, fui para Bengala Ocidental (acompanhado pelo professor Pal) e visitei todos os locais atuais naquele estado que haviam sido citados por Sharada (não foi possível visitar os locais por ela mencionados que atualmente se situam em Bangladesh).

Embora eu tenha conseguido valiosos depoimentos sobre o bengali de Sharada por parte de diversos falantes da língua residentes em Nagpur e pelo professor Pal, senti necessidade de obter outras opiniões, vindas de especialistas. Consequentemente, no início de 1977, escrevi uma carta para o professor S. K. Chatterji, da Biblioteca Nacional de Calcutá. Por muitos anos, ele foi a maior autoridade no idioma bengali (Chatterji, 1926, 1963). Ele respondeu oferecendo ajuda, mas na ocasião já era bastante idoso. Na época em que retornei a Calcutá, ele havia adoecido e morreu pouco tempo depois. Em 1979, de novo me empenhei em obter a opinião de linguistas especializados em bengali e obtive o auxílio do senhor Ranjan Borra, do Departamento Sul-Asiático da Biblioteca do Congresso, em Washington, D.C. Primeiramente, ele transcreveu as duas gravações em fita dos depoimentos de Sharada em bengali, feitas em 2 de julho de 1975 e 2 de maio de 1976. Então, ele emitiu sua opinião a respeito do domínio da língua mostrado por Sharada. Posteriormente, o doutor S. K. Das (professor de bengali da cátedra Tagore do Departamento de Línguas Modernas Indianas da Universidade de Delhi) ouviu as mesmas gravações e também emitiu sua opinião sobre o bengali de Sharada. Tanto o senhor Borra como o professor Das me deram autorização para utilizar suas declarações neste relato.

Pessoas entrevistadas durante a investigação

Em Nagpur foram entrevistados:
- Uttara Huddar
- G. M. Huddar, pai de Uttara
- Manorama Huddar, mãe de Uttara
- Yashomati Rachalwar, irmã mais velha de Uttara
- Charushela Luley, segunda irmã mais velha de Uttara
- Shailja Bhaid, terceira irmã mais velha de Uttara
- Satish Udhoji, irmão (de criação) mais novo de Uttara
- Vibha Shembeker, irmã de Prabha Huddar, a esposa do irmão mais velho de Uttara, Prabhaker Huddar
- Doutor R. K. Sinha, médico homeopata (natural de Bengala)
- Rebha Sinha, esposa do doutor R. K. Sinha (natural de Bengala)
- Sushuma Kar, tia paterna do doutor R. K. Sinha (natural de Bengala)
- Doutor R. N. Roy, professor adjunto de inglês, Universidade de Nagpur (natural de Bengala)
- Doutor J. Dutta, médico e amigo de um dos cunhados de Uttara (natural de Bengala)
- Priyadarshan Dinanath Pandit, amigo e ex-colega de classe de Uttara
- Inder Kumar Waghmare, morador de Nagpur
- Shanker Govind Chatte, ex-professor de Uttara
- Doutor J. R. Joshi (pseudônimo), médico homeopata que tratou de Uttara
- G. P. Gokhale, morador de Nagpur
- Kshama Sarvarkar, amiga de Uttara
- Shanta Sarvarkar, mãe de Kshama Sarvarkar

- Mangal Chandra Bhattacharya, sacerdote de um templo da deusa Kali em Nagpur (natural de Bengala)
- Arun Kumar Bhattacharya, sobrinho de Mangal Chandra Bhattacharya
- Karuna Mitra, moradora de Nagpur (natural de Bengala)
- Pratiba Mukherjee, moradora de Nagpur (natural de Bengala)

Em Bansberia, Bengala Ocidental, foi entrevistado:
- Satinath Chatterji, membro da família à qual Sharada afirmava pertencer

Não foram incluídos nessa lista diversos informantes de Wardha que a doutora Pasricha e eu visitamos e onde perguntamos a respeito de falantes do bengali naquela comunidade.

Uttara e seu pai falam bem inglês; os outros membros da família falam marata e híndi. De meus outros informantes em Nagpur, cerca da metade fala inglês e os demais, híndi; nesses casos, a doutora Pasricha foi minha intérprete.

No verão de 1981, G. M. Huddar e a esposa, Manorama, morreram com um intervalo de apenas três meses um do outro. Eles eram idosos, mas aparentavam ter boa saúde até pouco tempo antes de falecerem.

Fatos relevantes da geografia e as possibilidades de comunicação por meios normais entre as duas famílias

Nagpur é uma cidade de cerca de 1 milhão de habitantes situada na região centro-ocidental da Índia. Por alguns anos depois da independência do país, foi a capital do grande estado central de Madhya Pradesh. Uma vez que, no entanto, seus habitantes falam tanto híndi quanto marata, e que está situada numa região em que predomina o marata, a cidade e sua região votou por se separar de Madhya Pradesh e unir-se a Maharashtra, da qual é hoje a capital de verão. Bombaim é a principal capital de Maharashtra e de longe sua maior cidade. Nagpur fica a aproximadamente setecentos quilômetros a leste e ligeiramente ao norte de Bombaim.

Wardha é uma cidade muito menor, com uma população (em 1971) de cerca de 69 mil habitantes. Situa-se 65 quilômetros ao sul, e ligeiramente a oeste, de Nagpur. Sirsi, aldeia onde G. M. Huddar possuía terras, fica a 18 quilômetros de Wardha.

Sharada afirmou que vivia em Bengala e citou diversas pequenas comunidades onde teria vivido. Essas localidades atualmente situam-se na Bengala Ocidental (Índia) e em Bangladesh. A mais próxima de Nagpur fica perto de Burdwan, na Bengala Ocidental. Burdwan se situa a mais de 900 quilômetros de Nagpur; localiza-se 90 quilômetros ao norte e ligeiramente a oeste de Calcutá.

G. M. Huddar negou que ele ou qualquer outro membro de sua família tivessem visitado Bengala ou que tivessem vizinhos bengaleses em Nagpur ou Wardha. No entanto, estima-se que 10 mil bengaleses vivam em Nagpur, e é necessário levar isso em consideração ao avaliar este caso. A maior parte dos bengaleses que vivem em Nagpur são empregados em serviços do governo, tais como estradas de ferro, correios ou departamento fiscal. Apenas alguns poucos lidam com negócios, tais como vendas de doces típicos bengaleses, que são apreciados por muitos indianos fora de Bengala. Numa seção posterior deste relato descreverei as investigações que fiz quanto à possibilidade de Uttara ter aprendido bengali com um falante da língua residente em Wardha ou Nagpur.

Cenário relevante e história anterior de Uttara

O pai de Uttara, G. M. Huddar, contou que membros de sua família eram maratas que haviam vivido em Maharashtra pelo menos até seus bisavós. Sua língua nativa era o marata. Sua família era brâmane e só lhes era permitido casar entre brâmanes de Maharashtra, Andhra Pradesh e Mysore (Karnataka), mas não com os de outros estados. É, portanto, extremamente improvável que G. M. Huddar tivesse algum ancestral bengalês.

G. M. Huddar nasceu em 1901 e se formou na Universidade de Nagpur. Ele tinha um interesse acentuado tanto por literatura quanto por ciência. Era proprietário de terras na aldeia de Sirsi (próxima a Wardha) e as cultivara por muitos anos antes de sua aposentadoria. Também tomara parte ativa na política, tendo participado do movimento de resistência contra o domínio britânico na Índia, que aumentou significativamente durante o período entre as duas guerras mundiais. Ele foi preso pelos britânicos por quatro anos, entre 1932 e 1936. Libertado, foi para a Espanha e lutou ao lado dos republicanos na Guerra Civil, durante os anos de 1937 e 1938. Foi preso novamente na Espanha, e mais tarde libertado. De volta à Índia, retornou ao movimento de resistência contra a Grã-Bretanha e foi novamente preso pelos britânicos entre 1943 e 1944. Depois que a Índia conquistou sua independência, ele permaneceu ativo na política por muitos anos ainda. Acho que esses fatos de seu *curriculum vitae* o mostram não apenas como um homem de princípios, mas como alguém capaz de fazer sacrifícios notáveis por eles.

G. M. Huddar disse que tivera uma grande admiração pelos bengaleses, que, em sua opinião, haviam mostrado mais determinação e dedicação à causa da independência da Índia do que outros indianos. Lera obras da literatura bengalesa em traduções para o marata. Ele próprio não conhecia nenhum bengalês e, como referido anteriormente, nunca estivera em Bengala.

A mãe de Uttara, Manorama, também era uma marata cuja língua nativa era o marata. Seus antepassados paternos, três ou quatro gerações anteriores, tinham vindo de Mysore, atualmente em Karnataka, mas seu pai e avô nunca haviam estado no sul da Índia. Ela não falava bengali e conhecia apenas rudimentos de inglês (fluente em híndi, ela conseguia se comunicar facilmente com a doutora Pasricha).

Quando Manorama estava grávida de Uttara, muitas vezes ela sonhou que uma naja estava prestes a picar um de seus dedos do pé direito. Então, tentava espantá-la com um pontapé e acordava assustada. Os sonhos pararam após o nascimento de Uttara. Ela os mencionou ao marido na época, mas não lhes creditou qualquer significado especial. Eles viviam então numa aldeia onde najas podiam ser vistas com frequência, e ela atribuiu o sonho a esse fato. Muitos anos mais tarde, quando Sharada relatou ter sido mordida num dedo do pé por uma naja, Manorama se lembrou do sonho recorrente que tivera durante a gravidez de Uttara, e passou a considerá-lo um possível exemplo do que chamo de "sonho anunciador"[38].

---

38 Pela expressão "sonho anunciador" me refiro a um sonho vivido por uma mulher, ou às vezes por um de seus parentes próximos ou amigos, em que, como parece ao sonhador, uma pessoa falecida lhe comunica o desejo ou intenção de renascer como o bebê que virá ao mundo. Tais sonhos quase sempre ocorrem imediatamente antes ou durante a gravidez da mulher que tem o sonho ou que se sugere tornar-se mãe daquele que aparentemente renascerá. Para exemplos de tais sonhos anunciadores, ver Stevenson (1974b, 1980, 1983). Na maioria desses sonhos sobre os quais me instruí, a pessoa cujo renascimento é anunciado costuma ser facilmente identificada. Em alguns casos, no entanto, apenas um detalhe do sonho, no momento ou mais tarde, apresenta alguma conexão possível com a pessoa nascida a partir da gravidez temporalmente relacionada ao sonho. O sonho de Manorama pertence a esse tipo de sonho mais vago e alusivo.

Uttara atravessou a infância sem que os pais notassem nada de singular a seu respeito, além de uma fobia de cobras. Seu pai descreveu a fobia como "grave" apenas enquanto Uttara tinha entre cinco e oito anos. Ele ressaltou que ela apresentava um pavor maior de cobras do que seu irmão mais novo, Satish. Mas, à medida que crescia, Uttara tornou-se menos suscetível a tal medo e, após os dezesseis anos, numa inversão de comportamento, desenvolveu certa atração por esses animais.

A mãe de Uttara disse que ela não resistiu a aprender o marata, nunca usou palavras estranhas aos outros membros da família, nem mostrou qualquer tipo de pronúncia desviante em sua língua nativa[39].

Os familiares de Uttara deram pouca atenção a um sonho recorrente que ela lhes relatou quando tinha cerca de oito anos. Nesse sonho, Uttara via seu marido (como ela disse) vindo até ela montado num pônei; ele a acariciava de forma agradável (mostrarei o possível significado desse sonho mais adiante).

Uttara viveu em Nagpur em seus primeiros seis meses de vida. Então, foi levada para Wardha, onde permaneceu com a mãe enquanto o pai supervisionava o trabalho em suas terras na aldeia de Sirsi. Ele visitava Wardha de tempos em tempos. Uttara começou a frequentar a escola nessa localidade. Ela viveu ali com a mãe até os sete anos, quando se mudaram para Sirsi. Frequentou a escola em Sirsi durante o terceiro e o quarto graus, de 1949 a 1951. Voltou então para

---

[39] Alguns sujeitos de casos típicos de reencarnação que alegam lembrar de vidas passadas em outros países que não os seus próprios apresentam uma resistência à aprendizagem de sua língua materna. Podemos chamar isso de "glossofobia". Acompanhei anteriormente um desses casos, em Nawal Daw (Stevenson, 1974c, p. 17). Alguns sujeitos na Birmânia que afirmam se lembrar de suas vidas anteriores como soldados japoneses mortos durante a Segunda Guerra Mundial mostravam dificuldade em aprender a língua birmanesa quando começaram a falar (Stevenson, 1983).

Wardha, onde ela e a irmã mais velha, Shailja, ficaram numa espécie de albergue por cerca de dois anos, enquanto frequentavam a escola. Em 1953, quando Uttara tinha doze anos, ela e Shailja voltaram a Nagpur e viveram com a avó, enquanto seus pais permaneceram em Sirsi. Mais tarde (não sei exatamente quando), os pais de Uttara voltaram para Nagpur. A família ocupou duas residências diferentes em Nagpur antes de se mudar para a casa em que eles viviam quando o caso se desenvolveu, no início de 1974.

Quando criança e mais tarde, Uttara sempre nutriu, assim como o pai, um interesse especial por Bengala e seu povo. Ela gostava de ler obras da literatura bengalesa em traduções para o marata, e apreciava particularmente os romances de Sarat Chandra Chatterjee. Ela reclamava que a literatura marata não tinha verdadeiras heroínas; por outro lado, imaginava que as mulheres bengalesas eram mais corajosas e também mais femininas do que outras mulheres indianas.

Uttara teve um desempenho satisfatório na escola. Ela incluiu o sânscrito entre os motivos de seus estudos; pretendo discutir isso de forma detalhada mais adiante. Depois de completar o programa da escola secundária, ela frequentou um colégio particular durante um ano e, em seguida, ingressou na Universidade de Nagpur. Graduou-se e seguiu para a pós-graduação, obtendo primeiramente o mestrado em inglês, em 1969, e depois o mestrado em administração pública, em 1971, ambos pela Universidade de Nagpur. Foi, então, nomeada professora em meio expediente no Departamento de Administração Pública na mesma instituição, e essa era sua ocupação quando o caso se desenvolveu.

Uttara nunca se casou e continuava a viver com a família, como acontece com a maioria das mulheres solteiras indianas.

Aparentemente, Uttara sempre teve interesses comuns e se envolvia em atividades normais para uma jovem de sua idade e em sua situação na Índia. É relevante, para o contraste entre sua personalidade comum e a de Sharada, mencionar que Uttara não era particularmente religiosa antes do desenvolvimento do caso. Embora a mãe praticasse seus rituais diariamente, ela mesma não o fazia, a menos que a mãe estivesse doente e incapacitada de praticar sua fé, quando ela a substituía. Uttara não era, no entanto, descrente ou contra práticas religiosas.

A família Huddar era devota de Ganapati (ou Ganesha), mas Shiva também recebia alguma atenção de Uttara. Antes de o caso se desenvolver, contudo, nem ela nem os demais membros da família eram devotos de Durga, a quem Sharada venerava com sinceridade.

Fontes de informações sobre Sharada

Nunca me encontrei com Sharada e sou incapaz de descrevê-la a partir de minhas próprias observações. Os principais informantes em relação às declarações dela sobre si mesma e às observações de seu comportamento foram: o professor P. Pal, M. C. Bhattacharya e o doutor R. K. Sinha. O professor Pal conversou com Sharada durante aproximadamente uma hora e meia quando a conheceu, em outubro de 1975. No entanto, ele não a reencontrou em fevereiro de 1976, quando voltou a Nagpur, já que nessa época ela não se manifestou. Por ocasião de sua visita a Nagpur em novembro de 1976, ele ficou por cinco dias na casa da família Huddar; durante esse período, houve uma nova fase Sharada, e ele passou cerca de dez horas conversando quase continuamente com a personalidade. Os dois se encontraram novamente em fevereiro e novembro de 1977.

O doutor Sinha provavelmente passou tanto tempo na companhia de Sharada quanto o professor Pal — talvez mais. Ele a visitou com maior frequência do que o professor, embora a cada vez por períodos mais curtos. Outros informantes, como o doutor R. N. Roy e o doutor J. Dutta, também contribuíram com menos informações sobre Sharada. Entre os observadores de Sharada que não eram nem bengaleses nem membros da família Huddar, o mais importante é a doutora Pasricha, que a conheceu em 2 de julho de 1975 e voltou a encontrá-la em 18 de outubro de 1980.

Foram os pais de Uttara os mais oportunos observadores do comportamento de Sharada, e eles contribuíram com muitas informações valiosas a seu respeito. Porém, como eles não falavam bengali e Sharada só se expressava nessa língua, a comunicação verbal entre eles era inviável. A linguagem gestual e o uso de substantivos cognatos permitiam sinais rudimentares de comunicação. A partir de seu conhecimento do sânscrito, uma das irmãs mais velhas de Uttara, Charushela, era capaz de decifrar um pouco do que Sharada dizia. Mas esta precisava recorrer a gestos para indicar, por exemplo, que desejava que seus cabelos fossem penteados. Quando tinha sede, ela precisava mostrar à família de Uttara um pouco de água (a palavra em marata para água é *pani*, mas Sharada usava o termo bengalês, e similar em sânscrito, *jala*). Sharada rejeitava de forma chauvinista o marata, que afirmava ser uma língua "dura", e por isso sempre se recusou a aprendê-la. Já idosos, os pais de Uttara, num esforço para ajudar a filha de todas as maneiras possíveis, tentaram aprender um pouco de bengali e, com o tempo, melhoraram sua compreensão do que Sharada lhes dizia.

M. C. Bhattacharya fez algumas anotações (quase literais) de uma conversa que teve com Sharada, e nos autorizou a usá-las neste relato. A doutora Pasricha fez uma gravação em fita de outra conversa entre Sharada e M. C. Bhattacharya em 2 de julho de 1975. Nessa e em outras ocasiões, Sharada escreveu um pouco em bengali e, portanto, possuímos também alguns exemplos de sua escrita.

Em 2 de maio de 1976, o doutor Sinha gravou em fita outra entrevista com Sharada e também algumas canções bengalesas que ela entoou na ocasião. No dia 18 de outubro de 1980, a doutora Pasricha e o doutor Sinha realizaram mais uma entrevista, que foi gravada. Infelizmente, esse terceiro registro que o senhor Borra examinou ficou tecnicamente insatisfatório e não nos forneceu informações adicionais a respeito do idioma de Sharada.

Uttara manteve um diário (em marata) durante os primeiros nove meses de 1976. Ele foi traduzido para o inglês por Satish Shrikhande e pela doutora Pasricha. Não constitui uma fonte direta de informações a respeito de Sharada, mas revela em que medida, naquele tempo, a experiência das fases Sharada tinha influenciado Uttara, e devo me referir a esse ponto mais adiante.

As declarações de Sharada sobre si mesma

Os diferentes informantes que me forneceram dados e observações sobre Sharada por vezes ouviram declarações idênticas ou semelhantes; mas ela também parece ter mencionado certos tópicos apenas para um entrevistador em particular, possivelmente por ser o único a questioná-la sobre tais assuntos. A seguir, apresento as diversas declarações relatadas por diferentes informantes.

Esboço da vida. Sharada afirmou[40] que seus antepassados tinham se estabelecido primeiramente em um lugar chamado Kestopur (chamado por ela de "Kastopur"); Ramnath, seu avô, se mudara para a aldeia de Bansberia, em Saptagram[41]. Ela própria tinha nascido em Burdwan, no dia do festival de Janmashtami, no mês de *bhadrapada* (agosto-setembro).

Sharada contou que seu pai era um sacerdote no Templo de Kankalini, próximo a Burdwan. O marajá de Burdwan o tinha nomeado para esse templo (o local referido fica a cerca de 6 quilômetros de Burdwan, na Bengala Ocidental). O nome de seu pai era Brajesh Chattopadhaya, mas ele também era conhecido como Brajnath. Sua mãe se chamava Renukha Devi, e havia morrido quando Sharada tinha apenas dois meses de vida. Seu pai se casara novamente, e Sharada se referiu à madrasta como Anandamoyi. No entanto, Anandamoyi não tivera nada a ver com a sua criação. Em vez disso, ela fora adotada pela irmã de sua mãe (chamada *masi*, em bengali) e seu marido (o *meso* de Sharada). À tia materna Sharada se referia como Jagadhatri Mukhopadhaya, mas não foi capaz de se lembrar do nome do tio. Eles viveram em Saptagram, portanto Sharada passara grande parte de sua vida ali.

---

40 Nesta seção, impus uma ordem cronológica não encontrada nas declarações de Sharada a seu próprio respeito. Ela descreveu diferentes eventos de sua vida em épocas distintas, e para diferentes interlocutores. Os leitores devem se recordar de que Sharada não se considerava falecida ou desencarnada. Ela possuía um senso cronológico da ocorrência de um passado em sua vida, mas se referia a essa vida como uma continuidade. Sua relação com o tempo de seus observadores se assemelhava à de um indivíduo que sonha. Durante os sonhos, há quem experimente um evento passado como se estivesse ocorrendo no presente e, apenas ao acordar, perceba que se tratava de um sonho ou um evento que aconteceu (talvez) há muitos anos.

41 Saptagram é uma região de sete aldeias (como o próprio nome indica), entre as quais está Bansberia. Elas situam-se cerca de 30 quilômetros ao norte de Calcutá. A palavra "Saptagram" também designa uma área menor dentro dessa região mais ampla, onde há uma estação ferroviária de mesmo nome.

Sharada afirmou que havia um lago próximo à casa de seu tio materno, que era na verdade apenas uma cabana de barro e palha; havia também um grande tanque nas proximidades, que pertencia a outras pessoas. Seu tio era proprietário de algumas terras cultiváveis, das quais obtinha seu sustento. Uma vez que eles não tinham filhos, Sharada recebera o tratamento de filha.

O professor Pal e o doutor Roy partilharam a impressão de que a família de Sharada era estudiosa do sânscrito. O doutor Roy afirmou ter deduzido isso a partir dos temas de suas conversas com Sharada, principalmente de cunho religioso, e de certos termos com reconhecida influência dessa língua usados por ela. Em 1975, o professor Pal lhe perguntou se ela havia lido a versão bengalesa do *Ramayana* (um dos grandes épicos indianos), de Krittibas. Ela respondeu que não, mas afirmou ter lido o *Yoga Vasistha Ramayana*, um livro raramente encontrado em casas de famílias que não fossem estudiosas de sânscrito[42].

Quando Sharada tinha sete anos, sua tia arranjou seu casamento com o sobrinho de seu marido, Vishwanath Mukhopadhaya. O pai deste, Nand Kishore Mukhopadhaya, se opôs ao casamento. Ele vivia no distrito de Khulna, em Bengala (atualmente situado em Bangladesh, embora à época de Sharada integrasse o território de Bengala). Vishwanath Mukhopadhaya era um praticante da medicina ayurvédica (*kaviraj*), que circulava de vilarejo em vilarejo montando um pônei e realizando visitas de acompanhamento a seus dispersos pacientes[43].

---

[42] O *Yoga Vasistha Ramayana*, escrito originalmente em sânscrito, é atribuído ao poeta Valmiki, uma figura tida em parte como mítica. Ele teria participado de alguns dos eventos narrados no poema épico que escreveu mais tarde. Krittibas (1346-1390) traduziu o *Ramayana* para o bengali.

[43] Aqui lembro os leitores sobre o sonho recorrente que Uttara tinha quando criança, em que o marido chegava até ela montado num pônei e a acariciava.

Sharada não mencionou quantos anos tinha quando foi para a aldeia de seu marido. Ela parece, no entanto, ter permanecido por alguns anos após o casamento na parte de Bengala onde a tia e o pai viviam. Afirmou que um dos primos de seu pai, chamado "Kakababu" (um apelido), ensinou-a a ler e escrever em Burdwan.

Sharada disse que o pai morreu onze anos após seu casamento, quando ela tinha dezoito anos de idade.

O marido de Sharada brigou com o próprio pai, evidentemente porque este desaprovava o casamento. Uma vez que ele se casara durante uma visita a Saptagram, pode muito bem ter feito isso sem o prévio consentimento paterno, uma grave ofensa que teria criado inimizade entre Sharada e o sogro. Ela contou que, após viverem por dois anos com a família de seu marido, ele construiu, devido ao atrito com o pai, uma casa para si e a esposa em outro lugar, que ficava, no entanto, ainda na região da vila de seu pai. Sharada mencionou dois nomes de aldeias no distrito de Khulna onde ela e os parentes do marido viveram: Chakripur e Shivapur. Em diferentes momentos, ela deu declarações contraditórias sobre qual dessas era a aldeia do sogro e qual era o local para onde ela e o marido se mudaram após deixar a casa da família (a discrepância dos depoimentos aqui pode ter sido motivada pela alternância de lembranças por parte de Sharada; mas também é possível que os entrevistadores tenham interpretado ou anotado incorretamente suas declarações).

Após permanecer no distrito de Khulna por algum tempo, Sharada e o marido deixaram o local e retornaram a Saptagram, onde viveram por três anos. Mais tarde, eles voltariam ao distrito de Khulna.

Sharada afirmou que sofreu dois abortos e depois engravidou uma terceira vez. Aos cinco meses de gestação, ela viajou de carroça com uma acompanhante de Shivapur para Saptagram, deixando o marido em Shivapur. Com medo de bandidos no percurso, ela deixou uma argola de nariz de diamante e 125 rupias em um *almirah* ["armário"] em casa. Sobre a argola de diamante, Sharada narrou a seguinte história para o professor Pal, em outubro de 1975.

Seu tataravô era um devasso a quem nem mesmo a esposa, com suas súplicas piedosas, pôde ajudar. Ele morreu prematuramente, e carpideiras levaram seu corpo até o crematório. A viúva acompanhou o corpo sem vida, possivelmente pensando que deveria atirar-se à pira funerária[44]. Os passantes lamentaram com tristeza e sentimento de injustiça o fato de uma pessoa tão religiosa e casta se tornar viúva ainda tão jovem. A viúva chorou e rezou para a deusa Durga (da qual era devota), implorando-lhe para trazer seu marido de volta e salvá-la do estigma da viuvez. A deusa apareceu diante dela e disse que, como seu marido havia morrido, não podia voltar à vida, mas ofereceu à viúva um diamante como consolação. A viúva, no entanto, rejeitou a oferta e jogou o diamante sobre a pira. Então o marido reviveu e se sentou[45]. A deusa pediu à

---

[44] Essa prática, conhecida como *sati* (às vezes romanizada como *suttee*), tinha uma história antiga, originalmente derivada do autossacrifício das viúvas de guerreiros mortos, que protegiam a própria castidade imolando-se sobre as piras funerárias dos maridos (a palavra sânscrita *sati* significa "mulher casta"). O costume se espalhou gradualmente dos militares para a vida civil e tornou-se amplamente popular, exceto entre esposas, até ser suprimido pelos britânicos (em Bengala) em 1829. Ouvi dizer que a prática do *sati* também se justificava sob o argumento de que a morte simultânea de marido e mulher facilitaria o renascimento de ambos ao mesmo tempo, a fim de que, renascidos, os amantes pudessem desfrutar a vida juntos novamente como contemporâneos. A degradação das viúvas na Índia também tornava a morte atraente para algumas e, provavelmente, a perspectiva de serem duramente maltratadas constituía outro motivo, mais racional, para a prática do *sati*.

[45] Pessoas aparentemente mortas vez ou outra revivem durante a cremação ou o enterro de seus corpos. Ouvi falar de certo número de casos na Índia e até investiguei alguns. A dificuldade que leigos — e às vezes também médicos — encontram em determinar

mulher que mantivesse consigo o diamante, garantindo que qualquer uma que o possuísse jamais padeceria de viuvez. Com o tempo, esse diamante e sua lenda edificante acabaram sob a posse da tia materna de Sharada, que mais tarde a presenteou com ambos.

Enquanto permaneceu com a tia em Saptagram, Sharada escreveu ao marido, em Shivapur. Evidentemente antecipando o feliz resultado de sua gravidez, ela pediu ao marido que a levasse numa peregrinação a Shikarpur, a fim de cumprir uma promessa feita à deusa Tara Devi[46] em agradecimento tardio pela gestação concluída em segurança. Porém, menos de dois meses depois de chegar a Saptagram, quando ela estava colhendo flores no jardim, uma cobra picou seu dedo do pé direito. Ela recordou o momento em que teria sido carregada num *doli* (uma liteira simples ou palanquim). Mas então perdeu a consciência e não se lembrou de mais nada.

que uma pessoa realmente morreu aumenta a probabilidade de erro. Por outro lado, a tendência a se realizar rapidamente a cremação na Índia, sobretudo em épocas de calor (por razões óbvias), torna a detecção de erros mais difícil. Muitos sujeitos de casos do tipo reencarnação afirmaram lembrar-se da cremação de seus corpos, mas isso não significa que erros aconteceram em todos esses exemplos.

Um indivíduo na Turquia, no entanto, afirmou lembrar-se de uma vida anterior em que um médico o havia declarado morto quando de fato ele estava tão gravemente doente e fraco que não tinha força suficiente para dizer que ainda estava vivo. Entre outras lembranças desse sujeito, inclui-se a visão de ter assistido à cremação de seu corpo de uma posição acima dele, antes de partir rumo ao renascimento.

Casos de pessoas que aparentemente morreram, mas se recuperaram e narraram experiências e lembranças obtidas enquanto supostamente estariam mortas, têm sido relatados esporadicamente desde os tempos antigos. Veja, por exemplo, o caso de Er, no décimo livro da *República*, de Platão. Nos últimos anos, pesquisadores começaram a aplicar a tais casos o estudo sistemático que eles requerem e — devido à sua importância potencial — merecem (Greyson e Stevenson, 1980; Ring, 1980; Sabom, 1981; Stevenson e Greyson, 1979).

Com esta nota, não pretendo dar testemunho do relato de Sharada, a não ser para endossar como plausível o detalhe de um homem revivendo em sua pira de cremação. Uma parte do relato desse episódio feito por Sharada consta no Apêndice B.

46 Na mitologia hindu (e no hinduísmo atual), Devi, a esposa do deus Shiva, tem inúmeras manifestações. Entre as mais importantes está Durga, que, por sua vez, encarnou como Kali e Tara. Durga e Kali são especialmente adoradas em Bengala. Kinsley (1975) incluiu em seu trabalho um estudo (ocidental) moderno da devoção a Kali e (em menor grau) a Durga.

Sharada disse que isso aconteceu no *ashtami* após o festival de Saraswati Puja, no mês de *magh* (janeiro-fevereiro)[47].

Nomes dos membros da família. No dia 3 de fevereiro de 1974, M. C. Bhattacharya registrou detalhes de uma conversa com Sharada em seu diário. Ele lhe perguntou sobre sua família, e ela forneceu as seguintes informações:

O pai se chamava Brajesh Chattopadhaya[48]. Ele vivia perto de um templo de Shiva em Burdwan. Sua mãe se chamava Renukha Devi e sua madrasta, Anandamoyi. Perguntada sobre onde teria estado antes de ir para Nagpur, Sharada disse que estivera na casa de sua tia materna em Saptagram. Segundo ela, o nome do marido dessa tia era Jagadhatri[49] Mukhopadhaya. Sharada também mencionou o primo de seu pai, "Kakababu", que a ensinou a ler e escrever.

Solicitada a informar o nome de seu marido, Sharada, como uma boa esposa hindu de seu período, não faria isso, mas concordou em anotá-lo e escreveu: "Swami Vishwanath Mukhopadhaya". Questionada sobre o nome do sogro, ela escreveu: "Nand Kishore Mukhopadhaya".

Quando se encontrou com Sharada pela primeira vez, em 23 de fevereiro de 1975, o doutor Sinha buscou confirmar

---

47 O *ashtami* é o oitavo dia de cada fase da lua; há, portanto, dois *ashtamis* em cada mês lunar: um oito dias após a lua nova, outro após a lua cheia. Saraswati, esposa de Brahma e deusa do saber, é homenageada uma vez ao ano.

48 *Chatterji* (às vezes grafado *Chatterjee*) é uma versão modificada de *Chattopadhaya*. Devemos essa simplificação aos britânicos de Calcutá, que tinham dificuldade para pronunciar o nome mais longo. Outros nomes bengalis, como Mukherjee, também evoluíram por meio dessa poda.

49 Em outubro de 1975, Sharada corrigiu um erro contido aqui para o professor Pal. Ela chamou a atenção para o fato de que *Jagadhatri*, sendo um nome de gênero feminino, não poderia se referir a um homem. O diário de M. C. Bhattacharya mostra que ele perguntou a Sharada qual era o nome do marido de sua tia materna (*meso*); Sharada deve ter ouvido mal e forneceu o nome de sua tia (*masi*), que M. C. Bhattacharya tomou como resposta à sua pergunta. De sua parte, ele parece não ter notado o erro.

alguns dos nomes citados, em particular o de seu pai, Brajesh Chattopadhaya, e o local onde ele vivia, Saptagram. Dessa vez, Sharada também mencionou o nome da cidade, Burdwan, e o de um templo, o Templo Hansheshwari.

Em maio de 1975, o doutor Sinha visitou a área de Saptagram, onde ele perguntou sobre famílias que correspondessem às declarações de Sharada. Por fim, mas não antes que tivesse gasto tempo e esforços consideráveis, ele foi colocado em contato com Satinath Chatterji (ou Chattopadhaya), residente de Bansberia, em Saptagram. A par das declarações de Sharada, Satinath Chatterji traçou a genealogia de seus ancestrais masculinos, que se estendeu até os primeiros anos do século 19. O nome de Brajesh Chattopadhaya apareceu nessa genealogia.

O doutor Sinha copiou as partes da genealogia que indicavam os nomes de Brajesh Chattopadhaya e seus antepassados imediatos e contemporâneos. De posse dessa informação, ele retornou a Nagpur e voltou a se encontrar com Sharada nos dias 12 e 13 de outubro de 1975. Sem revelar o que havia descoberto em Bengala sobre a família Chattopadhaya, ele lhe pediu (em 13 de outubro) que informasse os nomes de outros membros de sua família. Perguntou o nome de seu avô, e ela escreveu: "Ramnath". Então, ele lhe perguntou o nome de seu irmão, e ela escreveu: "Kailasnath". Ela também escreveu os nomes Srinath[50] e Satinath como de outros irmãos. O doutor Sinha, então, perguntou por que Sharada havia escrito "Satinath", e ela escreveu: "Não sei". Ele então lhe perguntou sobre os nomes dos tios, e ela

---

50 Uma vez que Sharada escreveu as palavras *tio mais jovem* sobre o nome Srinath, o doutor Sinha mais tarde manifestou dúvidas a respeito de Sharada ter identificado Srinath como seu irmão ou tio. O professor Pal afirmou que ela havia identificado Srinath como um irmão para ele.

escreveu: "Devdas". A partir de seu conhecimento do nome correto sugerido ali, o doutor Sinha perguntou a Sharada: "Quem é 'Devnath'?". Ao que ela replicou (oralmente): *"Chhota kaka"* ("o irmão mais novo do pai")[51]. Ela também lhe forneceu os nomes Goranath, Abernath e Mahinath.

Sharada não deu ao doutor Sinha (em 13 de outubro de 1975) o nome de outro tio paterno, Shivnath, que ela forneceria duas semanas mais tarde para o professor Pal, em 28 de outubro de 1975[52]. Sharada também mencionou ao professor os principais nomes que dera ao doutor Sinha anteriormente: Brajesh (pai), Ramnath (avô), Devnath (tio), Kailasnath (irmão), Srinath (irmão), Anandamoyi (madrasta) e Renukha Devi (mãe). Além disso, informou o nome de outra figura masculina da família, Mathuranath, sem especificar o seu parentesco com ela.

Os nomes que Sharada forneceu ao designar pai, avô, um irmão (Kailasnath) e dois tios (Devnath e Shivnath) figuravam todos na genealogia com o parentesco que ela atribuía a cada um.

A genealogia não incluía o nome de Srinath, um dos irmãos mencionados por Sharada. Sua existência, no entanto, está estabelecida em um título de concordância para averbação legal de propriedade, entre Devnath, de um lado, e Kailasnath e Srinath, de outro. O título é datado de março de 1827. O

---

51 Sharada deu a impressão de ter algumas dúvidas sobre a relação exata entre Devnath e ela. Quando estava escrevendo (em bengali) alguns nomes de parentes, ela primeiro atribuiu *tio mais velho* ao nome de Devnath. Então, ela riscou as palavras e escreveu *tio mais jovem*. Ela também manifestou algumas dúvidas sobre seu parentesco com relação a Satinath. Isso foi sugerido quando ela escreveu "Não sei" ao ser indagada pelo doutor Sinha sobre o motivo de escrever este nome. Sinha afirmou que ela teria escrito o nome Satinath três vezes e, na terceira, adicionado a palavra *yogi*; esta última indica uma ocupação, não um grau de parentesco em relação à família.

52 Até essa data, o doutor Sinha ainda não havia fornecido à família de Uttara qualquer cópia da genealogia dos Chattopadhaya; ela se tornou de conhecimento público e, portanto, acessível a Uttara e sua família com a publicação, no jornal *Nagpur Times*, de um relatório bastante detalhado do caso feito pelo professor Pal no dia 9 de novembro de 1975. O doutor Sinha entregou à família de Uttara uma cópia da genealogia em 12 de novembro de 1975.

estabelecimento da propriedade entre o tio e dois sobrinhos tacitamente indica que o pai, Brajesh, tinha morrido em março de 1827 e, presumivelmente, não muito antes do estabelecimento da propriedade.

Satinath Chatterji tinha outro documento (também de 1827), que identificou Mathuranath como o neto de Shivnath, que teria sido um dos tios de Sharada.

Outros nomes mencionados por Sharada, notavelmente o de outro irmão, Satinath, não foram verificados na genealogia ou por outros meios. Uma vez que Satinath Chatterji tinha o mesmo nome, pode-se sensatamente conjecturar seu uso na família em gerações anteriores (Satinath Chatterji teria então sido um descendente de Devnath Chattopadhaya). Devemos também considerar a abrangência comum, entre os indianos, no uso da palavra *irmão*. Eles costumam aplicá-la a primos e amigos quase com a mesma facilidade com que se referem a irmãos de sangue. "Kakababu", que ensinou Sharada a ler e escrever, também não pôde ser identificado.

A genealogia fornece apenas os nomes de integrantes da família do gênero masculino. O nome Sharada, portanto, também não aparece nela. Mas a correspondência entre suas declarações e os detalhes da genealogia (juntamente com informações de outros documentos) convenceu-me de que ela se referia à família Chattopadhaya de Bansberia, à qual essa linhagem pertence.

Os nomes fornecidos por Sharada de outros membros femininos de sua família paterna e de seu marido e sogro também permanecem não verificados. Sharada também disse que seu marido tinha um irmão mais velho, Somnath Mukhopadhaya, e um irmão mais novo, de cujo nome ela não conseguiu se lembrar, uma vez que ele era apenas um jovem garoto (o marido e o sogro de Sharada vieram do distrito de Khulna, em Bengala, atualmente localizado em Bangladesh, e não foi possível iniciar uma busca por registros da família em Bangladesh).

Como mencionei anteriormente, Sharada se referiu ao nome do pai como Brajesh. Quando o professor Pal perguntou (em outubro de 1975) se seu pai tinha algum outro nome, ela replicou: "Brajnath" ("Brajesh" parece ser um apelido). Sharada também mencionou que o sufixo *nath* tinha sido adicionado ao nome de cada membro de gênero masculino da família. Um de seus ancestrais, quando ainda garoto, aos quatro anos de idade, havia sido levado por um *sadhu* (monge) da ordem de Nath[53] e se iniciado como discípulo. Daí em diante os moradores da área passaram a se referir à família como "Nath", e eles adotaram o nome como sufixo. O professor Pal, que mais tarde conheceu Satinath Chatterji e examinou a genealogia da família, descobriu que o sufixo *nath* ocorre nos nomes de todos os membros masculinos da família até hoje. Satinath Chatterji, embora ciente da tradição de usar o sufixo *nath*, não tinha ouvido falar desta origem revelada por Sharada, de modo que esse fato também permanece sem verificação.

Em março de 1977, o professor Pal e eu visitamos Satinath Chatterji em sua casa, em Bansberia. Ele nos mostrou a genealogia da família e os títulos de confiança mencionados anteriormente. Esses documentos estavam em Bengali, e não pude lê-los. Com a ajuda do professor Pal, no entanto, voltei minha atenção para os nomes na genealogia e tomei algumas notas a respeito de pequenas diferenças em comparação à cópia que o doutor Sinha havia fornecido. Além disso, perguntei sobre a extensão em que a genealogia poderia ter se

---

53 *Nath* significa "lorde". O nome está ligado a um culto iogue muito conhecido no norte da Índia, incluindo Bengala, por volta do século 10. Todos os santos locais possuem o sufixo *nath* associado ao nome, como um título.

tornado conhecida fora da família Chatterji. Parte dela tinha sido publicada em 1907 em uma revista chamada *Purnima*, impressa na cidade sob o patrocínio dos rajás de Bansberia. Uma das edições de 1907 continha a genealogia dos sacerdotes dos rajás de Bansberia, que eram os Chattopadhayas. Essa revista, que abordava assuntos locais, circulou em Bengala, e é improvável que algum exemplar tenha saído dali, embora alguns bengaleses que viviam em outros lugares pudessem ter assinado o título ou tido acesso a ele. Após alguns anos, em 1909, a publicação foi descontinuada.

É do mais alto grau de improbabilidade que G. M. Huddar ou Uttara tivessem visto um exemplar da edição de *Purnima* que trazia tal genealogia. No entanto, mesmo se isso acontecesse, não poderíamos atribuir o conhecimento da genealogia por Sharada ao fato por duas razões. Primeiro, a revista foi impressa em bengali, língua que os Huddars não sabiam ler. E, segundo, a genealogia impressa estava incompleta e omitia menções ao segundo filho de Brajesh, Srinath, e ao neto de Shivnath, Mathuranath, ambos mencionados nas declarações de Sharada.

Referências a lugares e eventos históricos. Além dos lugares que mencionei no relato da vida de Sharada, ela também se referiu a diversos outros locais, situando-os com precisão.

Inicialmente, Sharada deu a entender que Saptagram estava situada no distrito de Birbhum, o que teria sido um equívoco. Quando o professor Pal a inquiriu sobre esse ponto, ela respondeu que não a havia localizado em Birbhum; em vez disso, ela teria dito que Saptagram era conhecida como *Veerbhumi* ["terra de heróis"], porque seu povo havia lutado muitas vezes contra saqueadores maratas. Sharada deu uma explicação semelhante para o nome Kastopur, outra aldeia do complexo de Saptagram. Ela afirmou que essa localidade, originalmente chamada de "K*e*stopur", tinha ficado conhecida como "K*a*stopur", que significa "aldeia de desgraças", devido a desastres causados na área por saqueadores maratas[54]. Sharada contou que sua própria família tinha enfrentado experiências envolvendo saqueadores maratas. Segundo ela, um de seus ancestrais, Narainnath Chattopadhaya, fora assassinado num ataque marata, e sua esposa tinha cometido o *sati*. Os filhos de Narainnath se dispersaram e se tornaram errantes. Por fim, um deles chegou a Benares (Varanasi), de onde foi levado para Bansberia pelo rajá local. A própria Sharada nutria certa animosidade típica dos bengaleses contra os maratas, aos quais ela se referia como *dasyus* ["saqueadores"], tendo usado tal termo pejorativo em relação aos pais de Uttara.

Sharada mostrou uma detalhada familiaridade com o Templo Hansheshwari, de Bansberia. Trata-se de um templo antigo, mas ainda em funcionamento hoje em dia (em março de 1977, visitei esse e outros locais mencionados por Sharada, atualmente localizados na Bengala Ocidental).

Sharada se referiu ao Templo Hansheshwari em sua conversa com o doutor Sinha em fevereiro de 1975. Isso ocorreu

---

54 Os maratas do centro-oeste indiano desenvolveram uma nação que por algum tempo aspirou suceder ao Império Mogol na supremacia do subcontinente. No auge de seu poder em meados do século 18, seu território se estendeu por uma vasta região da Índia central e atingiu as fronteiras de Bengala. A terceira batalha de Panipat (1761) pôs fim às expectativas maratas de um poder continental, e seu domínio se deteriorou rapidamente antes do avanço dos britânicos na Índia no final do século. Embora os líderes maratas se glorificassem como os patrióticos defensores da Índia hindu contra os forasteiros mogóis e britânicos, eles não obtiveram apoio entre os indianos fora de seus próprios territórios. À medida que a autoridade central de seu governo diminuía, líderes mesquinhos se envolviam em ataques de pilhagens e massacres que tornaram o nome marata temido e odiado em outras partes da Índia, especialmente em Bengala. O professor Pal afirmou que as lembranças de depredações maratas permaneciam vívidas em Bengala durante sua infância, já nos primeiros anos deste século. Ele se lembrou de uma canção de ninar cantada por sua mãe quando ele era criança: "Oh, criança, durma! Os maratas chegaram à aldeia. O arroz dos campos foi devorado pelos pássaros, como poderemos satisfazer a suas necessidades!?".

antes que ele visitasse Bengala Ocidental (em maio de 1975) com o intuito de verificar suas declarações. Ele voltou de lá trazendo uma fotografia do templo, que mostrou a Sharada sem identificar o local. Ela imediatamente reagiu: "Foto de Hansheshwari", e perguntou onde estavam as outras torres. A fotografia, que o doutor Sinha me mostrou, exibia claramente sete torres e oferecia vislumbres de outras quatro. Sharada afirmou que a edificação possuía treze torres, o que era correto (eu mesmo as contei). Ela disse que Kali é a deusa desse templo. Sua deusa usual é Durga, mas Kali é também uma manifestação de Durga, e em um festival (Diwali) o ídolo é mascarado e convertido numa representação de Kali. Sharada disse que o ídolo da deusa tinha quatro braços, era feito de madeira de nim, e era azul. Todos esses detalhes estavam corretos. Pude ver que a deusa de quatro braços era pintada de azul, mas não consegui verificar, da distância que me foi possível observar, se o ídolo era feito de madeira ou de outro material. O professor Pal me disse que Satinath Chatterji não sabia de que material o ídolo era feito, mas o atual rajá de Bansberia confirmou para Satinath Chatterji que se tratava de madeira de nim.

Além disso, Sharada disse que um rajá de Bansberia tinha trazido o ídolo de Benares. O atual rajá de Bansberia confirmou também a correção desse detalhe. Ele contou a Satinath Chatterji (que me forneceu esse dado) que havia uma tradição em sua família de acordo com a qual um de seus ancestrais trouxera o ídolo de Benares.

Sharada também afirmou que havia um jardim no complexo do templo, que, por sua vez, ocupa o centro de um grande complexo. Quando o visitei, o complexo estava abandonado e não tinha jardim. É de se imaginar que houvesse ali um jardim anteriormente, mas não restava traço algum que eu pudesse verificar em 1977.

Sharada sabia que Bansberia ficava junto ao rio Bhagiratti (que atualmente é mais conhecido como rio Hooghly). Sushuma Kar, cujo marido veio de Bansberia e que viveu em Saptagram por algum tempo, interrogou Sharada sobre detalhes a respeito do local. Ela lhe pediu que citasse nomes de ruas em Bansberia, e Sharada mencionou (corretamente) um local chamado Maha Kali Tali e uma rua que leva a ele, Maha Kali Sarak. Ela também citou Majher Sarak, a rua na qual se situava a casa da família de Ramnath Chattopadhaya. Além disso, informou que o Templo Hansheshwari se localizava na área Gaurbati da cidade.

Durante uma conversa em 1977, o professor Pal perguntou a Sharada onde ficavam as terras de seu *meso* ["tio"], e ela mencionou um lugar chamado Trisbigha, sobre o qual não havia se referido até então (ela afirmou que seu tio tinha uma segunda casa ali, e que a principal ficava em Saptagram). Trisbigha fica entre Bansberia e Saptagram. É um local obscuro, pouco conhecido fora de Bengala.

Sobre as outras cidades da área de Saptagram, Sharada conhecia Hooghly, mas a princípio não se lembrou de Chinsurah, uma comunidade a oito quilômetros de Saptagram. Mais tarde, em 1976, ela disse ao professor Pal que se lembrava de Chinsurah. No entanto, ele mesmo vivera ali e, uma vez que Uttara tinha conhecimento disso, Sharada podia ter tido essa "lembrança" a partir do conhecimento adquirido por Uttara.

Seu conhecimento do Templo Kankalini, em Kanchanagar, a seis quilômetros de Burdwan, é mais notável. Mencionei anteriormente que ela afirmava que seu pai fora nomeado sacerdote desse templo pelo marajá de Burdwan. Ela também garantiu que, perto do templo principal, havia um templo de Shiva. Não há nada de especialmente digno de nota em associar um templo de Shiva com outro dedicado a Kali, que é a deusa do Templo Kankalini, uma vez que essa justaposição é quase a regra na disposição desses templos. Insólito, contudo, é o fato de Sharada (ou Uttara) ter conhecimento da existência de tal templo. O Templo Hansheshwari em Bansberia é bastante conhecido, pelo menos em Bengala, mas o Templo Kankalini, não. A aldeia de Kanchanagar havia sido abandonada — provavelmente depois de uma epidemia — e foi tomada pela selva durante um período de cinquenta anos antes de ser aberta, nos dias atuais, para o assentamento de refugiados de Bengala Oriental, atual Bangladesh.

O doutor Sinha exibiu uma fotografia do Templo Kankalini para Sharada, mas ela não o reconheceu.

O professor Pal perguntou a Sharada se ela havia conhecido o palácio do marajá em Burdwan. Ela afirmou ter passado por ele em seu trajeto para o Templo Kankalini. Kanchanagar fica a oeste de Burdwan, portanto, um viajante que fosse de lá para Saptagram, que fica ao sul e ligeiramente a leste de Burdwan, deveria passar por Burdwan. Naquela cidade, o palácio do marajá era de longe a maior construção. Eu o vi pessoalmente, e a descrição feita por Sharada do palácio como uma "casa muito grande" parece um eufemismo, mas o palácio pode ter sido bem menor à época de Sharada do que mais tarde se tornou.

Em 1977, fui ao Templo Kankalini (acompanhado pelo professor Pal), passando por Burdwan para chegar até lá. Ele havia sido restaurado, ao contrário do templo próximo, dedicado a Shiva, que não passava de ruínas.

Sharada afirmou ter visitado Kalighat, em Calcutá, fazendo todo o trajeto a partir de Burdwen num carro de boi (a distância é pouco maior que 100 quilômetros). Ela contou que ficou atrás do templo com uma família relacionada com a sua. Disse ainda a um entrevistador (doutor Roy) que tinha apenas sete anos quando foi a Kalighat, e em outra ocasião informou (a M. C. Bhattacharya) que estivera lá após seu casamento (essas duas declarações não são necessariamente incompatíveis, pois Sharada afirmou ter se casado aos sete anos; ver o Apêndice B para referência sobre a visita a Calcutá). O professor Pal disse que Sharada havia estabelecido a distância entre Burdwan e Calcutá em 60 milhas [96,5 quilômetros], o que está próximo do correto; mas o doutor Roy disse que Sharada declarou 60 *kos* e, como um *kos* corresponde a aproximadamente duas milhas, essa afirmação estaria incorreta.

Em certa ocasião, o doutor Sinha perguntou a Sharada se ela já estivera em Diamond Harbor, e ela não conseguiu situar tal lugar. Então, ele lhe perguntou se tinha ido a Hajipur, o antigo nome de Diamond Harbor. Ela disse que tinha ouvido falar do lugar, mas nunca estivera lá. Então, afirmou que ele ficava no "banco do oceano". Diamond Harbor (Hajipur) fica próximo à foz do rio Hooghly e perto do golfo de Bengala.

Sharada ofereceu um relato circunstancial da viagem feita entre Saptagram e a casa de seu marido em Shivapur, no distrito de Khulna. Ela contou que viajou de carro de boi entre Saptagram e Khulna, atravessando o rio Madhumati, em Khulna, e passando ainda em um carro de boi por Shivapur (a distância entre Saptagram e Shivapur é de cerca de 160 quilômetros; na década de 1820, uma jornada dessa distância nesse tipo de veículo teria levado três ou quatro dias).

Mais tarde, Sharada descreveu a visita feita a partir de Shivapur ao templo de Tara Devi (Kali), em Shikarpur, no distrito de Barisal, em Bengala (atualmente também em Bangladesh). Nessa viagem, ela primeiro retornou até Khulna, cruzando o rio Madhumati novamente. Ela teve de navegar ao longo do rio, que era largo e lembrava o mar, por oito horas. Depois de desembarcar, foi preciso caminhar por certa distância até o templo. O rio descrito por Sharada ainda é chamado de Madhumati em seu trecho superior; mas hoje é conhecido como Baleshwar em sua parte inferior, onde se torna parte do sistema do delta dos rios Ganges e Brahmaputra. Embora o mar se situe a oitenta quilômetros rio abaixo de Shivapur, esse rio é extremamente amplo, de modo que, a partir de um flanco lateral, mal se enxerga a outra margem. Ele tem ondas altas em certos trechos. No passado, o professor Pal foi designado justamente para trabalhar nessa região de Bengala a serviço do governo, e estava familiarizado com sua geografia; assim, pudemos confirmar a precisão desses detalhes quando narrados por Sharada.

Em um mapa de larga escala de Bengala (Oriental), localizei dois dos vilarejos mencionados por Sharada nessa área. Encontrei um lugar chamado Shivapur na subdivisão Bagherat do distrito de Khulna, oito quilômetros a oeste do rio Madhumati. No distrito de Barisal (mais a leste), descobri um local chamado Shikarpur, situado sobre um pequeno riacho a cerca de quatro quilômetros de um rio. Mesmo hoje, seria extremamente difícil fazer uma viagem entre Shivapur e Shikarpur por terra, mas é facilmente realizada por barco, pelo menos na maior parte dessa distância. Um correspondente em Bangladesh, o doutor G. C. Paul (1981), informou-me sobre a existência de um antigo templo dedicado a Durga em Shikarpur. Nem ele nem eu conseguimos encontrar Chakripur (uma das aldeias da família do marido de Sharada) nos mapas que consultamos.

A Tabela 5 mostra uma lista dos lugares mais importantes e itens relacionados com as declarações de Sharada.

TABELA 5. Lista de afirmações sobre edificações e características geográficas de Bengala

Item	Informantes	Verificação	Comentários
1. O Templo Hansheshwari podia ser visto da casa de seu avô.	R. K. Sinha	Visitei o Templo Hansheshwari em março de 1977.	Sharada disse que as torrinhas do templo podiam ser vistas do alto da casa de seu avô, Ramnath. Isso está correto, porque a casa, como eu mesmo constatei, fica perto do templo. Sharada inicialmente não disse que esse templo ficava em Bansberia. Mais tarde, numa conversa com Sushuma Kar, ela o situou ali.
2. O Templo Hansheshwari fica na área Gaurbati de Bansberia.	Sushuma Kar	Sushuma Kar	Informei-me sobre esse item e também sobre os itens 7 e 11 apenas depois de ter estado em Bansberia, em março de 1977.
3. O Templo Hansheshwari tem treze torres.	R. K. Sinha	Contei as treze torres quando visitei o templo.	
4. O ídolo de Durga foi levado de Benares para o Templo Hansheshwari.	R. K. Sinha	Professor Pal	Verificado de "terceira mão". O rajá de Bansberia contou a Satinath Chatterji que um de seus ancestrais tinha trazido o ídolo de Benares.

NOTA: A coluna *Informantes* mostra os nativos de Bengala, todos não relacionados com Uttara, que falaram com Sharada em bengali.

TABELA 5. (Continuação)

5. O ídolo é de madeira de nim, pintado de azul e tem quatro braços.	R. K. Sinha	Pude ver eu mesmo os quatro braços do ídolo e que ele era pintado de azul.	Professor Pal soube por Satinath Chatterji que o rajá de Bansberia tinha lhe dito que o ídolo era feito de madeira de nim.
6. Há um jardim no Templo Hansheshwari.	R. K. Sinha	Não verificado.	Um grande complexo murado rodeava o templo em 1977. Embora nessa época não houvesse nenhum vestígio de jardim, podia-se inferir facilmente que tinha existido um antes.
7. Há uma fonte no complexo do templo.	Sushuma Kar	R. K. Sinha	Não reparei em nenhuma fonte no complexo quando visitei o Templo Hansheshwari, mas também não a procurei, porque soube desse item apenas em novembro de 1977, depois de ter estado em Bansberia.
8. Kastopur fica perto de Saptagram.	Professor Pal	Professor Pal. Atravessei a área dessas aldeias ao viajar entre Bansberia e Burdwan.	
9. O palácio do rajá fica perto do Templo Hansheshwari.	Professor Pal	Professor Pal	
10. Bansberia fica junto ao rio Bhagiratti.	Professor Pal	Professor Pal. Também consegui verificar esta localização em março de 1977.	O rio Bhagiratti hoje é chamado com mais frequência de Hooghly.

TABELA 5. (Continuação)

Item	Informantes	Verificação	Comentários
11. Maha Kali Sarak é uma rua em Bansberia que leva à área de Maha Kali Tali.	Sushuma Kar	Sushuma Kar	
12. A casa de seu avô, Ramnath, ficava em Majher Sarak.	Sushuma Kar	Professor Pal	Esta rua ainda é chamada de "Majher Sarak", que significa "Rua do Meio"
13. Saptagram fica junto ao rio Saraswati.	Professor Pal	Professor Pal Quando visitei a área em março de 1977, o leito do rio Saraswati estava quase seco.	O rio Saraswati hoje está consideravelmente assoreado e, com margens bastante íngremes, parece um canal.
14. O Templo Kankalini fica em Burdwan.	Professor Pal	Visitei o Templo Kankalini em Kanchanagar, a cerca de três quilômetros de Burdwan.	
15. Há um templo de Shiva perto do Templo Kankalini.	Professor Pal	Visitei o Templo Kankalini em Kanchanagar (perto de Burdwan) e vi o templo de Shiva. Este fica a trinta metros do Templo Kankalini.	Esse item não é específico, uma vez que existem templos de Shiva perto da maioria dos templos dedicados a Durga; um deles é o Templo Kankalini.
16. Para chegar ao Templo Kankalini, passa-se em frente ao palácio em Burdwan.	Professor Pal	Verificado por mim em março de 1977.	Isso é verdade se viaja-se do leste para o sul.

TABELA 5. (Continuação)

17. O rio Damodar fica perto do Templo Kankalini.	Professor Pal	O rio Damodar (um afluente do Hooghly) margeia Burdwan e também fica a cerca de meio quilômetro do Templo Kankalini.	
18. Kalighat fica em Calcutá.	Professor Pal R. N. Roy	Verificado em mapas de Calcutá.	Kalighat é o nome de um lugar sagrado em Calcutá. Lá há um templo de Kali e um ghat ["píer de banho"] no canal assoreado do rio Hooghly. A palavra Calcutá (*Calcutta*, em inglês) é uma forma anglicizada de *Kalighat*.
19. Shivapur fica no distrito de Khulna.	Professor Pal	Verificado em mapas de Bengala.	O marido e contraparentes de Sharada viviam em Shivapur ou nas proximidades. O distrito de Khulna e todas as localidades mencionadas nos itens restantes desta lista ficam hoje em Bangladesh. Shivapur fica na subdivisão Bagherat do distrito de Khulna.
20. Para chegar a Shivapur, era preciso atravessar o rio Madhumati em Khulna por barco.	Professor Pal	Professor Pal	O rio Madhumati faz parte do sistema do delta do Ganges. A afirmação é correta para um afluente do Madhumati, mas não para o grande rio hoje conhecido por esse nome. Ver o texto para mais detalhes.

163

TABELA 5. (Continuação)

Item	Informantes	Verificação	Comentários
21. Ao viajar para Khulna, era preciso atravessar Barashat.	Professor Pal	Professor Pal	Barashat situa-se alguns quilômetros a leste de Calcutá. Ficaria, portanto, na rota entre Burdwan e Khulna via Calcutá.
22. Há um templo de Tara Devi em Shikarpur.	Professor Pal	Professor Pal G. C. Paul	Shikarpur fica no distrito de Barisal, hoje em Bangladesh. Situa-se a leste do distrito de Khulna. De acordo com o doutor G. C. Paul, o templo em Shikarpur é dedicado a Durga, mas como Tara, Durga e Kali são diferentes manifestações da mesma deusa, podemos considerar este item parcialmente correto.
23. Para chegar a Shikarpur a partir de Shivapur, era preciso ir a Khulna e depois navegar ao longo do rio que lembrava o mar.	Professor Pal	Professor Pal	O rio em questão (o Madhumati) hoje é conhecido como Baleshwar em seu trecho inferior. Ele faz parte do sistema do delta dos rios Ganges e Brahmaputra, e é tão largo na área mencionada, que de uma margem mal se consegue ver a outra. Em períodos de vento forte, ondas tão altas quanto as do mar se formam ali.
24. Depois de desembarcar, era preciso viajar a pé para Shikarpur.	Professor Pal	Verificado em mapas de Bengala.	Shikarpur fica a cerca de quatro quilômetros do rio mais próximo.
25. Shikarpur fica junto ao rio Sunanda.	Professor Pal	Não verificado.	O doutor G. C. Paul escreveu-me contando que existe um rio chamado Sughanda, não Sunanda, na área de Shikarpur. Não consegui encontrar esse rio nem um rio Sunanda nos mapas que consultei.

Comentário. A princípio, fiquei muito impressionado com o conhecimento mostrado por Sharada de lugares obscuros na região que hoje é Bangladesh. Contudo, sem desejar iludir os leitores ao dar a isso mais crédito do que o devido (e esperando que eles não deem menos), mencionarei que Shivapur é um nome de lugar razoavelmente comum em Bangladesh. O *Bangladesh Official Standard Names* (1976) registra quinze Shivapurs (ou cognatos próximos) e três Shikarpurs. Além disso, muitas aldeias e cidades de Bengala têm um templo dedicado a uma ou outra manifestação de Devi, como Kali e Durga.

Os relatos de Sharada sobre suas duas viagens — de Calcutá para Shivapur e de Shivapur para Shikarpur — não estão totalmente de acordo com os cursos atuais dos rios Madhumati e Baleshwar. Por exemplo, Khulna não fica junto ao rio chamado hoje em dia de Madhumati, mas a um de seus afluentes. Segundo os mapas que consultei, não teria sido preciso que Sharada atravessasse o rio Madhumati para chegar a Shivapur a partir de Khulna; tampouco atravessá-lo para voltar de Shivapur para Khulna. Porém, é possível que, no início do século 19, os habitantes da região usassem o nome do rio principal também para seus afluentes. Além disso, no primitivamente desenvolvido sistema de transporte da época, pode bem ter sido necessário que alguém de uma aldeia como Shivapur fosse para uma cidade grande como Khulna para embarcar num barco fluvial.

Em resumo, o relato de Sharada sobre suas viagens, embora não seja correto em todos os detalhes (até onde posso julgar hoje), é essencialmente acurado no que se refere aos lugares que ela nomeou e aos meios de viagens naquela região no início do século 19.

O comportamento de Sharada

Aparência pessoal e hábitos. Uttara se veste de forma apropriada e discreta, como outras mulheres maratas solteiras. Ela não usa o sári cobrindo a cabeça. Sharada, ao contrário, puxava a borda superior dessa vestimenta para cima, de modo a formar uma cobertura para a cabeça e, em algum grau, um véu. Ela gostava especialmente de usar um sári branco com barrado vermelho, um tipo de sári que, segundo dizia, apenas uma mulher casada deveria vestir.

Sempre que saía, e às vezes mesmo quando ia de um cômodo para outro dentro de casa, Sharada punha um xale sobre os ombros. Na rua, ela andava descalça, como era costume entre as mulheres bengalesas no início do século 19; as bengalesas modernas (e também as maratas) usam sandálias ou sapatos quando saem de casa.

Sharada deixava o cabelo solto, enquanto Uttara prendia o seu em coque. Além disso, Sharada aplicava *sindur* (vermelhão; cinabre) na risca do cabelo, como fazem as mulheres bengalesas casadas, mas não as maratas. Quando Pratiba Mukherjee (uma nativa de Bengala) visitou Sharada, esta a reconheceu como uma típica bengalesa que sabia fazer as coisas direito. Assim, ela pediu a Pratiba que aplicasse o traço de vermelhão na risca de seu cabelo. Este deveria ser feito a partir do ponto próximo à testa em direção ao topo da cabeça. Sharada disse que "essa gente" (referindo-se principalmente à mãe de Uttara) traçava o vermelhão a partir do topo da cabeça até a ponta do nariz. Ela considerava este erro nefasto, e chorou ao se queixar disso para Pratiba. Sharada também reclamou com o professor Pal sobre a negligência dos Huddars na questão do traçado do vermelhão. De acordo com uma tradição bengalesa, desenhar a linha na direção errada pode trazer viuvez precoce à mulher.

Os observadores também notaram diferenças consideráveis entre o comportamento de Uttara e o de Sharada, incluindo seus gestos e mesmo o modo de andar delas. Uma das mais importantes era que, embora Uttara fosse uma pessoa de boas maneiras, ela não era retraída, mas propensa a se afirmar e a dizer o que pensava; Sharada, ao contrário, mostrava-se tímida e dócil. Sharada cumprimentava os mais velhos — por quem desejava demonstrar um respeito especial — pondo a cabeça no chão em frente a eles. As mulheres bengalesas usam esse estilo de saudação, enquanto as maratas simplesmente colocam as mãos juntas no chão.

Embora Uttara fosse sociável e afável, Sharada não gostava de aparecer diante de estranhos. Ela se mostrava especialmente tímida com homens desconhecidos e raramente aparecia na presença deles, a não ser que fossem bengaleses. Com nativos de Bengala de ambos os sexos, ela às vezes era amável, e reagia cordialmente a homens bengaleses, como o professor Pal, o doutor Sinha e o doutor Roy. A alguns bengaleses ela pedia que voltassem, a outros não. Qualquer homem que não fosse bengalês era tratado por ela com grande reserva. Sharada não permitia, por exemplo, que o pai ou o irmão de Uttara sequer a tocassem.

Sharada levantava-se de manhã mais cedo que Uttara. Ela sempre se banhava com água fria, nunca quente, mas Uttara tomava banho com água quente.

Sharada era muito mais religiosa do que Uttara. Ela realizava um *puja* (cerimônia de devoção religiosa) todos os dias, sem falhar. Além disso, sabia como cultuar Durga, embora não fosse uma deusa venerada na família Huddar (mencionei anteriormente que eles cultuavam Ganapati, ou Ganesha). Sharada sabia desenhar uma imagem de Durga com pó no chão. Quando ganhou uma pintura da deusa (de amigos dos

Huddars), ela a instalou na sala de orações da família e fez uma prece para ela. Quando foi ao templo de Kali em Nagpur e viu a imagem, prontamente observou que era de Kali, não da Durga de dez braços.

Quando o doutor Sinha, numa visita a Sharada em outubro de 1975, levou-lhe um pacote de *rasgoolas* (doces bengaleses), ela fez um sinal triangular no chão com pó colorido e colocou o prato sobre ele (os bengaleses fazem tal sinal no chão quando estão executando um *puja*). Em seguida, Sharada distribuiu os *rasgoolas* para todos os presentes, como um *prasad* (dádiva oferecida a um deus ou deusa e pega de volta para dividir com quem estiver presente).

Sharada jejuava com frequência, muito mais do que Uttara. Durante seus jejuns, ela pedia água de coco (o coco de Maharashtra não contém água, ao contrário do de Bengala).

Sharada costumava se sentar no chão, e não em cadeiras, como Uttara e outros membros de sua família. Ela se referia a cadeiras como *shahebur ke dara* ["assentos usados pelos europeus"].

Sob muitos aspectos, Sharada agia como uma senhora bengalesa um tanto fora de moda. Por exemplo, quando lhe perguntavam o nome de seu marido, ela ficava vermelha como ficaria uma mulher bengalesa que não dirá o nome do marido. Então, pedia caneta e papel e escrevia o nome.

Sharada passava a maior parte do tempo sozinha em seu quarto. Rezava, meditava, entoava canções religiosas e dedicava-se a seus cultos. Além disso, lia livros sagrados bengaleses e épicos, como o *Mahabharata*, que deram a ela.

Sharada se comunicava pouco com os membros da família de Uttara. Ela não falava marata e não se esforçava para aprendê-lo. Seu temperamento taciturno entristecia os pais de Uttara, e Manorama se queixou disso com o professor Pal. Ele então censurou Sharada por seu silêncio em relação aos pais de Uttara. Sharada respondeu: "Com quem devo conversar? Eles não entendem uma palavra do que eu digo. Quando peço um *dab* ["coco verde", em bengali] para beber a água, eles dizem: 'Você quer um *dhak* ["tambor", em marata]?'". Já mencionei que Sharada às vezes se referia ao marata como uma língua dura, falada por *dasyus* ["saqueadores"].

Embora o estado de espírito de Sharada fosse geralmente sério e mesmo triste, ela mostrou senso de humor em pelo menos uma ocasião. Uma visitante lhe pediu que cantasse uma canção devocional. Sharada sugeriu que a visitante o fizesse, em vez dela. A mulher respondeu que sua voz não era doce, e Sharada então disse que ela deveria comer mais doces ("candies", em inglês indiano) para que sua voz se tornasse mais doce (a palavra bengalesa *mishti*, como a inglesa *sweet*, pode se referir tanto a um sabor agradável como, mais abstratamente, a algo que é também agradável, suave e harmonioso).

Conhecimento do vestuário bengalês e outros costumes. Na seção anterior, falei da observância de Sharada com relação a alguns costumes bengaleses ligados a vestuário e hábitos. Aqui mencionarei outros costumes ou práticas bengalesas com os quais ela mostrou estar familiarizada. Quando o doutor Roy e sua esposa visitaram Sharada em fevereiro de 1975, a atenção dela foi atraída para um bracelete de ferro que a senhora Roy estava usando (o bracelete de ferro é um ornamento típico usado por mulheres bengalesas casadas, que o recebem como presente de suas sogras). O doutor Roy notou o interesse de Sharada no bracelete e também uma leve perturbação de sua parte (provavelmente porque ela própria não tinha um acessório desses). Ele então lhe disse que levaria um bracelete de ferro para ela. Diante da oferta, Sharada protestou dizendo: "Não, Não! Minha sogra vai me dar um".

Quando Sushuma Kar conheceu Sharada (em maio de 1976), ela lhe perguntou por que Sushuma não estava usando os ornamentos habituais das mulheres bengalesas. Eles incluíam uma *bala* (uma pulseira roliça) e uma *bauti* (um bracelete achatado), cujos nomes Sharada disse em bengali.

Quando o professor Pal visitou Nagpur pela primeira vez em razão desse caso (em outubro de 1975), levou para Sharada (entre outros presentes) um sári, e explicou que ele lhe foi enviado por uma tia (*masi*) dela. Sharada comentou: "Por que ela não mandou [também] um xale?". O professor Pal disse que talvez ela tivesse esquecido. A observação de Sharada referia-se a um costume entre as mulheres bengalesas do século 19 e anteriormente de usar uma segunda peça de roupa além do sári. Na época, elas não usavam blusa, como muitas usam agora. Naquele tempo, em Bengala, era comum oferecer um sári e um xale juntos quando se dava um presente.

Na época em que Sharada pediu que Pratiba Mukherjee traçasse corretamente a linha do vermelhão na risca de seu cabelo, ela também lhe pediu que aplicasse *alta* em seus pés. *Alta* é uma tinta líquida vermelha aplicada nas bordas dos pés como cosmético por mulheres de Bengala e dos estados vizinhos Bihar e Orissa.

Mencionei anteriormente que Sharada disse ter se casado aos sete anos. Casamentos de crianças eram comuns em Bengala no período de sua suposta vida. Em certa ocasião, uma garota solteira de dezoito anos visitou os Huddars numa época em que Sharada estava se manifestando. Quando descobriu que a garota de algum modo chegara a essa idade sem ter se casado, Sharada demonstrou espanto com a "escandalosa" violação dos costumes.

Quando o doutor Roy e sua esposa se despediram de Sharada, eles disseram *jacchi* a ela; essa palavra significa "ida". Sharada respondeu com *ashun*, que significa "vir". De acordo com uma superstição bengalesa, nunca se deveria dizer *ida* para ninguém, porque isso sugere que a pessoa pode ir embora e morrer. Uma superstição similar é comum no sul da Índia, mas não, até onde descobri, no norte da Índia, à exceção de Bengala.

O doutor Sinha perguntou a Sharada se ela podia explicar o costume do *antarjali*. Ela explicou corretamente que essa era a prática de duas ou três pessoas levarem alguém que estava morrendo para o Ganges, onde elas ajudavam o moribundo a se banhar diariamente no rio, se ele pudesse, e cuidavam dele até que morresse.

O doutor Sinha também perguntou a Sharada sobre o processo de se tornar *sati*. Ela riu e disse que isso não acontecia com todas as mulheres, e acrescentou que as que de fato se tornavam *satis* eram convencidas a fazê-lo por pressão de outras pessoas. Ela evidentemente ficara sabendo algo sobre o assunto através da própria família, que incluía uma *sati* e outra mulher que quase consumara a prática (eu as mencionei anteriormente).

Conhecimento de alimentos bengaleses e a preferência por eles. As várias regiões da Índia têm diferenças em suas comidas típicas quase tanto quanto em suas línguas. Sharada mostrou um conhecimento notável dos alimentos que são especialidades de Bengala e tinha uma nítida preferência por eles.

Uttara não ligava para pratos doces, mas Sharada sim, e ela saboreava com prazer os doces bengaleses que os visitantes atenciosamente lhe levavam. Quando lhe perguntaram qual era seu doce favorito, ela respondeu *"sitabhog"*. Ele é feito apenas em Burdwan e é quase desconhecido fora de sua região. O professor Pal presenteou Sharada com *sitabhog* quando a visitou pela primeira vez, em outubro de 1975. Ele colocou o pacote em frente a ela e lhe perguntou se reconhecia o que era. Sharada o surpreendeu ao dizer prontamente: *"Sitabhog"* (a palavra *sitabhog* estava escrita em bengali na embalagem, de modo que ela pode tê-la lido antes de aparentemente reconhecer seu conteúdo. Cito adiante um comentário que ela fez após ler o rótulo no pacote).

Sharada também gostava de ser presenteada com *rasgoola*, outro doce bengalês. Ela conseguia distinguir os *rasgoolas* feitos em Bengala das imitações inferiores vendidas sob o mesmo nome em outras partes da Índia.

Sharada comia muito mais arroz do que Uttara. Ela ria do fato de os membros da família de Uttara comerem tão pouco desse alimento (o arroz é o principal cereal que os bengaleses comem; os maratas geralmente preferem *chapatis*, espécie de panqueca de pão ázimo feita de farinha de trigo). Sharada, porém, não era gulosa; ela jejuava bastante, como parte de sua veneração por Durga. Também misturava coalho (iogurte) com arroz, como é hábito entre os bengaleses.

A seguir, apresento uma lista de outros pratos consumidos apenas em Bengala, ou especialmente apreciados lá, que Sharada mencionava e desejava comer:

Neem bagoon	Beringela frita em óleo com folhas de nim, que lhe conferem um sabor amargo. Consumida apenas por bengaleses e no inverno.
Chosir peyes	Bolinhas de farinha do tamanho de grãos de arroz, secas ao sol e cozidas em leite com açúcar. Embora esse prato, ou algo bastante parecido, seja consumido em outras partes da Índia, a palavra *chosir* (usada por Sharada) é seu nome coloquial em bengali.
Chacheri	Prato temperado com curry contendo batata, pepino, abóbora, espinafre ou agrião e outras verduras.
Shukta	Prato temperado com curry contendo beringela, batata, especiarias e abóbora amarga (não tenho certeza se Sharada mencionou o *shukta* antes que lhe perguntassem a respeito).
Luchis	Tipo de pão semelhante ao *puri* (pão redondo pequeno) consumido em Maharashtra, mas não reconhecido pela família de Uttara quando designado por esse nome por Sharada.
Chandrapuli	Doce bengalês; uma mistura de coco e queijo moldada em diferentes formatos.
Khejur gur	Doce bengalês preparado com suco de tâmara. Quando o professor Pal deu um pouco dessa iguaria a Sharada, ela a reconheceu e então pediu mais *moori* (ver o próximo item) para comer com *khejur gur*.
Moori	Tipo de arroz tufado consumido em Bengala. No estado de Maharashtra, é conhecido como *moormoor*, mas não muito consumido. Os bengaleses normalmente comem *khejur gur* e *moori* juntos.
Khir Kadamba	Doce especial para os bengaleses. Os ingredientes principais são queijo cottage, leite solidificado (fervido), açúcar e leite em pó (Sharada pediu que o professor Pal lhe trouxesse um pouco desse doce de Bengala).
Peetha	Bolos feitos de arroz em pó. Contêm um recheio de legumes, coco ralado ou outros ingredientes doces. São moldados em forma de charutos com cerca de sete centímetros de comprimento. Sharada pediu que o professor Pal lhe trouxesse alguns. Esse prato é feito apenas em Bengala e talvez em Orissa.

Dab	Coco verde, usado devido à sua água refrescante. É muito consumido pelos bengaleses, mas não existe em Maharashtra, cujos habitantes não o conhecem. Como Sharada empregava a palavra bengali *jala* para designar água, a família de Uttara não conseguia entender o que ela queria quando pedia *dab jal* (água de coco).
Anna	Arroz cozido (*Anna* é uma palavra antiga em bengali; o bengali moderno para "arroz cozido" é *bhata*, termo também usado por Sharada).

Ignorância sobre equipamentos e veículos modernos. Sharada não conhecia nenhum aparelho moderno ou outros inventos da era industrial.

Ela não sabia nada sobre trens ou motores de carros. Quando o professor Pal se apresentou como um amigo do marido de sua tia materna, Sharada imediatamente lhe perguntou se ele tinha vindo a pé ou de carro de boi. Sharada disse que ela própria sempre viajava a pé, de carro de boi ou carregada num *doli* (liteira ou palanquim). Às vezes dizia que deixaria a casa dos Huddars e, quando lhe perguntavam como iria embora, ela respondia: "Num carro de boi ou a pé".

Sharada também não sabia nada sobre eletricidade, incluindo lâmpadas e ventiladores. Ela não tocava em interruptores. Dizia que sabia fazer arroz, mas a família de Uttara não permitia que cozinhasse, porque ela não sabia acender o gás do fogão.

Quando Sharada examinou o texto escrito em bengali na embalagem de *sitabhog* que o professor Pal tinha lhe dado de presente, ela leu o nome da loja onde ele comprara os doces e então chegou às palavras "número do telefone". Ela perguntou ao professor Pal: "O que é 'número do telefone'?". Ele respondeu que ela não entenderia, já que nunca tinha visto um aparelho desses (os Huddars não tinham telefone). Sharada apontou para o ventilador de teto e disse, rindo: "É parecido com aquilo?".

O doutor Sinha certa vez lhe deu uma caneta-tinteiro e Sharada não soube abri-la. Então, o pai de Uttara abriu a caneta e a devolveu a Sharada, e ela começou a escrever. Quando eles pediram que ela fechasse a caneta de novo, ela tentou retirar a pena. Em outra ocasião, o professor Pal levou para Sharada um pouco de picles num frasco de vidro. O frasco a deixou desconcertada. Esse tipo de recipiente raramente tinha sido visto nas aldeias de Bengala do início do século 19; água e alimentos eram guardados em recipientes de cerâmica ou metal.

Certa vez, Sharada reparou no relógio de pulso que uma amiga de Uttara, Kshama Sarvarkar, estava usando. Perguntou, então, a Kshama por que ela não usava uma pulseira apropriada. Em outra ocasião, G. M. Huddar estava registrando algumas das canções de Sharada num gravador. Sem querer, ele fez o aparelho tocar alguns trechos gravados. Isso assustou Sharada, que disse que havia um espírito do mal no aparelho. Sharada fez um comentário parecido quando a doutora Pasricha estava gravando uma conversa em bengali (em 2 de julho de 1975) entre ela e M. C. Bhattacharya. Quando a doutora Pasricha voltou uma parte da fita e a tocou, para ter certeza de que o aparelho estava gravando, Sharada ficou assustada e disse que havia uma feiticeira dentro dele, repetindo o que o grupo estava dizendo.

Quando o doutor Sinha mostrou a Sharada algumas palavras impressas em inglês (em seu papel de carta pessoal), ela comentou que era "escrita da companhia" (foi uma alusão à Companhia das Índias Orientais, que controlou Bengala e outras grandes partes da Índia da metade do século 18 até 1858).

Circunstâncias ligadas aos aparecimentos e desaparecimentos. Em uma seção anterior deste relato, relacionei a primeira aparição de Sharada à prática de meditação à qual Uttara tinha se dedicado enquanto era paciente na clínica particular do doutor Joshi. Mas essa não é a história completa no que se refere aos fatores que podem ter estimulado o surgimento de Sharada. Quando Uttara estava na clínica, ela naturalmente foi posta em contato com o doutor Joshi muitas vezes. Isso aparentemente exerceu um efeito estimulate sobre ela (na verdade, Uttara tinha se agitado de maneira estranha quando conhecera o doutor Joshi, vários anos antes). Durante a primeira manifestação de Sharada, ela (Sharada) agiu com o doutor Joshi mais como uma esposa em relação a seu marido. Ele achou essas atenções desconcertantes e potencialmente comprometedoras. Na introdução deste relato, mencionei a ocasião em que Uttara deparou-se com o doutor Joshi jantando com uma assistente da clínica; ela havia se transformado em Sharada e repreendido severamente o médico. Em outra ocasião (depois que Uttara deixara a clínica), Sharada de algum modo voltou até lá sozinha, onde esperava achar o doutor Joshi. A família de Uttara devia ter notado sua ausência logo depois que ela (na personalidade de Sharada) tinha saído de casa. Eles deviam também ter percebido para onde ela havia ido, porque o irmão de Uttara chegou à clínica uns cinco minutos depois dela e a acompanhou até sua casa. Depois disso, Sharada continuou a perguntar sobre o doutor Joshi. Uttara também continuou a sentir uma atração por ele. Após o episódio, o doutor Joshi visitou os Huddars algumas vezes e se encontrou tanto com Uttara como com Sharada, dependendo de qual personalidade estava se manifestando no momento. Suas visitas aparentemente eram motivadas por um interesse e talvez compaixão, mas não indicavam nenhuma ligação mais profunda com Uttara ou com Sharada.

 Quando fiquei sabendo desses episódios, não esperava que o doutor Joshi se revelasse uma testemunha entusiástica para a minha investigação do caso. E, de fato, foi o que aconteceu. As atenções de Sharada tinham sido embaraçosas para ele. A afeição que ela lhe dedicava não era correspondida. E ele tampouco desejava que a relação de ambos fosse investigada e, assim, mostrou-se magistralmente evasivo durante o nosso encontro.

Que eu saiba, nenhuma das aparições posteriores de Sharada ocorreu durante um período de forte emoção, como a situação de contato próximo com o doutor Joshi que pareceu precipitar, ou pelo menos facilitar, seu primeiro surgimento. No entanto, a família de Uttara identificou outro fator que, ao que tudo indica, influencia a ocorrência das fases Sharada. Um grande número delas (mas de modo algum todas) tinha ocorrido num *ashtami*, o oitavo dia do mês lunar. Por exemplo, no verão de 1975, durante maio, junho e julho, Sharada apareceu em cinco *ashtamis* sucessivos. A última dessas ocasiões se deu em 2 de julho, quando a doutora Pasricha conheceu a personalidade Sharada. Durante os três meses (solares) de 3 de agosto a 30 de outubro de 1976, ocorreram sete *ashtamis*; Sharada surgiu em cinco. E, durante 1980, dez de doze fases Sharada começaram em *ashtamis*.

Podemos presumir as razões para Sharada aparecer em *ashtamis* e não em outros dias. Ela afirmou ter nascido num *ashtami* (em agosto) e ter sido picada por uma cobra em outro (em fevereiro). Além disso, considera-se que a deusa Durga (de quem Sharada era devota) disse que os *ashtamis* são os melhores dias para venerá-la[55]. Esses fatores permitem supor que a personalidade Sharada podia ter adquirido força extra nos *ashtamis*.

---

[55] A referência ao oitavo dia do mês lunar como propício para venerar Durga aparece no canto 92 do *Devi-mahatmya* (um longo poema que celebra a grandeza de Devi, da qual Durga é uma manifestação), que faz parte do *Markandeya Purana* (Pargiter, 1904, p. 519). O poema faz menção a outros dois dias do mês que também são propícios para venerar Durga.

Em 1977, Uttara me falou sobre outro possível fator desencadeante das fases Sharada: visitar um templo. Ela tinha tido uma breve fase Sharada durante o mês de julho anterior, quando visitou um templo em Karanja, em Maharashtra.

O único outro fator aparentemente desencadeante do começo de uma fase Sharada ocorreu quando um professor da Universidade de Nagpur, que tinha algum conhecimento de tantrismo[56], entoou um mantra enquanto tocava a cabeça de Uttara. Sharada então surgiu e permaneceu em atividade por três dias, mas ficou muda.

Uttara se lembrou (em outubro de 1975) de algo de sua experiência quando meditava na clínica no início de 1974. Ela fez o relato que se segue ao professor Pal. Primeiro, descreveu como o iogue instruiu os participantes no exercício de *pranayama* da ioga, que consiste na entoação de um mantra enquanto se inspira e de outro enquanto se expira. Então, Uttara continuou:

> Depois disso, não me lembro de nada. As pessoas à minha volta me contaram que eu estava chorando e soluçando, e que o iogue me disse: "O que quer que seja que estiver na sua mente, não reprima, mas deixe aflorar". Após uns vinte minutos, recobrei a consciência recitando um *sloka* ["verso"] do [*Bhagavad*] *Gita*. Também disse algumas palavras da ioga que não me eram familiares. Durante o resto do dia, permaneci normal. Eu estava me sentindo muito ativa no dia seguinte. Naquele dia (segunda-feira), eu estava designada a comparecer ao compromisso com o iogue. Na terça-feira, 19 de fevereiro[57], tive a sensação de que alguma coisa ia me acontecer, e à noite minha mente ficou completamente vazia.

---

56 O tantrismo inclui um programa de rituais (em geral com o uso de mantras) destinados a mobilizar e concentrar forças latentes no interior do homem. É originário de um conjunto de escrituras antigas hindus chamadas *Tantras*.

57 Essa data não bate com as datas fornecidas por outros informantes para a primeira aparição de Sharada. Eles situam o primeiro surgimento dela em fins de janeiro de 1974. Uttara pode ter se lembrado incorretamente da data, ou pode ter fundido lembranças de duas experiências. Fora isso, seu relato parece misturar suas próprias lembranças de suas experiências e as do que outras pessoas lhe contaram sobre seu comportamento mais tarde.

Num encontro com a doutora Pasricha (em 1º de julho de 1975), Uttara descreveu o começo da fase Sharada com as seguintes palavras:

> Realmente, estou tendo essas sensações hoje também, no topo da cabeça, talvez amanhã...
> P. Que tipo de sensações?
> R. Uma coisa parecida com dor... suavidade no topo da cabeça, não consigo descrever. O tipo de sensação que tenho antes de me transformar em Sharada.

Sharada, de fato, se manifestou no dia seguinte, 2 de julho. Em novembro de 1975, Uttara me descreveu as sensações que tinha quando uma fase Sharada se aproximava com as seguintes palavras:

> [Há] uma sensação suave no topo da cabeça — algo como formigas andando. Então, uma sensação de tensão [ocorre] nas mãos e nos pés. Minha língua parece ir para dentro da boca, como se fosse puxada. Sinto como se eu estivesse encolhendo. Só a língua é afetada, não a boca toda. [Há] também uma sensação de que meus olhos são puxados para dentro, e uma sensação estranha no dedo indicador da mão esquerda. Eu choro muito quando estou entrando na fase Sharada. E, então, perco a consciência.

O pai de Uttara confirmou que ela se tornava chorosa quando entrava nas fases Sharada. Disse que ela não chorava de fato, mas que lágrimas saíam de seus olhos. Achei que talvez a hiperventilação pudesse acompanhar, e mesmo induzir, a mudança de personalidade; mas a mãe de Uttara, que estava em melhor posição do que qualquer outra pessoa para observar as mudanças na filha, disse que não notava nenhuma alteração na respiração de Uttara quando uma fase Sharada se aproximava. O doutor Dutta disse que, na ocasião (início de 1974) em que conheceu Sharada, "ela respirava muito profundamente", e se acalmou depois que ele leu uma prece bengalesa que ela própria havia escrito anteriormente. Contudo, ele observou Sharada já em atividade, e não o processo de seu aparecimento.

Certa vez, em 11 de novembro de 1975 (um *ashtami*), Uttara apresentou os sintomas preliminares de que estava entrando numa fase Sharada, mas isso não aconteceu. O mesmo ocorreu em um ou dois outros acessos incipientes. Em 1977, Uttara me contou que acreditava ter bloqueado algumas fases Sharada quando sentia que estavam se aproximando ao se envolver em brincadeiras com uma criança e em tarefas de jardinagem.

Às vezes, a transição para Sharada acontecia à noite, enquanto Uttara dormia. Ela ia se deitar como Uttara e acordava como Sharada. Por exemplo, a fase Sharada de 28 de outubro de 1975 começou durante o sono.

Nos momentos iniciais das fases Sharada, ela invariavelmente pedia flores, e às vezes saía da casa e colhia flores no jardim dos Huddar[58].

Quando Sharada emergia completamente numa nova fase de controle, ela permanecia por períodos bastante variados. Tenho anotações da duração de muitas fases Sharada. Elas provavelmente cobrem apenas cerca de três quartos de todas as aparições de Sharada entre sua chegada, no início de 1974, e 30 de junho de 1981 (uma vez que não obtive relatos sistemáticos da última data sobre a frequência e a duração das fases Sharada). A maioria durou de um a três dias, mas duas duraram uma semana ou mais, duas duraram mais de duas semanas,

---

[58] Flores têm presença proeminente nas práticas de veneração hindus, e assim o interesse de Sharada nelas pode apenas ter refletido sua forte predisposição religiosa. Também é possível que o ato de colher flores fosse uma revivescência em estado de "vigilambulismo" da última ação da vida de Sharada. Ela disse que colhia flores quando a cobra a picou.

uma durou 41 dias, e outra, 43 dias (descreverei adiante algumas características dessas fases prolongadas e intensas). Desde o início, as fases Sharada se tornaram mais curtas, como mostram os números apresentados na Tabela 6.

Em 1982, as fases pareceram se tornar mais curtas. Numa carta a mim dirigida datada de 1º de outubro desse ano, o doutor R. K. Sinha informou que Uttara ainda estava tendo fases Sharada em *ashtami* alternados, isto é, mais ou menos uma vez por mês. "Os acessos não permanecem por mais de 24 horas atualmente", disse. Ele acrescentou que, quando Sharada aparecia, ela o fazia quando Uttara se levantava de manhã, mas ia embora na noite do mesmo dia.

TABELA 6. Duração de fases em anos diferentes

Ano	Número de fases com informações disponíveis	Duração mediana das fases Sharada em dias
1974	—*	—*
1975	7	9
1976	7	2
1977	7	3
1978	—**	—**
1979	9	1
1980	12	1
1981	7	1

* Para 1974, tenho informações sobre a duração de apenas duas fases Sharada; uma durou 18 dias, a outra, 23.

** Para 1978, tenho informações sobre a duração de apenas três fases Sharada; uma durou apenas duas ou três horas, outra durou um dia, e a terceira, 14 dias.

Sharada costumava ir embora com mais rapidez do que surgia. Ela frequentemente partia no final do culto da noite (*aarti*). Na cerimônia do *aarti*, que também inclui cânticos, acende-se uma vela diante do ídolo de Durga e queima-se cânfora. Isso simboliza uma "queima de tudo" e, portanto, uma libertação do passado. Quando a cânfora queimava, Uttara dava um espirro e aparecia (Sharada nunca espirrava, mas Uttara o fazia com frequência). Uttara então rapidamente trocava de roupa para ficar trajada como uma mulher marata. Não falava mais bengali, apenas marata. Havia ocasiões, contudo, quando Sharada persistia por vários dias após a primeira cerimônia do *aarti*, em que ela própria executava a cerimônia em noites sucessivas.

Sharada pediu à família de Uttara para executar o ritual do *aarti* com a queima de cânfora. E eles descobriram, no início do verão de 1975, que essa atividade podia trazer Uttara de volta. Essa descoberta lhes deu, pela primeira vez, um grau de controle sobre a duração das fases Sharada, e pode ter contribuído para a menor duração das últimas. Mesmo assim, desde então houve duas fases Sharada de mais do que alguns dias. Uma delas ocorreu no final de 1978.

A própria Sharada parece ter tido algum grau de controle sobre o tempo que permanecia em atividade. Por ocasião do encontro com o professor Pal em novembro de 1976, ele a presenteou novamente com *sitabhog* de Bengala. Quando ele ofereceu o doce a Sharada, ela disse que estava jejuando, mas que permaneceria depois de terminado o período de jejum, de modo que pudesse saborear seu presente. Ela então ficou ativa por um dia "extra" e comeu o *sitabhog* antes de partir.

Uttara me contou que, quando saía de uma fase Sharada, tinha a sensação de que "alguma coisa está prostrando meu corpo". Uma tendência a pôr a cabeça para trás durava cinco ou dez minutos. Nesses momentos, ela também se sentia só e como se devesse ir a algum lugar — uma aldeia perto de um rio, ela achava. As sensações do retorno da fase uma vez duraram quatro horas, mas, em novembro de 1976, esse período tinha reduzido para apenas dez minutos. A severidade e duração dos resíduos após o término de uma fase Sharada também variavam consideravelmente. Uttara disse que, depois das fases de junho de 1976, ela se sentiu fraca e não conseguia andar com facilidade. A sensação de que deveria ir a algum lugar ficou especialmente forte após essa fase. Mas ela também contou ao professor Pal — evidentemente se referindo a outras ocasiões — que, quando recobrava sua consciência como Uttara, não sentia nenhum desconforto, fora um pouco de cansaço por cerca de quinze minutos — um leve esgotamento que uma xícara de café dissipava.

Uttara reparou que, logo após sair de uma fase Sharada, encontrava palavras em bengali "em minha consciência". Não eram palavras que, segundo seus pais, Sharada havia falado, mas outras. O pai de Uttara disse que, durante uma fase de recuperação, o marata de Uttara ganhou um sotaque bengali. De acordo com Uttara, após uma fase longa, ela apresentava certa dificuldade de falar marata, o que não acontecia quando a fase Sharada era curta.

Uttara repetiu várias vezes que não tinha nenhuma lembrança do que ocorria durante as fases Sharada. Adiante mostrarei que ela parecia ter uma leve recordação de alguns eventos ocorridos durante as fases, o que não anula sua afirmação.

Fases Sharada prolongadas e intensas. Já mencionei que várias fases Sharada duravam uma ou duas semanas e que duas chegaram a durar sete semanas. Refiro-me, com a expressão "acessos intensos", às vezes em que Sharada parecia mais esquecida de seu ambiente do que o normal. Dois deles ocorreram em outubro de 1974 e outubro de 1975, na época do *nav ratri*, um período especialmente destinado à veneração de Durga.

Durante a fase que durou 41 dias (ocorrida em janeiro e fevereiro de 1975), Sharada ficou completamente incapaz de falar. Ela também não conseguiu (ou não quis) falar algumas outras vezes. Assim, o doutor Dutta informou que, em seu encontro com Sharada (início de 1974), ela não conversou com ele. Ele falou com ela em bengali e ela se comunicou escrevendo nessa língua. Durante a fase de março de 1975, Sharada teve dificuldade de falar e também de engolir, mas não ficou muda.

Em duas ocasiões, Sharada saiu da casa dos Huddars sozinha. Anteriormente, mencionei a ocasião em que ela foi à clínica particular do doutor Joshi à procura dele. Sharada perambulou novamente durante uma fase intensa em 10 de outubro de 1975. Nessa ocasião, ela se manifestou bem repentinamente. O pai de Uttara disse que a filha entrou num quarto da casa para escrever sozinha. Após um intervalo — não descobri sua duração —, alguém entrou no quarto e viu que Uttara saíra dali, provavelmente por outra porta. Algum tempo depois, Sharada foi trazida de um templo de Kali que ficava a mais ou menos 5 quilômetros da casa. Ela tinha ido até lá a pé, aparentemente à procura de M. C. Bhattacharya. O sacerdote não estava no templo, mas seu sobrinho, Arun Kumar Bhattacharya, estava e, como ouvira falar de Sharada (embora não a tivesse conhecido), ele a reconheceu. Para confirmar isso, contudo, ele perguntou qual era seu nome. Ela respondeu "Sharada". Então, ele lhe perguntou qual era o nome de seu pai, e ela disse "Brajesh Chattopadhaya". Sharada contou que estava fazendo suas preces em casa quando a deusa (provavelmente Durga ou Kali) lhe pediu que fosse até o templo, e ela obedeceu. Arun Kumar Bhattacharya se ofereceu para levá-la até sua casa, mas Sharada, uma recatada mulher bengali, hesitou e disse que não iria com ele, e sim com uma mulher que, por acaso, estava no templo. Assim, Arun Kumar Bhattacharya pôs Sharada e a mulher num riquixá e as acompanhou de bicicleta. Nesse meio-tempo, a família de Uttara, alarmada, havia notificado a polícia de sua ausência.

Por três dias depois desse episódio, Sharada não falou e pareceu não ouvir. Lágrimas rolavam em sua face, e ela gesticulava com o dedo na garganta. Em 13 de outubro, ela voltou a ouvir e também passou a responder a perguntas escrevendo em bengali, mas ainda não conseguia falar. Por fim, em 19 de outubro, nove dias após o início dessa fase Sharada, a personalidade de Uttara se recuperou o suficiente para que ela conseguisse responder a perguntas em marata.

Sharada tinha sido levada duas vezes ao templo de Kali antes da ocasião em que foi até lá sozinha, em 10 de outubro de 1975. Ela também estivera na clínica do doutor Joshi antes de ir lá. Por conseguinte, sua habilidade para chegar a esses lugares não implica nenhum conhecimento paranormal de como ir até eles. Menciono esses episódios principalmente para ilustrar o grau de dissociação da vida contemporânea que Sharada às vezes demonstrava.

Como já foi dito, Sharada participava pouco ou não participava das tarefas domésticas na casa dos Huddars, mas conseguia se encarregar de suas necessidades costumeiras e se alimentava, se lavava e se vestia sozinha. Durante as fases intensas, porém, ela perdia essas capacidades básicas, e então seus familiares (sobretudo a mãe) tinham de cuidar dela integralmente, precisando inclusive lhe dar água para beber. Até entenderem que seu pedido de *dab jal* significava que ela queria água de coco (que não existe em Maharashtra), durante esses acessos intensos eles introduziam café e leite à força em sua boca para alimentá-la.

A intensidade das fases que descrevi até aqui derivava de sua duração e da incapacidade de Sharada de cuidar de si mesma durante algumas delas. As principais fases Sharada, contudo, não eram acompanhadas por efeitos físicos importantes em Uttara, embora algumas poucas fossem. Durante várias fases, informantes notaram que a língua e o interior da boca de Uttara se tornavam extremamente escuros; foi dito que essas partes ficavam "pretas". Manorama Huddar descreveu um episódio desses que observou em março de 1975, e o professor Pal observou a mesma mudança durante uma fase Sharada intensa em janeiro de 1977. Karuna Mitra também descreveu para mim uma fase desse tipo que presenciou (cuja data não anotei). Ela disse que a língua e os lábios de Uttara ficaram "azuis" e que seus olhos estavam fechados como se ela estivesse fortemente intoxicada. Sharada, então, apontou para o dedo do pé e disse: "Uma naja me picou". Manorama Huddar chamou a atenção de Karuna Mitra para uma área escura no dedo do pé de Uttara, que Karuna Mitra também pôde ver. Durante esse acesso, o hálito de Uttara se tornou fétido. Pessoas que observaram esses sintomas físicos acharam que Sharada estivesse revivendo os sintomas da picada de uma cobra venenosa[59].

---

[59] O veneno neurotóxico da naja leva à paralisia respiratória, sendo que um de seus sinais, devido à falta de oxigênio suficiente no sangue, é a cianose. No entanto, ela não se restringe à área da boca, mas os observadores podem notá-la mais nesse ponto do que em outros lugares, especialmente se a vítima também tem disfagia (dificuldade de deglutição) e se, por causa disso (ou por causa da dificuldade de respirar), ela aponta para a própria face e garganta. As circunstâncias e as alterações físicas descritas pelos observadores durante algumas das fases Sharada intensas são bastante semelhantes a algumas observações feitas durante a ab-reação de eventos traumáticos ocorridos mais cedo na vida da pessoa

Indícios de percepção extrassensorial da parte de Sharada. Foram atribuídos poderes de percepção extrassensorial a Sharada que a própria Uttara não alega ter. Como exemplo, G. M. Huddar mencionou que Sharada certa vez disse a um visitante, sobre quem ela não tinha nenhuma informação, que sua esposa morrera, que seu filho não o ajudava e, por isso, ele era obrigado a implorar auxílio a outras pessoas. Todas essas afirmações estavam corretas.

A outra visitante, Sharada disse que ela viera para perguntar algo sobre seu filho. Ela então prosseguiu, dizendo que o filho da mulher não tinha emprego e estava morando com uma moça de casta inferior. Os pais de Uttara lembraram que ela não sabia dessa informação na época.

Em outra ocasião, a família de Uttara suspeitou que uma empregada da casa havia roubado dinheiro. A moça negou o roubo, mas seu avô foi chamado, informado da suspeita da família e solicitado a interrogar a neta. Ele levou a moça embora. Mais tarde, naquela noite, Sharada (que estava presente na época) disse que a empregada estava aos prantos em casa, tinha confessado o roubo e estava sendo consolada pelo avô. Este, depois, confirmou tudo. Tais afirmações, embora não destituídas de valor, valem menos do que as anteriores como indícios de percepção paranormal, porque podiam ter se originado de inferências baseadas nas suspeitas e atos dos Huddars no que se refere à empregada.

---

quando ela se lembra deles. Alterações físicas reproduzindo traumas físicos que acompanharam os eventos originais têm sido observadas, e mesmo fotografadas, em seguida a tais ab-reações (Moody, 1946, 1948). O caso de Sharada apresenta diferenças importantes: o presumido evento traumático ocorreu na vida de outra pessoa e não foi verificado. Para outro exemplo de um sintoma físico (porém sem mudanças físicas observáveis) ocorrido durante a recordação de uma vida anterior, ver o caso de Salem Andary (Stevenson, 1980). Pretendo publicar relatos de mais casos desse tipo.

Essas demonstrações de poderes paranormais levaram ao desenvolvimento de uma pequena clientela que procurava por Sharada em busca de previsões e conselhos. As atenções de tais pessoas não são por si só evidência de que Sharada possuía os poderes que lhe eram atribuídos. Na Índia, um indivíduo que parece mostrar uma capacidade paranormal, como a aparente habilidade de se lembrar de uma vida anterior, é geralmente tido como possuidor de outros poderes do mesmo tipo, incluindo a aptidão de prever o futuro e de curar. Pessoas que necessitam de ajuda para problemas psicológicos ou doenças físicas podem atribuir grandes poderes a tais indivíduos sem exigir qualquer evidência de que eles os possuem. Devo acrescentar, contudo, que, ao longo dos meus anos de estudo do presente caso, ouvi relatos da capacidade de percepção extrassensorial de Sharada que me fizeram acreditar que ela de fato a tinha experienciado com mais frequência do que Uttara, e mais do que a média das pessoas na Índia ou em outros lugares. Os leitores podem querer levar em conta essa observação quando vierem a decidir se Sharada poderia ter adquirido sua habilidade de falar bengali por percepção extrassensorial.

Consciência da situação e atitude para com a família de Uttara por parte de Sharada

Sharada nunca disse que morreu. Ela descreveu como uma cobra a picou enquanto ela colhia flores, contou que foi colocada em uma espécie de palanquim e, em seguida, perdeu a consciência. Como, então, ela foi de Saptagram para Nagpur? Sharada deu diferentes respostas para essa pergunta em diferentes épocas. Para o doutor Dutta, ela explicou (por escrito) que a deusa Durga a tinha levado para Nagpur. Mais tarde, ela repetiu essa afirmação para o professor Pal. Em outra ocasião, afirmou que seu marido a deixara com os Huddars quando foi para o oeste. Ela pode ter feito alusão aos lugares sagrados ao longo do rio Ganges, como Benares, cidade a oeste de Bengala, embora ambos se situem a norte e leste de Nagpur.

Sharada também não pensava em si mesma como um ser desencarnado. Quando G. M. Huddar uma vez lhe sugeriu que ela era um "espírito", ela replicou com certa irritação: "Não sou um espírito. Sou uma mulher". Sharada se comportava como se as condições fossem exatamente as mesmas em que vivia na família à qual aparentemente pertenceu na década de 1820. Quando o professor Pal lhe foi apresentado como um amigo do marido de sua tia materna, ela olhou para ele ceticamente e disse que não conseguia reconhecê-lo. Mas, pouco depois, perguntou-lhe se seu tio ainda tinha ataques de asma e febre.

Sharada pediu que os pais de Uttara a levassem até seu marido em Shivapur ou sua tia em Saptagram. Esgotadas essas possibilidades, ela pediu para ser deixada em Nabadwipa, um centro *Vaishnava* (destinado à veneração de Vishnu) na Bengala Ocidental. Algumas mulheres hindus que renunciaram ao mundo vivem lá, mendigando e cantando *bhajans* (cânticos devocionais) sobre Krishna, uma das reencarnações de Vishnu.

Embora nunca afundasse em autopiedade, Sharada se permitia comentar as diferenças entre as condições domésticas com as quais estava familiarizada e as dos Huddars, que lhe pareciam inadequadas. Por exemplo, ela comparava a oportunidade que tivera de se banhar num tanque de água na casa da tia com a dificuldade de tomar banho com a escassa água que jorrava de um cano na casa dos Huddars. Cozinhar num fogão a gás não lhe parecia um progresso e, quando Sushuma Kar lhe sugeriu que preparasse alguns pratos bengaleses para ela, Sharada disse, mal-humorada: "Como posso cozinhar? Aqui não há nem forno nem lenha".

Mais uma evidência de que Sharada vivia no tempo presente, em vez de perceber sua vida como passada, ocorreu quando ela disse a Rebha Sinha, em 7 de maio de 1976, que desejava mandar uma carta para o marido, mas não tinha portador. No início do século 19, as cartas na Índia eram entregues em mãos. Durante a mesma conversa, Rebha Sinha perguntou se ela conseguiria reconhecer seu marido se o visse. Sharada respondeu: "O que você está dizendo? Por que uma esposa não conseguiria reconhecer seu marido?".

Karuna Mitra me contou que tinha lido uma carta que Sharada escrevera para o marido, na qual dizia: "Eu não gosto daqui. Estou aqui faz muito tempo. Quando você vai me levar para casa?".

Quando o professor Pal se despediu de Sharada, em outubro de 1975, ela lhe suplicou que a levasse para a casa de seus tios. Ele evitou uma negativa direta ao pedido dela, dizendo que levaria muito tempo para arrumar um carro de boi. A expectativa de Sharada de que o professor a levaria para Saptagram não tinha diminuído em 1977. Em novembro desse ano, ela lhe perguntou por que ele não a levava para Saptagram. Viu, ainda, um carro de boi na rua de casa e lhe perguntou por que não o contratava. O professor Pal lhe disse que veria se conseguiria um para a viagem. No dia seguinte, Sharada parecia estar aborrecida e não respondeu quando ele falou com ela. Quando, mais tarde, a mãe de Uttara a questionou por não ter falado com o professor Pal, ela se queixou de que ele a tinha iludido com falsas esperanças de que traria um carro de boi para levá-la a Saptagram.

Quando alguém perguntava a Sharada se ela tinha filhos, ela ficava em silêncio, seus olhos se enchiam de lágrimas e ela sacudia a cabeça para indicar que não.

Ela não ficava triste quando discutia com a tia, o tio e o marido porque, em seu entendimento, eles estavam tão vivos quanto ela achava que estava. Mas quando, para testá-la, alguém comentou que seu marido ou sua tia e seu tio agora deviam estar mortos, ela chorou. Também chorou quando escreveu o nome do avô, porque pensou nele como falecido.

Sharada não aceitava os Huddars como seus parentes. Dizia que a deusa (Durga) lhe permitia estar com eles porque eram pessoas generosas. Aprendeu a chamar Manorama Huddar de "tia", mas mostrava uma atitude tipicamente bengalesa em relação ao povo marata, referindo-se a seus integrantes como *dasyus* ["saqueadores"]. E, como já mencionado, também menosprezava a língua marata, dizendo que era "dura", e se recusava a tentar falar o idioma.

Uma solidão que inspirava pena às vezes afetava Sharada, e ela chorava e dizia: "Não tenho ninguém no mundo a não ser Tarama [Durga]".

O professor Pal certa vez perguntou a Sharada se conhecia Uttara. Ela respondeu que não, e ele então explicou que Uttara é a filha da mulher que ela chamava de "tia" (Manorama Huddar). Prosseguiu, dizendo que Uttara desaparecera desde que ela tinha vindo para a casa, e perguntou a Sharada se ela sabia onde Uttara estava no momento. Sharada disse que não; e acrescentou que era muito triste "essas pessoas, com idade avançada, perderem a filha".

Embora Sharada quase sempre parecesse estar vivendo num passado distante, como se ele ainda fosse o presente para ela, de modo que objetos e veículos modernos a deixavam desconcertada, em uma ocasião ela mostrou consciência da passagem do tempo. Isso ocorreu durante uma de suas fases "intensas", em janeiro de 1977, no aniversário do *ashtami* em que uma cobra a picara. O professor Pal estava em Nagpur nessa época, e lhe perguntou se ela se lembrava que era aniversário da picada da cobra. Sharada respondeu que sim e, então, acrescentou: "Mas isso aconteceu muito tempo atrás".

Em 1976, o isolamento de Sharada em relação à família de Uttara tinha diminuído e, nesse ano, a mãe de Uttara me contou que Sharada havia até se dignado a aprender um pouco de marata. Apesar disso, Karuna Mitra algumas vezes ainda atuou como intérprete de Sharada no final de novembro de 1977.

Indícios de comunicação entre Uttara e Sharada

Como já mencionado, Uttara dizia não saber de nada que acontecia durante as fases Sharada; e Sharada, por sua vez, alegava desconhecer totalmente Uttara e seus assuntos. Sharada não reconhecia pessoas conhecidas de Uttara, a menos que já as tivesse encontrado durante uma fase anterior. E Uttara, por sua vez, aparentava não se lembrar das ocasiões em que visitantes se encontravam com Sharada.

Por exemplo, o doutor Roy tinha dado aulas a Uttara quando ela era estudante da Universidade de Nagpur, onde ele é professor adjunto de inglês. Na época, ele a conhecera bem e, depois disso, passara a vê-la ocasionalmente. Após um encontro no início de 1973, ele não a viu mais até fevereiro de 1975, quando os Huddars lhe pediram — pelo fato de ser bengalês — para falar com Sharada. Sharada surgira poucas semanas antes para aquela que seria uma de suas duas fases mais longas, com duração de sete semanas. Quando o doutor Roy conheceu Sharada, ela não deu nenhum sinal de reconhecê-lo. Alguns dias depois, Sharada foi embora e Uttara voltou. Uttara retomou sua vida como professora em meio expediente na universidade, onde o doutor Roy a encontrou. Ele lhe perguntou se ela se lembrava de tê-lo visto recentemente e de terem conversado em bengali, mas ela não guardava lembrança alguma do fato.

Quando o professor Pal fez sua primeira viagem a Nagpur, em outubro de 1975, ele conheceu Uttara primeiro. Então, um dia depois, Sharada apareceu, mas disse não reconhecê-lo. Apesar disso, ela conversou com ele em bengali. No dia seguinte, Uttara voltou à sua personalidade normal, e o professor Pal a inquiriu sobre suas lembranças da longa conversa que ele tivera com Sharada na véspera. Ela não conseguiu se lembrar de nada.

O doutor Dutta conheceu Sharada antes de conhecer Uttara. Após seu encontro com Sharada (descrito anteriormente), ele voltou a visitar os Huddars quando Uttara estava presente, e ela não o reconheceu. Pratiba Mukherjee teve uma experiência quase idêntica vários anos depois. Ela conheceu Sharada e, um dia depois, Uttara, que não mostrou nenhum sinal de já tê-la conhecido.

Priyadarshan Dinanath Pandit fora colega de classe de Uttara na adolescência e depois eles continuaram a ser amigos. Quando ele visitava os Huddars durante as fases Sharada, ela não o reconhecia. Com o tempo, ele parou com as visitas nesses períodos porque não gostava de ser tratado como um estranho por Sharada.

Certa vez, Sharada pediu que o doutor Sinha lhe levasse uma flor específica que ela desejava para um *puja*. Quando ele voltou à casa dos Huddars com a flor, entregou a Uttara que, dessa vez, estava em sua condição normal. Em outra ocasião, quando o doutor Sinha se encontrou com Sharada, ela lhe perguntou por que ele não lhe levara a flor, sem saber que ele já o havia feito.

Em comparação às observações anteriores, a doutora Pasricha teve uma experiência um tanto diferente. Ela também conheceu Uttara primeiro e a encontrou em vários dias sucessivos no verão de 1975. Ela estava prestes a ir embora de Nagpur sem conhecer Sharada quando lhe mandaram um recado em 2 de julho, avisando que Sharada havia aparecido de novo. A doutora Pasricha prontamente voltou à casa dos Huddars. Sharada não a reconheceu abertamente, mas deu à doutora Pasricha a impressão de que ela lhe era vagamente familiar.

Também tivemos outro indício de uma leve permeabilidade entre as personalidades de Sharada e de Uttara. Como exemplo, mencionei a percepção, referida por Uttara, de que palavras em bengali pareciam flutuar em sua consciência durante um tempo variável após a partida de Sharada. Além disso, Uttara descreveu para o professor Pal alguns sonhos e visões (provavelmente interiores) que teve e que incluíam cenas bastante semelhantes às descritas por Sharada quando narrava incidentes de sua vida. A vaga impressão que Uttara às vezes tinha (depois de sair de uma fase Sharada) de que deveria ir para uma aldeia por um rio talvez também derivasse de um escoamento parecido de cenas da vida de Sharada para a consciência de Uttara.

Num diário que Uttara manteve (em marata) entre dezembro de 1975 e setembro de 1976, ela registrou algumas cenas e imagens que claramente se originavam de cenas descritas por Sharada. Essas cenas e imagens lhe ocorriam durante e após a prática da meditação. Em 1976, contudo, ela ficou sabendo muita coisa sobre Sharada por meio de outras pessoas e, portanto, a ocorrência dessas imagens durante suas meditações (ou depois delas) pode indicar tanto uma preocupação sua com Sharada quanto uma infiltração de imagens em sua mente provenientes da consciência de Sharada.

A ocorrência tão frequente de fases Sharada em *ashtamis* também indica uma conexão entre as duas personalidades. Até onde sei, esses dias não tinham significado especial para Uttara. Ela não era devota de Durga — para cuja veneração os *ashtamis* são especiais — antes do surgimento de Sharada. Contudo, a consciência de um *ashtami* teria de algum modo afetado a personalidade de Uttara para estimular a presumivelmente adormecida Sharada a despertar e aparecer exatamente nessa ocasião.

Temos de admitir uma penetrabilidade similar para explicar a atração que tanto Sharada como Uttara sentiam pelo doutor Joshi. Uttara nutria essa atração mesmo antes da época em que Sharada apareceu pela primeira vez. Sharada acreditava que o doutor Joshi era seu marido. Ela dizia que seu marido, Vishwanath Mukhopadhaya, era médico, e o fato de o doutor Joshi também ser pode ter servido de estímulo para que ela o identificasse como tal. Tanto Uttara como Sharada pensavam nele como alguém significativo em suas vidas, embora de diferentes maneiras. Uttara sem dúvida reconhecia o doutor Joshi como uma pessoa que vivia no último quarto do século 20; Sharada o via como — da mesma forma que ela mesma — se tivesse sido de algum modo transportado de Bengala do início do século 19 para Nagpur.

Uttara se tornou inequivocamente mais religiosa após o surgimento de Sharada. Mencionei que, antes disso, ela não era indiferente à religião, mas tampouco era fervorosa. Não se dedicava a rituais diários de veneração e só participava das cerimônias cotidianas da família quando sua mãe estava doente. No início de 1976, no entanto, ela começou a executar rituais diariamente e, por volta do fim do ano, estava fazendo suas devoções e meditando por meia hora três vezes ao dia. O diário de Uttara (sobretudo nos primeiros nove meses de 1976) revela um profundo interesse em atividades religiosas, como a meditação. Essa mudança de Uttara para uma religiosidade maior não ocorreu necessariamente por causa de uma influência direta da personalidade Sharada. Pode ter resultado — muito provavelmente — do efeito em Uttara de toda a experiência que, naturalmente, incluiria tudo que sua família e outras pessoas lhe contaram sobre Sharada.

A língua falada por Sharada

O bengali, o marata e sua relação com o sânscrito. O sânscrito é uma língua indo-europeia que se desenvolveu a partir de um dialeto indo-árico do norte da Índia. Consolidou-se como meio literário permanente por volta do século 4 a.C. O sânscrito, que significa "nobre" ou "perfeito", era uma língua de governantes, sacerdotes, eruditos e seus pares das classes mais altas. As línguas modernas faladas (e escritas) do norte e do centro da Índia descendem de vernáculos de classes mais baixas que eram contemporâneos do sânscrito na época em que gramáticos o sistematizaram. Essas línguas são chamadas de *prakrits*, palavra que significa "plebeu". O sânscrito foi registrado na forma que lhe foi dada por eruditos, notadamente Panini[60], mais de 2 mil anos atrás. Deixou de ser um idioma falado, exceto entre eruditos, e se tornou, como o latim após a queda do Império Romano, uma língua morta. Mas os *prakrits* continuaram a evoluir. Três de seus descendentes, o híndi, o bengali e o marata, são as línguas

---

60 Panini (séculos 4 e 3 a.C.) foi um estudioso do sânscrito e gramático a quem geralmente se atribui a composição da gramática sânscrita.

majoritárias da Índia moderna. Predecessoras discerníveis dessas línguas modernas surgiram durante os séculos 11 e 12 d.C. Hoje elas são mutuamente ininteligíveis e, portanto, mais distantes do que dialetos de uma língua isolada. Ao mesmo tempo, contêm muitas características similares de vocabulário e gramática que basicamente derivam de seu ancestral comum. Como já indiquei anteriormente, esse ancestral não é o sânscrito, estritamente falando. Contudo, Beames (1966, p. 2) estava mais ou menos correto ao afirmar que "o sânscrito é para o híndi e seus confrades [incluindo o bengali e o marata] o que o latim é para o italiano e o espanhol". E da mesma forma que um italiano consegue aprender espanhol mais facilmente do que um alemão, o falante de uma das línguas sanscríticas da Índia moderna consegue aprender outra língua sanscrítica mais facilmente do que alguém cuja língua materna é, digamos, o alemão, o inglês ou o chinês.

Das três línguas modernas — híndi, bengali e marata —, o bengali é o mais próximo do sânscrito[61]. Ele tem muitas palavras sânscritas conservadas mais ou menos em sua forma original, e as pessoas instruídas em sânscrito conseguem aprender bengali muito mais facilmente. Uttara estudou sânscrito por vários anos e alcançou certa proficiência na língua. Isso sem dúvida aumentou seu potencial para aprender bengali, e teremos de decidir se seu conhecimento de sânscrito explica completamente a habilidade de Sharada de falar bengali.

Os britânicos dominaram a Índia por cerca de 200 anos, da metade do século 18 até a independência do país, em

---

[61] Para mais informações sobre as relações entre as línguas indianas modernas e o sânscrito, ver Beames (1966) e Chatterji (1926, 1963).

1947. À medida que estenderam seu poder, a língua inglesa se espalhou pela Índia. Por uma série de decretos de 1835 em diante, eles fizeram do inglês a língua oficial do governo e promoveram seu ensino nas escolas indianas. Da metade do século 19 até a independência, o conhecimento do inglês virou requisito para se trabalhar em qualquer repartição governamental e passou a ser cada vez mais usado também no comércio. Por esses motivos, e também porque o inglês já tinha, ou teria mais tarde, muitos termos para inventos e aperfeiçoamentos técnicos, as línguas faladas na Índia assimilaram numerosas palavras do idioma. O híndi, por exemplo, simplesmente usa palavras inglesas não modificadas, como *railway station* [estação ferroviária] e *bus station* [estação rodoviária]. O bengali moderno contém muitos empréstimos do inglês, mas o bengali da década de 1820, falado antes da expansão do inglês e da instrução nessa língua, não contém quase nenhum. Devemos lembrar, contudo, que empréstimos do inglês entram no vocabulário do bengali de acordo com o tópico da conversa ou da escrita. Discussões sobre assuntos técnicos, inclusive médicos, podem exigir um vocabulário do qual 20% é inglês; mas os bengaleses conseguem falar longamente sobre questões religiosas e filosóficas sem usar uma palavra inglesa sequer.

Os persas também contribuíram com um número significativo de palavras para o vocabulário do bengali. Isso se deve à conquista de Bengala pelo Império Mogol durante o reinado de Akbar (1542-1605). Daquela época até a Companhia das Índias Orientais assumir o controle de Bengala, em 1757, Bengala foi uma satrapia do imperador mogol em Delhi. O governo estava nas mãos de muçulmanos, cuja língua influenciou a maioria hindu que eles governavam. Em 1916, 3,3% do vocabulário do bengali era constituído por palavras persas (Chatterji, 1963).

Das três línguas sanscríticas modernas às quais nos referimos aqui, o bengali e o híndi são parcialmente mais próximos um do outro do que do marata. Falantes do bengali com frequência conseguem entender alguma coisa do híndi sem aprendê-lo; e, da mesma forma, falantes do híndi em geral conseguem entender algo do bengali falado. Falantes do marata também conseguem entender algo do híndi sem aprendê-lo e falantes do híndi entendem um pouco de marata. De fato, a doutora Pasricha (uma falante nativa do híndi e do punjabi) me contou que entendia bem melhor o marata falado em Maharashtra do que o pouco de bengali que dois de nossos informantes falavam entre si.

Em 1969, tive a oportunidade de observar a habilidade e a dificuldade de falantes do híndi para entender o bengali quando o doutor Jamuna Prasad e o doutor L. P. Mehrotra (ambos falantes do híndi e naturais de Uttar Pradesh) me acompanharam em uma viagem a Bengala para investigações. O professor Pal atuou como nosso intérprete nas entrevistas com falantes do bengali. Não teríamos conseguido nos arranjar sem ele. O doutor Mehrotra e o doutor Jamuna Prasad conseguiam acompanhar o bengali falado pelos informantes até certo ponto, mas não mais do que isso. No final de nossa estada em Bengala, o doutor Mehrotra comentou que estava começando a entender melhor os falantes do bengali do que quando tinha chegado ao Estado, vários dias antes.

Capacidade de falar bengali responsivamente. Sobre a habilidade de Sharada de falar bengali responsivamente, obtive afirmações independentes de oito falantes dessa língua que tinham conversado com ela. M. C.

Bhattacharya foi o primeiro deles a falar com Sharada. Conversou com ela pela primeira vez em seu templo, em 3 de fevereiro de 1974. Após uma fase em que Uttara esteve no controle, Sharada apareceu novamente e o sacerdote teve outra conversa com ela em seu templo. Nessa ocasião, ele fez anotações em bengali da conversa. A tradução de trechos dessas anotações está reproduzida no Apêndice B.

Em 2 de julho de 1975, quando a doutora Pasricha ficou sabendo que Sharada havia aparecido, M. C. Bhattacharya a acompanhou à casa dos Huddars, onde ela gravou em fita uma conversa entre o sacerdote e Sharada. Também reproduzi trechos traduzidos da transcrição dessa gravação no Apêndice B. Eles mostram a habilidade de Sharada de entender bengali e de reagir a afirmações feitas nessa língua com respostas compreensíveis também em bengali.

M. C. Bhattacharya disse que, embora Sharada soubesse falar bengali de forma inteligível, ela não o fazia fluentemente e às vezes tinha de procurar palavras. Inclusive, ele notou que a certa altura ela usou uma palavra híndi em vez de bengali.

O doutor Roy conheceu Sharada e falou com ela em 8 de fevereiro de 1975. Eles conversaram em bengali por cerca de duas horas. Em novembro de 1975, ele discutiu comigo suas observações acerca da habilidade de Sharada de falar o bengali, e assinou uma declaração da qual extraí o seguinte:

> No início de fevereiro de 1975, visitei a casa da senhorita Uttara Huddar, de Nagpur, e lá conheci a personalidade Sharada, que vinha se manifestando através da senhorita Huddar. Conversei exclusivamente em bengali com Sharada por cerca de duas horas. Suas respostas foram compreensíveis e ela demonstrou um domínio completo da língua.

O doutor Sinha se encontrou com Sharada quatro vezes entre fevereiro e novembro de 1975. Ele teve conversas com ela que duraram de 30 a 45 minutos em cada uma dessas ocasiões. Numa entrevista que tive com o doutor Sinha em 21 de novembro de 1975, ele afirmou: "Ela [Sharada] entendeu tudo que eu disse em bengali e deu respostas compreensíveis em bengali".

O doutor Sinha fez uma gravação em fita de uma conversa que teve com Sharada em 7 de maio de 1976, da qual alguns trechos traduzidos estão reproduzidos no Apêndice B. Eles mostram que Sharada sabia falar bengali responsivamente e também que, às vezes, ela fazia declarações bastante longas.

O professor Pal teve várias conversas extensas com Sharada. A primeira aconteceu em outubro de 1975. No relatório que fez para mim desse encontro (datado de 31 de outubro de 1975), ele escreveu: "Uma conversa longa se seguiu entre nós [ele e Sharada], com duração de mais ou menos uma hora e meia... Durante todo o tempo, ela falou fluentemente em bengali como uma moça bengalesa normal, e não notei nenhuma diferença de entonação em relação à de uma bengalesa".

Em outubro de 1976, o professor Pal teve outra oportunidade de conversar com Sharada, o que aconteceu sob circunstâncias quase ideais. Nesse meio-tempo, ele tinha feito amizade com os Huddars, que o haviam convidado para se hospedar na casa deles em sua terceira visita a Nagpur. Durante esse período na casa dos Huddars, Sharada surgiu e permaneceu no controle por 36 horas. O professor Pal me escreveu, em um relatório (de novembro de 1976): "Conversei com Sharada por cerca de dez horas. Nem eu nem ela tivemos qualquer dificuldade de entender uma palavra que fosse do que o outro estava dizendo. Conversamos com fluência normal".

Os outros falantes de bengali (todos naturais de Bengala) que incluí entre as oito pessoas referidas anteriormente eram todas mulheres: a senhora Rebha Sinha (esposa do doutor Sinha), a senhora Sushuma Kar (tia paterna do doutor Sinha), a senhora Pratiba Mukherjee e a senhora Karuna Mitra (a senhora Mitra se tornou vizinha dos Huddars quando eles mudaram de casa em Nagpur; mas ela não tinha morado perto deles nem conhecido Sharada antes dessa mudança, que aconteceu mais de dois anos depois do primeiro surgimento de Sharada). Todas as quatro informantes disseram que Sharada falara bengali de forma inteligível com elas. Três delas (a senhora Sinha, a senhora Kar e a senhora Mitra) disseram que Sharada se expressava em bengali sem esforço e fluentemente. A senhora Mukherjee não mencionou a característica de fluência, e não a questionei sobre isso, mas ela contou que, no dia em que conheceu e conversou com Sharada, esta "teve um problema na garganta" e falou apenas em sussurros, tendo escrito algumas de suas respostas em vez de falar.

Não incluí o doutor Dutta na lista de pessoas que conversaram em bengali com Sharada porque, quando ele se encontrou com ela, ela não falou, mas escreveu a ele em bengali.

Mencionei anteriormente meu desejo de conhecer outras opiniões sobre o bengali de Sharada. Elas foram obtidas de dois nativos de Bengala que concordaram em examinar as duas gravações em fita feitas em Nagpur nos dias 2 de julho de 1975 e 7 de maio de 1976.

O senhor Ranjan Borra, bibliotecário sênior do Departamento Sul-Asiático da Biblioteca do Congresso, transcreveu essas duas gravações em 1980 e, em seguida, discutimos suas observações e sua opinião sobre a língua de Sharada. Após essa conversa, preparei um relatório no qual tentei expressar resumidamente o que o senhor Borra tinha me dito. Enviei esse relatório ao senhor Borra, que fez algumas alterações e aprovou para publicação o seguinte texto:

> Do material que examinei nas duas gravações de entrevistas durante as quais a personalidade Sharada falou e cantou, posso fazer as seguintes afirmações (as entrevistas em questão aconteceram em Nagpur, Maharashtra, em 2 de julho de 1975 e 7 de maio de 1976).
>
> Sharada sem dúvida falava bengali responsivamente, isto é, conseguia entender perguntas feitas em bengali e responder a elas adequadamente em bengali.
>
> Seu bengali não era fluente e, às vezes, encontrar a palavra certa parecia ser um esforço para ela. As pessoas que a entrevistaram às vezes tinham de repetir ou reformular a pergunta, mas finalmente ela dava uma resposta compreensível — em bengali. Não notei nenhum caso em que o teor da pergunta feita a ela pudesse lhe fornecer a resposta.
>
> Como um todo, a gramática bengali de Sharada estava correta, mas ela cometeu alguns erros.
>
> A pronúncia bengali de Sharada sem dúvida não era a de um falante nativo da língua. Era mais a de um não bengalês que aprendeu a falar o idioma após a infância. Eu diria que a pronúncia de Sharada ao falar bengali era a de um norte-indiano, mais provavelmente um falante nativo do híndi.
>
> Da amostra que pude examinar, não posso dar nenhuma opinião sobre a extensão do vocabulário bengali de Sharada.
>
> Não sou um *expert* na datação do bengali no que se refere a períodos anteriores da língua, assim, nada posso dizer sobre sua provável data a partir de suas características internas. Contudo, as músicas que Sharada cantou e os *slokas* ["versos"] sânscritos que ela recitou são originários de um período bastante distante dos tempos modernos, digamos do século 19 ou mesmo do século 18, quando tais canções eram populares. Com isso não quero dizer que essas músicas e *slokas* nunca seriam ouvidas hoje em dia, mas eles não são tão comuns

quanto eram antes. Em contrapartida, nos séculos 18 e 19 era provavelmente habitual para os bengaleses cantar tais canções e recitar *slokas* sânscritos, como fez Sharada. Essa característica me levaria a situar sua vida nos séculos 18 ou 19.

Devido à sua pronúncia norte-indiana, não pude afirmar que Sharada falava como uma bengalesa de um distrito específico de Bengala.

O segundo *expert* em bengali que consultei durante esse período da investigação foi o professor Sisir Kumar Das, cujas afirmações sobre o caso citarei em detalhes numa seção posterior sobre as características do bengali de Sharada.

Habilidade de ler e escrever em bengali. Numa das ocasiões em que M. C. Bhattacharya se encontrou com Sharada, no início de 1974, ela estava lendo um livro escrito em bengali. O sacerdote lhe pediu que lesse um trecho para ele e achou que ela conseguiu fazê-lo, apesar de omitir algumas "palavras difíceis". Ele descreveu sua pronúncia como "diferente", mas não especificou qual era a diferença. Sharada disse (tanto ao doutor Sinha como ao professor Pal) que sabia ler e, quando o doutor Sinha a conheceu, deparou-se com ela lendo um exemplar do *Mahabharata* em bengali. Não acho, contudo, que ele ou o professor Pal tenham realmente testado a habilidade de Sharada de ler em bengali.

M. C. Bhattacharya descobriu que Sharada sabia escrever em bengali os nomes de seu marido e de seu sogro (o fato de ela escrever esses nomes em vez de falar vinha da habitual relutância das mulheres hindus a pronunciarem os nomes dos maridos e de parentes masculinos mais velhos. Esse recato cultural diminuiu desde a época de Sharada, mas persiste em algum grau mesmo hoje em dia). M. C. Bhattacharya disse que Sharada havia escrito corretamente em bengali, com exceção de uma vogal escrita em híndi. Ele comentou que sua escrita era parecida com a de crianças.

O doutor Dutta conheceu Sharada no início de março de 1974, durante a fase em que ela não sabia falar, mas era capaz de entender o bengali que ele falava e também de responder às perguntas dele escrevendo em bengali. Ele disse que a escrita em bengali de Sharada geralmente era correta, mas que ela cometia erros de grafia, e afirmou, ainda, que sua escrita e os respectivos erros lembravam mais os de uma criança bengalesa que estivesse aprendendo a escrever do que de uma falante de outra língua que não o bengali.

Quando o doutor Sinha conheceu Sharada, em 23 de fevereiro de 1975, ela falou com ele e, depois que ele lhe deu caneta e papel, também escreveu sete palavras em bengali. No encontro de ambos em 13 de outubro de 1975, ela novamente foi capaz de ouvir, mas não de falar. Contudo, mostrou-se capaz de escrever, e a conversa transcorreu com o doutor Sinha falando e Sharada escrevendo. Desse modo, Sharada escreveu cerca de trinta linhas de bengali, das quais o doutor Sinha me deu fotocópias. Algumas semanas mais tarde, quando ele mostrou a Sharada uma foto do Templo Hansheshwari em Bansberia, ela escreveu suas respostas às perguntas dele sobre o templo. Nessa ocasião, escreveu a pedido dele, não devido ao recato ou à incapacidade de falar.

Além de ter escrito nas situações mencionadas, Sharada o fez espontaneamente em outras ocasiões. Eram principalmente textos de canções devocionais, embora ela também tenha escrito pelo menos uma carta para seu marido.

Características do bengali de Sharada. Os depoimentos citados acima mostram que a maioria das pessoas que tiveram a chance de conversar com Sharada em bengali descobriu que ela sabia falar a língua fluentemente. Ela às vezes mantinha longas conversas nessa língua e em uma velocidade normal. Essa fluência confere ao caso um contraste marcante em relação aos casos de Jensen e Gretchen, que falavam bem vagarosamente e com esforço visível. Além disso, eles nunca falavam mais do que frases curtas.

Quanto à pronúncia bengali de Sharada, obtive opiniões diversas. M. C. Bhattacharya afirmou que ela era "diferente", mas não descreveu a diferença em detalhes. Com relação à pronúncia de Sharada ao entoar canções religiosas, ele disse que era "correta, como do tipo religioso antigo".

Ao discutir o caso comigo em 21 de novembro de 1975, o doutor Roy disse que "a pronúncia do bengali de Sharada não era perfeitamente normal" e "não era boa". Na declaração assinada à qual me referi anteriormente, ele afirmou que sua pronúncia "de algumas palavras não correspondia exatamente à pronúncia do bengali moderno. Achei que isso se devia ao hábito de Uttara de falar a língua marata".

Sushuma Kar, uma nativa de Bengala (nascida no sul de Calcutá) que tinha vivido em Saptagram (situada na área da atual Bengala Ocidental, onde Sharada afirmava ter vivido), disse que sua pronúncia era igual à do povo daquela região. Além disso, ela comentou o uso que Sharada fazia da palavra *more* (em português, "mina") em vez do bengali moderno *amar*. M. C. Bhattacharya também comentou o uso de *more* em vez de *amar*, e disse ter descoberto que essa era uma característica do dialeto de bengali falado em Burdwan.

O professor Pal, numa carta a mim dirigida, datada de 10 de abril de 1976, relatou suas observações sobre o bengali de Sharada como segue:

> Achei sua entonação e sua pronúncia exatamente como as minhas. Isso era tão esperado quanto o fato de nós dois termos

vivido a oito quilômetros um do outro[62]. A língua falada difere de distrito para distrito, notadamente entre os distritos orientais da Bengala Oriental [hoje Bangladesh] e os distritos ocidentais da Bengala Ocidental. A diferença no período de 150 anos na mesma área seria insignificante, embora alguma diferença possa ser perceptível na língua escrita [...]. Obviamente, Sharada estava falando um idioma ainda não influenciado pela língua e pela cultura inglesas. Enquanto usamos cerca de 20% de palavras do inglês em nossas conversas em bengali, Sharada não usa uma única palavra inglesa em conversas longas. Ela nunca menciona os nomes de família anglicizados, tais como Chatterjee e Mukherjee, mas invariavelmente [dá] os corretos [...], Chattopadhaya e Mukhopadhaya. [...] De vez em quando, ela usa uma forma arcaica como *more* (em português, "mina"), ao passo que usamos *amar*, mas as formas arcaicas ainda são usadas em poesia. Sua língua tem mais palavras sânscritas do que o bengali moderno.

Quando o professor Pal e eu nos encontramos em Nagpur em novembro de 1976, ele me ditou anotações de algumas observações e interpretações adicionais da língua de Sharada. Elas incluíam as seguintes afirmações:

> A pronúncia e a entonação de Sharada parecem mostrar alguma influência do híndi. Isso pode se originar, em primeiro lugar, de uma influência dos falantes dessa língua sobre os habitantes de Saptagram, que era um importante porto para todo o norte da Índia no começo do século 19, antes de Calcutá ganhar proeminência. Ainda hoje, na área de Saptagram, as pessoas usam algumas palavras do híndi nas conversas cotidianas em bengali; tais palavras não são encontradas em outras áreas onde bengaleses vivem. O povo de Saptagram diz *banao* (em português, "preparar"), enquanto bengaleses de outros distritos

---

62 O professor Pal nasceu e foi criado numa área de Bengala perto de onde Sharada dizia ter vivido. Ele viveu por muitos anos em Chinsurah, que fica a cerca de dez quilômetros de Bansberia e das outras comunidades de Saptagram.

dizem *taiyar karo* (em português, "tornar pronto"). Ela [a pronúncia de Sharada] pode [também] ser atribuída ao fato de que Sharada está falando através de um "canal vocal" acostumado a pronunciar palavras em marata.

Em seu relatório de novembro de 1976, o professor Pal sugeriu ainda outra explicação para o sotaque marata ou híndi observado no bengali de Sharada. É que a pronúncia de Sharada pode derivar de uma semelhança entre o bengali falado no início do século 19 e o marata moderno. Após chamar a atenção, pela primeira vez, para o fato de Sharada ter pronunciado duas consoantes como elas são faladas em sânscrito e como seriam faladas por uma família de eruditos estudiosos do sânscrito, ele prosseguiu:

> A pronúncia correta está mais ou menos conservada no híndi, no marata e em algumas outras línguas indianas, ao passo que os bengaleses modernos a perderam e são, portanto, ridicularizados pelos outros. Essa pronúncia correta de duas consoantes, que predominava no Bengala dos séculos 18 e 19 e ainda é mantida pelos eruditos bengaleses estudiosos do sânscrito, provavelmente é mal compreendida por alguns visitantes bengaleses [para Sharada] [...] como um sotaque híndi ou marata na pronúncia de Sharada, mas eles esquecem que pode ser bengali ou sânscrito antigo.

No trecho dessa carta de 10 de abril de 1976 que citei acima, o professor Pal notou o uso que Sharada fazia de palavras em bengali arcaico e de mais palavras sânscritas do que o falante usual de bengali moderno empregaria. Outros observadores também comentaram essa característica do bengali de Sharada. Por exemplo, o doutor Roy: "Seu vocabulário incluía várias palavras em sânscrito" e "Ela usava uma espécie de bengali sanscritizado — próximo do sânscrito". M. C. Bhattacharya igualmente falou da ocorrência de palavras sânscritas no bengali de Sharada. Ele achou que ela as usava quando não conseguia se lembrar de uma palavra correta em bengali para o que queria dizer, e observou que ele próprio, ao tentar falar híndi — sendo o bengali sua língua materna —, às vezes usava uma palavra em sânscrito se não conseguia se lembrar da palavra em híndi.

O professor Pal fez uma lista de algumas das palavras em bengali faladas por Sharada que o tinham impressionado de maneira especial e listou as palavras correspondentes em bengali moderno. Com a ajuda de sua filha, a doutora Purabi Pal (uma estudiosa do sânscrito), de informantes falantes do marata que não são membros da família de Uttara e da doutora Pasricha, as palavras equivalentes em sânscrito, marata e híndi foram acrescentadas à relação. Reproduzo a lista completa na Tabela 7.

Não é inteiramente correto dizer que Sharada não usava *nenhuma* palavra inglesa. Ela conhecia a palavra "*company*", que por mais de 150 anos na Índia significou (*British*) *East India Company* [Companhia (Britânica) das Índias Orientais]. Sharada dizia "*company raj*" para se referir ao domínio da companhia. E, quando o doutor Sinha lhe mostrou o impresso em inglês em seu papel de carta, ela o reconheceu como escrita "da companhia".

Na conversa entre M. C. Bhattacharya e Sharada ocorrida em 2 de julho de 1975, ele lhe perguntou se ela sabia escrever "a língua dos *sahibs* [os ingleses]", e a resposta foi: "*Come, come*". O sacerdote achou que ela estava dizendo *komkom* em bengali, que significa "um pouco", indicando que ela sabia escrever um pouco de inglês, mas não muito. Sharada, contudo, o corrigiu e afirmou que queria dizer *venha, venha* (em inglês). Ela não usou outras palavras inglesas durante essa longa entrevista.

Apresentarei agora os comentários e conclusões do doutor Sisir Kumar Das (professor de bengali da cátedra Tagore do Departamento de Línguas Modernas Indianas da Universidade de Delhi), que examinou as duas gravações mencionadas da fala e das canções de Sharada, feitas em 1975 e 1976 (essas são as gravações que o senhor Ranjan Borra também examinou). Também forneci ao professor Das cópias de amostras da caligrafia de Sharada obtidas pelo doutor Sinha. Na época em que o professor Das examinou as gravações e os escritos, eu tinha lhe fornecido apenas um breve resumo do caso, que incluía um pouco mais de informações de uma mulher não bengalesa que parecia ser capaz de falar bengali durante certas alterações periódicas de personalidade, quando uma personalidade secundária chamada Sharada se manifestava.

Primeiro, pedi ao professor Das que respondesse a uma série de perguntas minhas sobre o bengali de Sharada. Eis suas respostas (levemente editadas, com sua aprovação, para facilitar a compreensão):

P.   Sharada fala bengali?
R.   Sim, Sharada fala bengali. Seu bengali, contudo, não é muito natural e fluente. É um bengali fora dos padrões com um sotaque estrangeiro.
P.   Se ela fala bengali, ela o faz responsivamente?
R.   Ela fala bengali responsivamente. Em uma ocasião, uma pergunta teve de ser repetida duas ou três vezes e, em outra (quando lhe perguntaram se ela foi mordida por uma cobra), ela não conseguiu entender. É possível, todavia,

que ela não estivesse suficientemente atenta naquele momento em particular. Tirando esses dois casos, ela respondeu livremente e não encontrou dificuldade para compreender as perguntas que lhe foram feitas.

P. Pode o bengali de Sharada ser identificado quanto (a) à data aproximada da língua falada e (b) ao lugar específico onde ela pode ter vivido ou onde seu estilo de língua é ou era falado?

R. A língua de Sharada não mostra nenhuma característica arcaica específica. Eu a chamaria de uma variedade do bengali moderno. Como eu já disse, não é o bengali de padrão educado. Contudo, é um dialeto fora dos padrões deste século. Sobre a localização geográfica dessa língua, posso dizer que ela se aproxima estreitamente do bengali da Bengala Ocidental. Apenas uma vez Sharada escorregou para um dialeto da Bengala Oriental (provavelmente de Dacca) — "Eu venho de Saptagram a pé" —, o que é bastante incongruente. Mas de modo geral, ela fala um dialeto da Bengala Ocidental. Porém, devo acrescentar também que a entonação e os padrões de acentuação tônica em sua língua claramente indicam que não se trata da sua língua materna.

P. Quais são as indicações na língua para essa identificação [da língua de Sharada no que se refere a um lugar e um período]?

R. Os itens léxicos usados por Sharada não nos ajudam muito nessa identificação. Seu vocabulário não contém nenhum empréstimo do inglês. Ele contém alguns empréstimos do sânscrito que são bastante comuns no discurso religioso (por exemplo, *atma* significando "alma") e palavras nativas bengalis, muitas originárias do sânscrito. Todas essas palavras são usadas no bengali moderno. Não há uma única palavra que possa ser chamada de arcaica ou obsoleta. Analisando a gramática e a sintaxe da língua de Sharada, identifico-a como um dialeto fora dos padrões do bengali da Bengala Ocidental deste século.

A característica mais evidente do bengali de Sharada é sua pronúncia, que sem dúvida é não nativa. Sharada acentua a segunda sílaba de palavras como *Sharada* e *bardhaman*, nas quais um falante nativo do idioma normalmente acentuaria a primeira sílaba. A omissão de uma vogal em seu nome, Sharada, que ela pronuncia *Shar-da*, também é muito não bengali[63]. Outra característica interessante de sua fala é a pronúncia das semivogais *w* e *y*. Em bengali, a distinção entre os sons representados pelo *b* e pelo *w*, e *j* e *y*, não é mantida. Sharada, contudo, os distingue claramente. Isso mostra que ela fala bengali de maneira diferente de um nativo. Minha conjectura é que sua primeira língua é uma das línguas indianas que mantêm a distinção ou contraste entre *b* e *w*, e *y* e *j*. Isso é mais reforçado pelo seu uso, ou deverei dizer mau uso, de cópulas em certos tipos de frases bengalis (por exemplo, *eta apnar bon ache* ["Esta é sua irmã"]). Um falante nativo desse idioma nunca usaria o verbo *ache* nessa frase. O uso de *eta* ["esta"] é também muito não bengali. Minha opinião ponderada sobre a língua de Sharada é que se trata de um bengali falado por um falante de híndi, marata ou gujarati. *Não é o bengali como falado pelos bengaleses.*

P. As canções que Sharada canta podem ser relacionadas com o período em que elas foram compostas e cantadas pela primeira vez?

---

63 Sharada pronunciava seu nome (como eu mesmo pude notar facilmente ao ouvir uma das fitas) como "Shar-da". Porque, como o professor Das afirmou, ela omitia a segunda vogal, a palavra que ela pronunciava tem, na verdade, apenas duas sílabas, com o acento mais ou menos igualmente em cada uma. Apesar disso, Sharada (com três sílabas) parece a melhor romanização do nome.

TABELA 7. Algumas palavras em bengali e suas correspondentes em outras línguas

Palavras de Sharada	Sânscrito	Bengali moderno	Marata	Hindi	Tradução ou descrição
masi	matrishwasa	masi	maoshi	mausi	irmã da mãe
meso	matrishvasripati	meso	kaka, mausa	mausa	marido da irmã da mãe
yavana	yavana	musulman	musalman	musalman	muçulmano
more	mama	amar	majha	meri (feminino) mera (masculino)	mina
ghati	ghatika	ghanta	tas	ghanta	hora
sannipatikjwara	sannipatikjwara	typhoid	typhoid, visamajwara	motijhara	febre tifóide
java	java	java	jasvand, jaswandi	jasvant, gurhal	um tipo de flor vermelha usada em rituais devocionais (hibisco)
aparajita	aparajita	aparajita	gokarna	aparajit, gokarna	um tipo de flor azul
kamla nebu	narangam	kamla nebu	santara	santara, narangi	laranja
ruti	rotika	ruti	poli	roti	pão
bhata, anna	bhaktam	bhata	bhat	chaval	arroz cozido
jala, jal	jalam	jala, jal	pani	pani	água
ghol	ghola	ghol	tak	lassi, chach	soro (de leite)
bhog dasi	varangana	rakshita	rakheli, thevaleli	rakhail	senhora

TABELA 7. (Continuação)

kaviraj	vaidya	kaviraj	vaidya	vaidya, vaidyaraj	médico ayurvédico
dwadash	dwadesha	baro	bara	barah	doze
astadash	astadasha	athara	athra	atharah	dezoito
ekabimshati	ekabimshati	ekus	ekwis	ikkis	vinte e um
panchasat	panchasat	panchas	pannas	pachchas	cinquenta
ami	aham	ami	mi	main	eu
amra	bayam	amra	amhi	ham	nós
sephali	sephali	sewli	prajakt	parijat, harshingar	um tipo de flor branca pequena
nayantara	nayantara	nayantara	sadaphuli	sadabahar	um tipo de flor branca pequena
sandhyamani	sandhyamani	sandhyamani	gulbakshi, gulbaksh	gulabbas	um tipo de flor colorida pequena

NOTA: As palavras de línguas indianas foram romanizadas sem diacríticos. Em alguns poucos casos, informantes diferentes ofereceram palavras diferentes ou variantes, às vezes dadas aqui.

R. Infelizmente isso se aproxima do impossível. A canção *Epar Ganga Opar Ganga* ["O Ganges neste lado e o Ganges no outro lado"] é bastante antiga, mas a data de sua composição é incerta. A canção *Oh, Nitai, be merciful* — eu nunca a tinha ouvido — pode ser antiga. Nitai, um companheiro do santo bengalês Chaitanya, viveu no século 16.

Numa carta posterior, pedi que o professor Das desenvolvesse suas afirmações relativas à datação do bengali de Sharada como um bengali moderno. Ele fez isso numa longa declaração em carta datada de 8 de julho de 1980. Dela reproduzo os seguintes trechos (novamente com leves modificações das palavras originais, aprovadas pelo professor):

A questão sobre se o bengali de Sharada de fato contém características incompatíveis com o bengali falado no início do século 19 é sem dúvida muito pertinente e importante. Todos os estudiosos bengaleses concordam que o "bengali moderno" começa por volta de 1800. Portanto, tanto o bengali do século 19 como o do século 20 incluem-se no bengali moderno. Mas o senhor sabe que a periodização na história das línguas é baseada em mudanças importantes e significativas no sistema de som, padrões gramaticais e, em algum grau, nos itens léxicos de uma dada língua. Tais divisões são geralmente amplas. É sempre possível e, em certos casos, muito necessário subdividir esses períodos, tais como antigo, médio e moderno, em segmentos menores. É quase impossível demarcar o período em que o bengali moderno inicial foi substituído pelo bengali moderno tardio, e espero que o senhor não insista nesse ponto. O bengali de Sharada (nas gravações que examinei) não contém nenhuma característica arcaica que evidencie que ele pode ser classificado como bengali moderno inicial.

O vocabulário usado por Sharada, infelizmente, não nos ajuda muito. Não é verdade que o bengali falado do século 19 era mais sanscritizado do que o bengali falado moderno. Isso é verdadeiro no caso do bengali escrito, mas não há evidências que sugiram que o bengali falado continha uma proporção maior de palavras sânscritas. Mas, mesmo se admitirmos que o bengali falado do século 19 tinha mais palavras sânscritas do que o bengali moderno, o idioma usado por Sharada dificilmente satisfaz a esse critério. Ele não contém muitas palavras sânscritas que possam ser empréstimos. Aproximadamente 50% das palavras do bengali vêm do sânscrito. Elas são parte essencial da língua bengali, e não é possível substituí-las. No bengali de Sharada, palavras como *atma* ["alma"] [e] *bhagaban* ["Deus"] aparecem com frequência. Mas, embora sejam palavras sânscritas, não podem ser substituídas por nenhuma palavra nativa. Na verdade, acho que o vocabulário de Sharada é bastante dúbio.

O senhor mencionou a falta de palavras inglesas no bengali de Sharada. Isso é sem dúvida interessante. O senhor está certo quanto ao fato de o bengali falado moderno conter uma alta porcentagem de palavras inglesas — na verdade muito mais alta do que sugerido por Chatterji, cujo cálculo foi baseado apenas em dicionários[64]. Mas temos de lembrar que o vocabulário é amplamente determinado pelo contexto. Dois médicos bengaleses discutindo um problema médico tenderiam a usar um grande número de palavras estrangeiras, enquanto uma discussão sobre teologia ou mitologia hindus é possível sem o emprego de uma única palavra de inglês. Talvez esses exemplos sejam um tanto extremos. Mas o que quero dizer é que as conversas de Sharada com o senhor Bhattacharya, o doutor Sinha e outros (nas gravações que me foram fornecidas) centraram-se exclusivamente em um tópico[65]. Eu me pergunto como ela teria

---

64 Chatterji (1926) estimou, a partir da contagem de palavras em um dicionário de bengali publicado em 1916, que 1,25% das palavras bengalis eram de origem europeia, incluindo as do inglês, do português e de outras derivações. A maioria dessas palavras seria do inglês. Os números de Chatterji com relação a empréstimos do inglês estão bem abaixo do estimado (20%) para o bengali moderno pelo professor Pal em sua carta de 10 de abril de 1976, citada anteriormente. O professor Das explica aqui o uso variado de empréstimos do inglês em diferentes contextos.

65 Dos trechos das conversas reproduzidos no Apêndice B, pensaríamos que o professor Das considerou a família de Sharada como o único tópico abordado; contudo, se levarmos em conta as músicas devocionais que ela cantou (também gravadas nas fitas examinadas por ele), teríamos de acrescentar a religião como um tópico importante.

respondido a outros tópicos envolvendo informações e ideias que chegaram à Índia por meio de fontes ocidentais. Também devo acrescentar que o uso de empréstimos do inglês é mais comum por bengaleses urbanos instruídos do que por bengaleses não instruídos e/ou de aldeias. Pelas evidências das amostras das gravações, eu não qualificaria Sharada nem como urbanizada nem como muito instruída. Também é possível que ela nunca tenha sido exposta às comodidades da vida urbana moderna. Mas isso é uma suposição minha. A falta de empréstimos do inglês em sua fala é um pouco intrigante, sem dúvida, mas espero que uma amostra maior de suas conversas ilumine mais essa questão.

O que acho mais notável na fala de Sharada é a falta de empréstimos do persa. Até a metade do século 19, palavras persas ou, para ser mais preciso, palavras de origem persa-árabe eram muito comuns no bengali. O senhor talvez saiba que o persa foi por muito tempo a língua dos assuntos judiciários e administrativos em Bengala, tendo sido substituída pelo inglês em 1835. Mas, novamente, palavras persas eram usadas em determinados contextos, especialmente os ligados a terras, fisco, legislação etc. Sharada se refere a Sirajuddulla como o rei de Dacca. A palavra usada por ela para rei é *raja*, uma palavra bengali comum. Sinto que um bengalês do século 19 tenderia a empregar a palavra *nabab* nesse contexto. Siraj foi, na verdade, o último *nabab* de Bengala, que morreu em 1757. Sua capital era Murshidabad, na Bengala Ocidental, e não em Dacca. Eu me pergunto se um bengalês do início do século 19 cometeria tal erro.

O ponto mais importante que eu gostaria de ressaltar é que a variedade de bengali que Sharada fala não é bengali nativo. Seus padrões de acentuação e entonação são sem dúvida não nativos. Sua sintaxe também é diferente. Seu emprego de verbos em frases de identificação (por exemplo, frases como: "John é médico", "Ele é bengalês" etc.) é bastante peculiar. A estrutura bengali equivalente será do seguinte tipo: "John médico" (*John daktar*), "Ele bengalês" (*se bangali*). Um bengalês nunca usará um verbo em tais frases. Sharada usa. Ademais, um bengalês nunca diria frases como: "*ami suneche* ['ouvi falar']", "*kar biye ache* ['casamento de quem?']". Esses fatos mostram que o bengali de Sharada se assemelha ao de um falante não nativo da língua. Além disso, seu bengali é como o falado no século 20, mais do que o falado no século 19.

As amostras da caligrafia de Sharada, além disso, confirmam minha opinião. Seu *u* escrito em palavras como *jul* e *thakur* não é bengali, mas devanagári, que é a escrita usada no híndi e no marata. Um bengalês nunca empregaria essa grafia para a vogal *u*. Mas alguém que esteja familiarizado com o devanagári tenderia a incorrer em tal engano. No total, a forma devanagári do *u* ocorre 25 vezes nas amostras da caligrafia de Sharada, e a forma correta de *u* bengali, apenas três vezes[66]. O sistema devanagári de escrita predomina não só em relação à vogal *u*, mas também a várias consoantes. Portanto, concluo que a própria língua de Sharada (língua materna) não é o bengali. Ela se parece com a de alguém que adquiriu o bengali como uma segunda língua, embora não muito perfeitamente. E quando considero essa possibilidade, a outra possibilidade, isto é, de que Sharada fala uma variedade do bengali do século 19, está automaticamente descartada.

Em outra carta a mim dirigida, datada de 16 de setembro de 1980, o professor Das fez os seguintes comentários adicionais:

> Estou inteiramente convencido de que a pronúncia de Sharada sem dúvida não é a de um falante nativo. Não encontro nenhum arcaísmo específico ou nenhuma característica peculiar que permita afirmar definitivamente que Sharada fala o bengali do século 19. Contudo, admito que não há muitos indícios de que ela *não* esteja falando o bengali do século 19. Mas no que diz respeito à sua pronúncia, bem como à sua entonação, ela fala um bengali não nativo.

---

66 O sânscrito é escrito no sistema devanagári. O professor Pal também havia notado que a grafia do *u* de Sharada era diferente da do *u* da escrita bengali. Ele tinha interpretado seu *u* como sendo do sânscrito. O professor Das, com quem troquei correspondência sobre o assunto, considerou que este era de terminologia. Permanece o fato, apesar disso, de que o *u* de Sharada era diferente daquele do bengali padrão.

Comentário. O professor Das afirmou claramente que o bengali de Sharada lhe parece moderno, com o que ele se refere não apenas ao bengali moderno do período de 1800 em diante, mas moderno no sentido de se assemelhar ao bengali falado no século 20. Ele não negou que o bengali de Sharada pudesse ser o de um período anterior, mas não encontrou nenhum indício de que seja, e pouca evidência de que não seja. Sua opinião difere, portanto, da de outros observadores, dos quais o mais capacitado em razão de sua instrução e das oportunidades de estudar a língua de Sharada é o professor Pal. Este encontrou palavras arcaicas e uma proporção mais alta do que o esperado de palavras do sânscrito no bengali de Sharada (ver Tabela 7). O doutor Roy também observou a segunda dessas características.

De todas as pessoas que investigaram o bengali de Sharada, o professor Das é o único linguista habilitado. E, uma vez que ele também é um especialista em sua língua materna, o bengali, sua opinião é incontestavelmente valiosa. Apesar disso, eu me pergunto se as diferentes oportunidades que o professor Das e o professor Pal (e o doutor Roy) tiveram de investigar o bengali de Sharada conseguiam explicar seus diferentes pontos de vista sobre a provável datação da língua. É lamentável que o professor Das (e também o senhor Borra) tenha podido examinar apenas as gravações em fita que descrevi, uma das quais é bastante curta. Os outros informantes falantes do bengali tiveram a oportunidade de conversar diretamente com Sharada e pelo menos um deles, o professor Pal, conseguiu falar com ela durante muitas horas. É possível que a data anterior que o professor Pal atribuiu ao bengali dela possa se originar das diferentes oportunidades de observação que ele teve em comparação com o material disponibilizado para o professor Das. Estou sugerindo que Sharada, em suas longas conversas com o professor Pal, possa ter apresentado uma habilidade de falar bengali maior do que a que mostrou nas entrevistas relativamente curtas que foram gravadas e disponibilizadas para o professor Das examinar. Todos que falam uma segunda língua razoavelmente bem descobrem que falam essa língua melhor depois de um período de "aquecimento"; assim, por exemplo, um falante do francês cuja língua materna é o inglês ou o alemão será muito menos preciso em seu francês no dia em que chega à França para uma visita do que estará depois de vários dias. Parte desse progresso provavelmente deriva do aprendizado de novas palavras, frases e expressões idiomáticas; mas parte, quase sem dúvida, vem também de pôr novamente em uso o vocabulário e a gramática francesas, que não são instantaneamente mobilizados quando se aprende a falar a língua, depois de um longo período sem praticá-la. Além disso, conversas longas como as que ocorreram entre Sharada e o professor Pal teriam abrangido um leque mais amplo de tópicos do que os que foram incluídos nas gravações; e isso teria fornecido uma amostra maior da língua de Sharada para avaliar questões como o uso de empréstimos do inglês e o uso de palavras que não são encontradas no bengali moderno (ou no marata moderno), algumas das quais estão listadas na Tabela 7.

Desconhecimento do híndi, do marata e do inglês. G. M. Huddar falava com Sharada em marata, mas ela não entendia. A irmã de Uttara, Charushela Luley, também tentou falar com Sharada nesse idioma e percebeu que ela não conseguia compreendê-lo.

O doutor Sinha, ao conhecer Sharada em 23 de fevereiro de 1975, estava acompanhado de um amigo marata. Ele próprio falou com Sharada apenas em bengali, mas, como combinado anteriormente, seu amigo às vezes interrompia a conversa com perguntas dirigidas a Sharada em marata. A cada vez que ele fazia isso, Sharada respondia em bengali: "Não entendo o que ele está dizendo".

O doutor Dutta disse que ele também havia tentado falar com Sharada em marata, e que tinha percebido que ela não entendia a língua.

O doutor Dutta também tentou falar com Sharada em híndi e descobriu que ela tampouco conseguia entender essa língua. G. M. Huddar também afirmou, em 1975, que ela não compreendia nada de híndi. Contudo, em 1976, o professor Pal, que ficou na casa dos Huddars durante cinco dias, incluindo 36 horas de uma fase Sharada, contou que os Huddars estavam se comunicando com Sharada por meio de um "híndi não ortodoxo" e gestos. Ao usar o híndi, eles estavam tirando vantagem da proximidade linguística entre o híndi e o bengali, em comparação com a proximidade com o marata; além disso, o híndi é uma língua franca no norte da Índia, e a maioria dos bengalis conhece um pouco o idioma. Ademais, a família de Uttara havia aprendido um pouco de bengali com Sharada, e isso ajudava na comunicação entre eles.

Como mencionei anteriormente, os cognatos e outras características comuns do bengali e do híndi possibilitam que um falante do bengali capte o significado de algumas frases em híndi (isso seria verdadeiro também para falantes do marata, mas em um grau menor). Por exemplo, quando a doutora Pasricha conheceu Sharada em 2 de julho de 1975, ela lhe perguntou, em híndi, o seu nome. Sharada imediatamente respondeu: "Sharada". As palavras em híndi para "Qual é seu nome?" são: *"Ap ka nam kya hai?"*. As palavras correspondentes em bengali são: *"Apnar nam ki?"* (o verbo não é falado).

G. M. Huddar e o doutor Roy tentaram falar com Sharada em inglês e perceberam que ela não entendia nada dessa língua (Uttara fala inglês fluentemente e obteve o mestrado em inglês na Universidade de Nagpur).

Desconhecimento do bengali por parte de Uttara

Em duas ocasiões, o doutor Sinha tentou falar com Uttara em bengali e percebeu que ela não entendia. Como ela entende e sabe falar um pouco de híndi, ele tentou misturar algumas palavras bengalis no híndi que falou ao conversar com Uttara e viu que ela também não entendia.

O professor Pal realizou em experimento semelhante. No decorrer de uma conversa com Uttara em inglês ou em híndi mal falado, ele usava algumas palavras em bengali. Uttara ficava perplexa e perguntava o que elas significavam. O professor Pal também observou que, durante os cinco dias em que esteve com os Huddars, Uttara nunca usou palavras bengalis ao conversar.

Depois que o doutor Dutta se encontrava com Sharada, ele visitava os Huddars quando a personalidade normal de Uttara estava presente e a jovem não o reconhecia. E, quando ele falava com ela em bengali, ela não entendia nada.

Perguntas sobre a possibilidade de Uttara ter aprendido bengali por meios normais

Neste tópico, considerarei primeiro a possibilidade de o conhecimento de Uttara acerca do sânscrito, que ela estudara durante vários anos, ter bastado para muni-la do conhecimento de bengali que Sharada demonstrava; depois, examinarei as oportunidades que Uttara pode ter tido de aprender bengali diretamente de falantes dessa língua.

Já mencionei que o bengali está mais próximo do sânscrito do que outras línguas modernas do norte da Índia. Duas das irmãs mais velhas de Uttara haviam estudado sânscrito, e uma delas, Charushela Luley, disse que seu conhecimento desse idioma a ajudava a "acompanhar um pouco" o que Sharada dizia. A outra dessas duas irmãs, Shailja Bhaid, tinha ido muito além nos estudos do idioma, obtivera uma medalha de ouro e um mestrado em sânscrito, e depois se tornara professora assistente de sânscrito na Universidade de Nagpur. Mas ela percebeu que não conseguia entender bem Sharada. Disse que a semelhança entre muitas palavras em bengali e sânscrito não a habilitava a seguir a fala de Sharada "porque a pronúncia de Sharada falando bengali era muito diferente do sânscrito". Shailja Bhaid também tinha tido aulas de bengali por dois meses em 1961, mas depois, segundo disse, esqueceu o que havia aprendido. Que as irmãs mais velhas de Uttara tenham conseguido alguma ajuda para entender Sharada a partir de seus estudos de sânscrito faz com que seja relevante mencionar a língua e descrever os próprios estudos do idioma por parte de Uttara.

Uttara estudou sânscrito por quatro anos no total. Durante os três primeiros, ela o aprendeu na escola, no nono, décimo e décimo primeiro graus. Quando estava no décimo primeiro grau, também teve aulas particulares por cerca de três meses com Shanker Govind Chatte. Depois de sair da escola e antes de ingressar na faculdade, Uttara estudou em uma escola particular por um ano e, em 1960, passou (com distinção) em um exame especial da língua.

Durante esses anos de estudo, Uttara e seus colegas ensaiaram e apresentaram uma peça no idioma. Eles a inscreveram num concurso em Bombaim e ficaram em segundo lugar. Uttara contou que ela e os colegas decoraram suas partes na peça, mas eram incapazes de falar sânscrito fluentemente. Uttara interrompeu os estudos da língua em 1960 (na época, ela estava mais interessada em ciência). Até 1975, contudo, ainda conseguia ler sânscrito bem o suficiente para entendê-lo.

Uttara, portanto, tinha uma instrução considerável em sânscrito, mas não acho que isso seja suficiente para tê-la habilitado (como Sharada) a falar o bengali moderno. Os trechos a seguir, extraídos de Chatterji (1963, pp. 70-73), e aqui reproduzidos sem diacríticos, mostram como o bengali moderno evoluiu de seu ancestral *prakrit*, contemporâneo do sânscrito clássico:

Inglês: *A certain man had two sons: and the younger of them said to his father, Father, give me the portion of goods that falleth to me. And he divided unto them his living.*

[Um homem tinha dois filhos. Disse o mais moço a seu pai: Meu pai, dá-me a parte dos bens que me toca. Ele repartiu seus haveres entre ambos].

Evangelho segundo São Lucas, 15: 11-12

Sânscrito: *kasya-cid manusyasya dvau putrau astam. tayoh kaniyan pitaram aha — pitah, bhavatam vittasya yo bhago mayi a-gamisyati, tam me dehi. tato'sau svam vittam vi-bhajya tabhyam pra-dadau.*

Bengali: *ek-jan lok-er du-ti chele chila. tader madhye choto-ti bapke balle — baba, apna-r bisay-er madhye ye bhag ami pabo, ta ama-ke din. ta-te ta-der bap ta-r bisay-asay ta-der madhye bhag-kare dilen.*

Marata: *kone eka manas-as don putra hote. tya-til dhakta bapa-la mhanala — baba, jo mal-matte-ca wata ma-la yawaya-ca, to de. mag tya-ne tya-s sampatti watun dili.*

Híndi: *ek admi-ka do beta tha. un-me-se chota beta bap-ko kaha — baba, ap-ka dhan-daulat-me jo bakhra hamara hoga, usko ham-ko de-dijiye. tab bap apna dhan-daulat dono-me bat diya.*

Os trechos acima também deveriam ajudar o leitor a entender a separação do bengali moderno do híndi e do marata. O conhecimento que Uttara tem do sânscrito sem dúvida teria facilitado o seu aprendizado do bengali, se ela fizesse isso por meios normais. Mas não teria bastado para torná-la fluente em bengali; não mais do que quatro anos de estudo de latim na escola secundária capacitariam alguém, catorze anos depois, a falar francês sem a prática da fala nessa própria língua.

Volto-me agora para a possibilidade de Uttara ter aprendido o próprio bengali com falantes dessa língua que ela conheceu ou com quem pode ter convivido durante a infância ou mais tarde.

Em primeiro lugar, deveríamos ter em mente que nem Uttara nem seus pais tinham estado em Bengala antes do desenvolvimento do caso (tampouco estiveram lá desde então). Assim, se Uttara aprendeu bengali, deve ter feito isso com falantes do bengali em Nagpur ou Wardha.

Os pais de Uttara — e ela própria — conseguiram se lembrar de apenas dois amigos ou conhecidos bengaleses dos primeiros anos da vida dela. Seu pai tinha um amigo de origem bengalesa que o visitava uma ou duas vezes por ano. Mas a família desse amigo vivera em Nagpur havia cerca de quarenta anos, e ele só falava marata quando estava na companhia dos Huddars. A mãe de Uttara não conseguiu se lembrar de ter encontrado esse homem, embora se lembrasse de ter ouvido o nome dele ser mencionado; mas ela podia tê-lo esquecido nos anos seguintes. G. M. Huddar conhecia outro bengalês que visitava a família durante os anos 1945-1950, quando eles estavam morando em Wardha e em Sirsi; mas ele falava híndi e nunca bengali quando na companhia dos Huddars.

Nagpur tem aproximadamente 1 milhão de habitantes. Os informantes estimaram que entre eles haja 10 mil bengaleses. Os bengaleses tiveram uma influência duradoura na vida cultural da cidade e uma participação fundamental no estabelecimento da Universidade de Nagpur. Embora a cidade seja mais próxima de Bombaim do que de Calcutá, a influência britânica a alcançou ao se espalhar para o oeste a partir de Calcutá, em vez de vir do leste a partir de Bombaim.

Os bengaleses de Nagpur estão empregados principalmente em vários departamentos governamentais, como os de estradas de ferro, correios e serviços do fisco; alguns são comerciantes. Visitei uma rua onde há várias lojas de doces de bengaleses próximas umas das outras. Os bengaleses de Nagpur não estão estabelecidos exclusivamente num único distrito da cidade. Contudo, alguns vivem em grupos. Por exemplo, existe uma aglomeração deles ao redor de um dos templos de Kali. Além disso, Nagpur tem algumas escolas nas quais a língua usada no ensino é o bengali, e falantes desse idioma vivem perto dessas escolas. Mas outros bengaleses estão dispersos em unidades familiares individuais entre os maratas da cidade. Mencionei anteriormente a senhora Pratiba Mukherjee, bengalesa que tinha se mudado com a família para a área de Nagpur onde os Huddars viveram após o desenvolvimento do caso. Os residentes dessa subdivisão de Nagpur eram predominantemente maratas. O pai de Uttara disse que as casas em que a família tinha morado em Nagpur ficavam sempre em distritos habitados pelos maratas, e nunca nos bairros bengaleses da cidade.

O pai de Uttara não conviveu muito com ela durante sua infância. Ele vivia preocupado com o cultivo de suas terras e com suas atividades políticas. Eu não tinha motivo para duvidar da veracidade das informações que ele podia fornecer, mas elas apresentavam lacunas que ele próprio admitia com franqueza. A mãe de Uttara também não estivera sempre presente durante o tempo que a filha passava em Wardha. Às vezes, ela estava em Sirsi com o marido. Esses fatos me impulsionaram a ir para Wardha com o objetivo de descobrir algo sobre os bengaleses ali estabelecidos, com quem Uttara podia ter tido contato quando criança. A doutora Pasricha e eu, portanto, passamos uma tarde (na companhia do doutor Sinha) visitando Wardha à procura de bengaleses. Wardha é uma cidade *tahsil* (equivalente a uma sede de condado ou município nos Estados Unidos) com 69.037 habitantes em 1971. Como não é um centro principal de repartições do governo, não atraiu bengaleses como Nagpur. No correio e no Collectorate (gabinete da receita federal) ficamos sabendo que não havia funcionários bengaleses. Finalmente, a partir do correio, alcançamos um engenheiro bengalês por telefone; ele disse que vivia em Wardha havia quatro meses e que não tinha conhecido um único bengalês ali. Encontramos uma loja que dizia vender doces bengaleses, apenas para descobrir que seus proprietários eram gente do local (maratas) — o que equivale a pôr em um vinho espanhol um rótulo falso de "champanhe".

Interrogamos três vizinhos da casa onde os Huddars tinham morado. Dois deles, que viviam ali havia mais de 25 anos, disseram não conhecer nenhum bengalês que morasse na área. O terceiro, um professor de escola primária de seus quarenta e poucos anos que vivia em Wardha desde que nascera, sabia de quatro ex-moradores bengaleses das proximidades, mas apenas um vivera lá na mesma época que Uttara. Essa pessoa viveu ali de mais ou menos 1950 até 1960, portanto durante os últimos anos (1951-1953) de residência de Uttara em Wardha. Mas, mesmo admitindo que esse homem tivesse de algum modo tido contato com Uttara, isso teria acontecido quando ela já tinha dez anos, uma idade da qual, imagino, ela se lembraria se tivesse tido mais familiaridade com alguém que falasse uma língua que não fosse marata com ela ou em sua presença.

Para obter um conhecimento mais exato do número de bengaleses em Wardha, examinamos a lista de votantes que o Registro de Votantes cordialmente colocou à nossa disposição. Examinamos os nomes de cem pessoas, pegando o primeiro listado em cada cem páginas. Não apareceu nem um único nome bengalês entre eles.

Em resumo, Wardha tem, e provavelmente teve, poucos habitantes bengaleses, embora a porcentagem deles lá deva ter sido bem menor do que o 1% estimado para Nagpur. Penso que podemos tranquilamente excluir a possibilidade de que Uttara tenha aprendido bengali com algum falante da língua em Wardha, quando criança, sem que seus pais soubessem ou se lembrassem, e sem que ela própria se lembrasse do fato anos mais tarde.

Na época em que estudava sânscrito, na adolescência, Uttara também se dedicou a aprender as escritas das línguas indianas modernas, inclusive o bengali, e teve algumas aulas de leitura dessas escritas na companhia de um colega de classe. Informações sobre essas aulas se espalharam no círculo de pessoas familiarizadas com o caso. Na época em que ouvi falar dele, corria o rumor de que Uttara tinha tido um namorado bengalês, com quem aprendera bengali. Aqueles que relataram essa mentira evidentemente acharam que ela explicava o caso de maneira adequada. Se tivesse sido verdade, teria explicado; e eu quis pesquisar qualquer fato que apoiasse tal alegação. Portanto, passei um bom tempo investigando o assunto durante minhas visitas a Nagpur, especialmente em novembro de 1976 e novembro de 1980. Os informantes pertinentes foram a própria Uttara, seus pais, Priyadarshan Dinanath Pandit (o colega com quem ela estudou a escrita bengali) e Shanker Govind Chatte, o professor que lhes deu aulas.

Em primeiro lugar, Priyadarshan Dinanath é marata, não bengali. Ele sabe falar apenas marata e inglês. Ele e Uttara foram colegas de classe do sétimo até o décimo primeiro ano. Por alguns meses, quando estavam no décimo primeiro ano, tiveram aulas particulares de sânscrito com Shanker Govind Chatte, e nessa época o professor também lhes dera algumas aulas dos rudimentos de leitura da escrita bengali. Priyadarshan Dinanath lembrou que o período das aulas (de leitura da escrita bengali) totalizou dois meses, no máximo. Não informou com que frequência as aulas eram dadas, mas disse que elas "não eram muito regulares". O conhecimento que adquiriu de bengali foi suficiente para que conseguisse ler alguma coisa nos letreiros de lojas em bengali, mas esse era mais ou menos o grau de sua habilidade de leitura do idioma.

Shanker Govind Chatte disse que Uttara e Priyadarshan Dinanath tinham ido à sua casa para ter aulas de escrita bengali várias vezes por semana por um período de três a quatro meses (ele variou em sua estimativa da frequência das aulas, mas seu número mais alto foi quatro vezes por semana). O professor afirmou que as aulas eram de leitura da escrita, e não destinadas a lhes ensinar a escrever ou falar bengali. Ele disse que os dois alunos fizeram pouco progresso porque não frequentavam as aulas com assiduidade. Além disso, ele estava ensinando ambos a ler bengali com sons maratas, não bengalis. Ele próprio, um marata, tinha aprendido um pouco de bengali com um bengalês residente em Nagpur e conseguia acompanhar uma conversa em bengali, mas não sabia falar o idioma. Era capaz de ler, mas não conseguia escrever na língua. O professor expressou a confiança de que a habilidade de Sharada de falar o bengali — da qual ouvira falar, embora nunca tivesse conhecido Sharada — podia não ter se originado do conhecimento superficial sobre a leitura bengali que ele tinha transmitido a Uttara muitos anos antes do aparecimento da personalidade.

Uttara disse que recebeu orientação de Shanker Govind Chatte em temas como sânscrito, inglês e geografia. Ela também se recordou de algumas aulas que ele havia dado a ela (e a Priyadarshan Dinanath) sobre a escrita de línguas indianas. Contudo, pelo que se lembrava, ela tivera apenas duas aulas de escrita bengali. Com relação à discrepância entre sua lembrança da quantidade de aulas e a de Shanker Govind Chatte, ela achou que ele confundira as aulas de escrita bengali que tinha lhe dado com as aulas que ministrou no ano seguinte, sobre os outros temas mencionados.

Uttara afirmou que nunca fizera qualquer outra tentativa de estudar bengali. Tampouco tinha amigos bengaleses com quem podia ter praticado a língua. Ela disse que sentira vontade de aprender bengali e que podia ter aprendido se tivesse tido um amigo bengalês. Priyadarshan Dinanath achava o bengali difícil, e ele também não continuou e estudá-lo depois que ele e Uttara deixaram as aulas com Shanker Govind Chatte. Ele e Uttara não frequentaram a faculdade juntos, mas permaneceram amigos.

O pai de Uttara estava presente quando ela rememorou comigo seu breve estudo do alfabeto bengali com Shanker Govind Chatte, e ele concordou que em nenhuma outra ocasião ela estudara bengali. Estava ciente de que Uttara tinha estudado bengali com Shanker Govind Chatte por "dois ou três dias", mas disse francamente que estivera tão ocupado na época, com suas atividades na política, que tinha prestado pouca atenção aos assuntos familiares[67].

Uttara tem dois parentes com algum conhecimento de bengali. Destes, seu irmão mais novo, Satish, é o mais importante. Ele era funcionário do *Geological Survey of India* e foi designado para um cargo em Orissa (estado vizinho de Bengala, no leste da Índia) durante os anos 1969-1972. Voltou a Nagpur em outubro de 1972. Tinha aprendido a falar oriá, uma língua próxima do bengali falada pelo povo de Orissa. Pelo fato de o estado ficar perto de Bengala, Satish tinha muitos colegas bengaleses quando morou lá e desenvolveu uma capacidade de conversar com eles em bengali. E, como bengaleses entram em grande número no serviço público, ele também teve colegas dessa nacionalidade no trabalho depois que retornou a Nagpur, tendo permanecido na *Geological Survey of India*. Ele afirmou que cerca de 70% dos funcionários de sua divisão eram bengaleses.

Satish ia para casa de férias na época em que vivia em Orissa. Ele disse que nunca falou bengali com Uttara nem com qualquer um de seus amigos na presença dela. Seus pais tinham lhe pedido que os ajudasse a se comunicar com Sharada, e ele achou que podia falar com ela em bengali.

---

[67] A questão da quantidade de aulas de leitura de escrita bengali que Uttara teve forneceu a única discrepância importante nos diferentes depoimentos do caso. Não desejo minimizá-la. Ao mesmo tempo, é fundamental lembrar que, embora o número e a duração das aulas de Uttara possam ser relevantes para uma avaliação sobre a habilidade de Sharada de ler o bengali, e talvez de escrevê-lo, eles não têm ligação com sua habilidade de *falar* essa língua. Deveríamos lembrar também que, apesar de os informantes discordarem sobre o número e a duração das aulas, todos eles concordaram que ela obteve somente um conhecimento rudimentar da leitura da escrita bengali e que depois das aulas ela conseguia, no máximo, ler algumas poucas palavras do bengali.

Uttara tem uma prima distante que vive em Ranchi, uma cidade do sul de Bihar, outro estado vizinho da Bengala Ocidental, ao norte de Orissa. Essa prima sabe bengali e, em uma de suas visitas esporádicas aos Huddars, ela conheceu Sharada e confirmou que ela falava bengali. Uttara disse que se encontrava com a prima "muito raramente", portanto não parece possível que o bengali de Sharada tenha se originado dos encontros de Uttara com ela.

Não achei nem ouvi falar de nenhum outro falante do bengali na vida de Uttara. Não penso que seu relacionamento com as pessoas que mencionei acima pode explicar o conhecimento de bengali de Sharada.

Na primavera e no verão de 1980, alegações de que Uttara havia aprendido bengali por meios normais foram publicadas em jornais de Nagpur, o que resultou em um intenso debate público. Afirmou-se que a mãe de Uttara, Manorama, confessara a alguém que a filha tinha aprendido a língua por meios normais. Essa invencionice suscitou um enérgico desmentido por parte de Manorama, que o jornal *Nagpur Times* publicou em 22 de junho de 1980.

Quando visitei Nagpur (com a doutora Pasricha) em novembro de 1980, a controvérsia não tinha amainado. Soube que diziam que Uttara tinha tido um professor de bengali na Universidade de Nagpur, com quem ela aprendera a língua. Uttara realmente tinha aulas com um professor de bengali — o doutor R. N. Roy —, mas ele lhe ensinava inglês, e não bengali.

Um crítico particularmente colérico do caso procurou a doutora Pasricha e eu (em nosso hotel) e nos disse que tinha certeza de que Uttara tivera aulas intensivas de bengali das quais nós não havíamos sido informados. Ele nos deu nomes de pessoas que, segundo afirmou, possuíam informações pertinentes que confirmariam sua alegação, ou podiam nos levar a elas. Não nos foi fácil chegar a um informante de primeira mão por trás de outros de segunda mão, mas finalmente a doutora Pasricha e eu encontramos e entrevistamos Inder Kumar Waghmare, que afirmou ter tido aulas de bengali muitos anos antes com Uttara. Mas em seu relato, comparado com o que Uttara dissera sobre suas aulas de leitura de escrita bengali, havia discrepâncias nas datas e em outros detalhes, como o nome fornecido por I. K. Waghmare do professor que dava as aulas. Continuamos indo atrás dos fatos (por correspondência e entrevistas que a doutora Pasricha conduziu em maio de 1981), e enfim concluí que ele provavelmente confundira Uttara com sua irmã mais velha, Shailja. Esta sim tivera aulas de bengali, assim como de russo e urdu, com o professor apontado por I. K. Waghmare. Uttara disse que também tinha tido algumas aulas de russo com o mesmo professor, mas nenhuma de bengali. Embora I. K. Waghmare afirmasse que a tivesse visto fazer um teste em bengali na mesma ocasião em que ele próprio fizera, Uttara negou ter estudado bengali no instituto que ela e a irmã Shailja haviam frequentado. Não acho que nenhum dos dois estava tentando nos enganar, mas obviamente um ou outro estava equivocado. Acredito que Uttara estava certa, sobretudo porque penso que exames são ocasiões muito importantes das quais não nos esquecemos facilmente. Uttara de fato se lembrou de ter feito um exame de russo e, se ela tivesse feito um de bengali, acho que se lembraria também. Além disso, Uttara e Shailja são fisicamente parecidas e as pessoas tomam uma pela outra quando elas não estão juntas.

Para concluir esta seção, voltarei aos livros em bengali que foram dados a Sharada em 1974 e 1975. Os leitores se lembrarão que tanto M. C. Bhattacharya como o doutor

Sinha depararam-se com Sharada lendo livros em bengali quando a visitaram durante aqueles anos. Essa leitura podia ter aumentado o conhecimento de Sharada da escrita bengali, qualquer que tivesse sido ele antes disso. Mas ela não recebeu nenhuma instrução com a leitura dos livros, e M. C. Bhattacharya disse que ela (já) era capaz de ler o bengali na época de sua observação. Fora isso, a leitura de livros em bengali, embora pudesse ter acrescentado alguma coisa ao vocabulário de Sharada, podia ter contribuído em quase nada para sua habilidade de entender o bengali que lhe falavam e de falar o idioma responsivamente.

Comentário sobre os indícios de processos paranormais no caso
Antes de começar a analisar em detalhes as explicações alternativas para o caso, enfatizarei várias características importantes que o tornam diferente dos casos de Jensen e Gretchen. As personalidades destes últimos manifestavam-se durante o estado de hipnose e (com poucas exceções) quando as personalidades primárias estavam recostadas. Se devido à imobilidade física ou não, tanto Jensen como Gretchen eram pouco mais do que personalidades bidimensionais. Essa observação talvez seja um pouco injusta, porque ambos na verdade expressavam uma série de diferentes emoções. Comparados com Sharada, contudo, eles eram apenas levemente esboçados como personalidades. Sharada mantinha os olhos abertos (na maior parte do tempo) e, embora passasse quase o dia todo em seu quarto, às vezes saía dele para ir a outras partes da casa ou ao jardim; além disso, em pelo menos duas ocasiões ela andou alguns poucos quilômetros para longe da casa de Uttara. Mesmo em seu quarto, Sharada conseguia (exceto durante seus acessos intensos) se envolver

facilmente em atividades como comer, venerar Durga e conversar longamente com visitantes.

Na fluência linguística, Sharada também ultrapassava Jensen e Gretchen de longe. Eles falavam de forma vacilante e raramente diziam uma frase completa ou mais do que algumas palavras. O bengali de Sharada, como me dei o trabalho de mostrar, tinha falhas também, mas a falta de fluência não era uma delas. Ela sabia falar frases longas e cantar canções longas. Havia algumas ocasiões em que ela parecia conversar com esforço e poucas em que ficava completamente muda. Contudo, na maioria das ocasiões, os entrevistadores não precisavam estimulá-la a se expressar, como geralmente tinham de fazer ao conversar com Jensen e Gretchen.

Sharada também ultrapassou de longe Jensen e Gretchen na extensão de informações que transmitiu sobre a vida que ela parecia relembrar. Se Jensen e Gretchen não tivessem falado responsivamente sueco e alemão, respectivamente, não acho que seus casos mereceriam muita atenção. Havia pouco a ser aprendido com Jensen e Gretchen no que se refere à vida na Suécia do século 17 ou na Alemanha do século 19 (para dar as melhores localizações que consigo para suas supostas existências). Sharada, ao contrário, fornecia características geográficas de Bengala, informações sobre alimentos ali consumidos e costumes dos bengaleses que são diferentes de outros indianos com riqueza de detalhes. Em seções anteriores deste relato, abordei em muitos pormenores o conhecimento de Sharada sobre todos os momentos da vida em Bengala. Um leitor que acreditar que Uttara adquiriu seu conhecimento da língua bengali ao ouvi-lo ser falado por acaso em sua presença (fato que ela depois esqueceu) deve estar preparado para explicar como ela também obteve seu conhecimento detalhado sobre a vida em Bengala, um conhecimento que excede de longe o da média — mesmo instruída — dos maratas. Acomodar todo o conhecimento de Bengala que Sharada mostrou em alguma explicação satisfatória do caso pede que acreditemos que Uttara deu mais do que uma atenção casual a seja lá o que possa ter lido sobre Bengala. Ela de fato *leu* romances bengalis traduzidos. Devemos nos perguntar, contudo, se da leitura deles ela podia ter aprendido tudo o que sabia sobre Bengala. E, mesmo se ela tivesse adquirido dessa maneira o conhecimento sobre Bengala que Sharada demonstrou, devemos ainda explicar a atração que ela tinha por Bengala. Vamos nos satisfazer atribuindo isso a uma inspiração em seu pai, cuja admiração pelos bengalis enfatizei? Se acreditarmos nisso, deveríamos também perguntar por que apenas Uttara, dentre todos os seus irmãos, imitou a ligação de seu pai com os bengaleses.

Mesmo uma resposta satisfatória à última pergunta não explicaria todas as características do caso. Sharada nos dava informações sobre sua família que correspondem estreitamente a uma família que existiu em Bengala numa época em que a vida dos bengaleses tinha características que batiam tanto com as afirmações de Sharada sobre sua vida como com seu comportamento que acompanhava essas afirmações. Pelo fato de o nome de Sharada não aparecer na genealogia exclusivamente masculina da família de Satinath Chatterji, de Bansberia, não podemos dizer que a existência dela foi verificada. Mas a existência de seis membros de uma família com os nomes e relacionamentos mútuos que Sharada descreveu foi. Estou seguro, além disso, de que Uttara nunca viu essa genealogia, tampouco soube dela.

Explicações normais do caso. Sei que o valor de um caso depende em última análise da honestidade de seu sujeito e de seus principais informantes. A desonestidade exige um motivo que forneça um incentivo para algum tipo de ganho, como dinheiro, fama ou satisfação interior por meio da fantasia.

Não estou a par de quaisquer tentativas por parte dos Huddars de lucrar financeiramente com o caso. Eles tiveram despesas consideráveis ao levar Uttara para várias pessoas que, eles acreditavam, podiam ajudá-la a interromper as transformações em Sharada. Ela recebeu auxílio de psiquiatras, psicólogos e iogues sem sucesso. Em novembro de 1975, a Universidade de Nagpur pediu a Uttara que tirasse uma licença (não remunerada) de seu emprego como professora assistente em meio expediente. A administração preocupou-se com sua habilidade para cumprir seus compromissos de ensino, sendo que ela necessariamente se ausentava durante as fases Sharada. Depois disso, em 1976, a universidade permitiu que ela reassumisse seu cargo.

Também não acredito que os Huddars tenham se beneficiado de algum modo da publicidade associada ao caso. Sharada tinha se manifestado durante um ano inteiro antes que o primeiro relato do caso aparecesse num jornal, em fevereiro de 1975. Desde então, alguns artigos e cartas apareceram na imprensa, e acredito que tenho cópias da maioria deles, talvez de todos. Desde seu primeiro registro, em 1975, o caso parece ter recebido pouca atenção fora de Nagpur e quase nenhuma em Nagpur. Além disso, muito da publicidade local foi fornecida por protagonistas ardorosos de opiniões ou explicações especiais do caso, que expressaram seus pontos de vista nos jornais de Nagpur.

O advento de Sharada trouxe uma considerável mudança nos assuntos domésticos e nas relações da família de Uttara. A maior carga das fases Sharada sem dúvida recaía sobre a mãe de Uttara. Ela já era uma mulher idosa (embora tivesse boa saúde) na época em que Sharada apareceu pela primeira vez e valorizava a ajuda que Uttara lhe dava no trabalho doméstico. Ela perdia completamente essa ajuda durante as fases Sharada e, na verdade, achava que seu trabalho se multiplicava. Além de Sharada não ter nenhuma competência para as tarefas da casa e demonstrar pouco interesse por elas, ela própria exigia atenção e um tipo de cuidado pessoal que, nas ocasiões em que estava muda, não podia ser distinguido daquele que um sanatório proporciona. Longe de ajudar a diminuir o trabalho doméstico, Sharada o aumentava.

Uttara não se opunha categoricamente ao casamento, mas não tinha se casado. Isso encoraja a suposição de que aspirações frustradas por uma vida doméstica independente podem ter encontrado satisfação fantasiada no papel de Sharada, uma respeitável mulher casada. Mas Sharada dificilmente satisfaz a todos os critérios da mulher casada idealizada e plena. Seus parentes por afinidade brigavam com seu marido por sua causa, e ela sofreu dois abortos. Descreveu sua terceira gravidez como tranquila até uma abrupta interrupção no sétimo mês devido a uma mordida de cobra. Se Uttara construiu Sharada em sua mente subconsciente antes de produzi-la como um drama doméstico, por que não completou a fantasia com um final feliz?

Posso aparentar ter me perdido da consideração de fraude como uma explicação do caso. Mas acho que conjecturas que oferecem explicações normais para o bengali que Sharada sabia falar tão fluentemente devem incluir um motivo para a criação da personalidade de Sharada.

Um aprendizado fraudulento de bengali na preparação para a encenação de Sharada cancelaria, a meu ver, qualquer gratificação que Uttara pudesse derivar da resolução, por uma fantasia, de aspirações frustradas à condição de esposa.

Uttara também não recebeu nenhuma gratificação no sentido de ser mais valorizada — por causa de Sharada — pelas pessoas à sua volta. Os familiares de Uttara tratavam Sharada com a maior das gentilezas e nunca censuraram Uttara por lhes "trazer" Sharada; mas também não a aplaudiram pela extraordinária transformação e pela turbulência que Sharada introduziu em suas vidas.

Uma vez que Sharada falava bengali responsivamente, ela deve ter adquirido essa habilidade por meio da prática em falar a língua. Ela não podia ter aprendido a falar o idioma de forma inteligível meramente ao ouvir por acaso outras pessoas falando em sua presença[68]. Ela teria necessitado de um contato frequente com um falante do bengali, no mínimo mais do que alguns meses, período durante o qual ela teria falado bengali com ele. Posso imaginar que, se isso aconteceu quando Uttara era uma criança de, digamos, menos de cinco anos, ela poderia mais tarde ter esquecido toda a experiência. O bengali que ela aprendeu poderia ter submergido para níveis mais profundos de sua mente e vindo à tona apenas muitos anos depois com o surgimento de Sharada[69]. Mas poderia isso ter acontecido sem que sua mãe e sua irmã mais velha, Shailja Bhaid (sobretudo esta, uma vez que ela e Uttara cresceram juntas), soubessem sobre uma pessoa com quem

---

68 Para a base dessa suposição, ver a discussão geral neste livro e também a de Stevenson (1974c).

69 Em *Xenoglossy* (1974c, pp. 2-4), citei vários casos de xenoglossia com criptomnésia. Mas esses eram todos exemplos de xenoglossia recitativa apenas. Os sujeitos não conseguiam conversar nas línguas que tinham aprendido um pouco na infância — e mais tarde esquecido desse aprendizado.

Uttara aprendera bengali? E, em qualquer caso, eram aqueles bengaleses em Wardha (onde Uttara passou sua tenra infância) que podiam ter falado com Uttara? Sem dúvida, havia poucos bengaleses lá, mas, de acordo com as informações que recebi, não havia mais do que uns poucos; e não havia nada como um bairro bengalês perto de onde os Huddars moravam em Wardha ou, quanto a isso, em qualquer outro lugar na cidade.

Ao considerar as explicações normais do caso, não posso omitir ao menos uma breve menção à "memória herdada". Embora, que eles saibam, nem o pai nem a mãe de Uttara tenham ancestrais bengaleses, podemos supor esse conhecimento imperfeito para seus ancestrais de cinco gerações atrás. Apesar de achar improvável que Uttara tivesse um antepassado bengalês no início do século 19, não posso afirmar categoricamente o contrário. Devo dizer, contudo, que se ela de fato teve um ancestral bengalês e se a habilidade de Sharada de falar bengali é herdada, ela excede tudo até aqui atribuído à "memória herdada" pelos defensores dessa teoria.

A explicação da "memória herdada" deve, além disso, ignorar a afirmação de Sharada de que ela não tinha filhos. Seria possível, contudo, lidar com essa objeção supondo que a personalidade Sharada era um constructo imaginário da mente (subconsciente) de Uttara. De acordo com esse ponto de vista, Uttara herdou a habilidade de falar bengali e inventou a personalidade Sharada como um veículo para a expressão de pseudolembranças de Bengala (ao discutir o *status* ontológico de Gretchen, propus uma teoria semelhante para explicar o aparente caráter imaginário de Gretchen combinado com sua indubitável habilidade de falar alemão).

Para recapitular minhas próprias conclusões para esta seção, não encontrei nenhuma razão para pensar que Uttara aprendeu bengali por meios normais, seja inadvertidamente quando criança, seja mais tarde num plano fraudulento. Um embuste consciente parece excluído, por falta de motivos suficientes para essa perpetração e de indícios de qualquer tentativa de lucrar com o caso; a criptomnésia parece igualmente improvável a partir da ausência de qualquer amigo ou conhecido bengalês da família de Uttara que pudesse tê-la ensinado a falar bengali enquanto sua família permanecia ignorante desse fato.

Explicações paranormais do caso sem sobrevivência. Mencionei anteriormente que Sharada mostrou alguns indícios de percepção extrassensorial em algumas ocasiões. Pode-se pensar que ela podia ter adquirido seu conhecimento de bengali por meio de percepção extrassensorial, se não das pessoas imediatamente à sua volta (que não sabiam bengali), então de bengaleses que ela nunca tinha conhecido e que viviam em Nagpur ou mesmo em Bengala. Esta suposição credita a Uttara (e Sharada) mais percepção extrassensorial do que elas parecem ter demonstrado em outros aspectos. Admito a impossibilidade de dizer o que é "muito" e o que é "mais" no que se refere à percepção extrassensorial, mas penso que cada estudioso desse sujeito admitirá que a diferença entre as manifestações ocasionais de percepção extrassensorial mostradas por Sharada e a habilidade de falar uma nova língua responsivamente quase equivale a uma diferença de tipo. Por fim, a hipótese tem contra ela a suposição — que parece justificada por mim — de que uma pessoa não consegue aprender uma habilidade, como a de falar uma língua, pela percepção extrassensorial, não importa quanta capacidade para isso ela possa ter. Voltarei a este tópico no capítulo final do livro.

Explicações do caso com sobrevivência. Pessoas que conheceram Sharada atestam as notáveis diferenças de aparência e comportamento entre ela e Uttara. O contraste entre ambas é naturalmente aumentado pelas duas diferentes línguas que elas falam. E uma vez que, além disso, Uttara e Sharada não têm lembranças uma da outra (tirando as exceções que observei), os aspectos fenomênicos do caso sugerem duas personalidades completamente diferentes se alternando no controle de um único corpo físico. O caso, assim, assemelha-se àquelas condições de múltipla personalidade em que as duas personalidades que surgem parecem isoladas uma da outra, e uma não tem conhecimento da existência da outra a não ser por relato secundário (Franz, 1933; Maddison, 1953; Plummer, 1887)[70]. Estudos de múltiplas personalidades sugerem que alguns casos se desenvolvem por meio da cultivação deliberada (durante períodos de estresse) de personalidades imaginadas que podem, então, se consolidar, talvez através da auto-hipnose, como persistentes personalidades secundárias (Bliss, 1980; Congdon, Hain e Stevenson, 1961). A fobia de cobras que Uttara tinha na infância, seu sonho de um marido que se aproximava dela num cavalo e lhe fazia uma carícia, e seu gosto posterior por romances bengalis e a valorização de heroínas bengalesas parecem se ajustar satisfatoriamente a essa suposição. Porém, ela não confronta a característica de

---

[70] Nos casos relatados pelos autores citados aqui, cada personalidade ligada a um caso específico parecia completamente amnésica para eventos que aconteciam quando a outra personalidade estava no controle. Num tipo diferente de múltiplas personalidades, a personalidade secundária tem plena consciência das atividades da personalidade primária e se lembra delas depois, embora a personalidade primária não se recorde do que a secundária fez (Congdon, Hain e Stevenson, 1961; Ludwig *et al.*, 1972; Prince, 1901, 1906; Thigpen e Cleckley, 1957). No presente caso, temos poucos indícios da transferência de informações de uma personalidade para outra, embora para a maior parte as duas personalidades tenham sido isoladas uma da outra.

xenoglossia responsiva. Se estou certo em insistir que uma habilidade, como a de falar uma língua, deve ser praticada antes que possa ser adquirida, então uma personalidade se expressando através de Uttara deve ter aprendido o bengali falado por intermédio de seu corpo. Mas, se concordarmos que Uttara não aprendeu bengali por meios normais, essa personalidade falante do bengali não poderia ter sido contemporânea sua. Ela deve ter tido uma existência anterior. Em resumo, estamos agora considerando a possibilidade de que Sharada fosse uma personalidade desencarnada que "possuía" o corpo de Uttara e a desalojava pelo tempo que conseguia ocupá-lo.

O caso, contudo, mostra algumas características que não se harmonizam bem com a hipótese de "simples" possessão. Ao fazer esse julgamento, devo recorrer às evidências disponíveis de casos de mediunidade publicados — considerados possessão temporária voluntariamente induzida — nos quais a comunicação de uma personalidade desencarnada parece uma explicação adequada, embora não necessariamente forçada (Haraldsson e Stevenson, 1975; Hill, 1917; Hodgson, 1898; Radclyffe-Hall e Troubridge, 1919; e Stevenson, 1973); e de alguns antigos casos do tipo possessão que me parecem merecer crédito, apesar de sua distância em anos de nós (James, 1890; Stevens, 1887; Stevenson, 1972). Comparando casos desses outros tipos com o que estamos tratando aqui, descobrimos que naqueles os comunicantes aparentemente desencarnados sabiam que haviam morrido, mas alegavam que tinham sobrevivido à morte e ainda existiam numa forma desencarnada. Sharada, contudo, não admitia que fosse essa a sua condição. Ela se lembrava de uma mordida de cobra e a subsequente perda de consciência. Quando voltava a si, como parecia, no corpo de Uttara, ela reassumia sua rotina diária mais como um sonhador ao despertar toda manhã. Mas a analogia não está completa. Sharada aparentemente não tinha consciência de nenhuma interrupção de sua vida cotidiana, enquanto um sonhador tem essa percepção quando acorda. Uma vez G. M. Huddar, a meu pedido, perguntou a Sharada o que ela fazia quando não estava se manifestando na casa dos Huddars. Sharada riu da pergunta e disse: "Eu estou aqui o tempo todo" (no entanto, isso não parecia ser fenomenicamente verdadeiro; pelo menos para os observadores, Sharada dava a impressão de ir e vir). Além disso, sua perplexidade quanto a inventos modernos, como ventiladores elétricos e automóveis, não a levava a rever sua avaliação de sua própria situação como de alguém cuja vida tinha sido interrompida, mas não destruída pela morte.

O fracasso de Sharada em referir-se a si própria como tendo falecido não a separa apenas de casos de possessão aparente; ela também difere, nesse aspecto, dos sujeitos de casos de reencarnação que começam quando o sujeito é criança; quase todos eles dizem que morreram. Assim, essa característica da experiência de Sharada não permitiria uma discriminação entre possessão e reencarnação como a melhor explicação do caso. Porém, o caso tem outras características que podem fazê-lo. Sharada não só pensava em si mesma como ainda viva; ela não tinha consciência de que as outras pessoas de sua família, que não tinham morrido na ocasião em que a cobra a picara, podiam ter falecido desde então. Por exemplo, quando o professor Pal se apresentou a Sharada como um amigo de seu tio, ela, embora não o reconhecesse nessa condição, perguntou-lhe se seu tio ainda tinha ataques de asma e febre. E quando, em outra ocasião, alguém disse a

Sharada — para testá-la — que seu marido havia falecido, ela chorou. Seria esperado que, se Sharada fosse uma personalidade desencarnada possessora, soubesse que seu tio e seu marido haviam morrido muitos anos antes. E, mesmo se ela não tivesse tido essa informação anteriormente, esperaríamos que saudasse alegremente a notícia da morte do marido, já que teria desejado ardentemente se reunir com ele no mundo desencarnado onde ela presumivelmente estava residindo.

A incapacidade de Sharada de se lembrar do nome de seu tio materno, que a criou, parece incompatível com as faculdades de um espírito possessor como as imaginamos. Contudo, se a Sharada viva tinha tido muito mais contato com a tia do que com o tio, ela estaria mais propensa a se lembrar do nome dela do que do nome dele.

O professor Pal, em seu relatório de outubro de 1975, ressaltou que a veneração da deusa Durga por parte de Sharada parecia inapropriada do ponto de vista de uma personalidade desencarnada, porque Durga normalmente é invocada para exorcizar fantasmas e espíritos possessores; consequentemente, não se esperaria que uma personalidade desencarnada que *era* um espírito possessor a venerasse.

Também faltava a Sharada um motivo para se manifestar, como encontramos em todos, ou quase todos, os casos em que a possessão por uma personalidade desencarnada (seja voluntariamente, como na mediunidade, ou involuntariamente) parece uma explicação justificada. Na mediunidade, o espírito desencarnado aparentemente normal dá uma razão para sua participação em uma sessão espírita, como assegurar entes queridos de sua sobrevivência após a morte ou tratar de algum assunto que ele considera inacabado. Da mesma forma, as personalidades desencarnadas aparentes de casos espontâneos do tipo possessão também dão uma razão para seu aparecimento — às vezes vingança, ou talvez o desejo de encontrar e escoltar no mundo pós-morte alguma pessoa viva (Stevenson, 1972). Sharada não deu nenhuma explicação para o fato de aparecer no corpo de Uttara porque — obviamente para ela, se não para os outros — ela não pensava em si mesma como se "aparecesse". Ela apenas "estava lá", estranhamente deslocada em termos geográficos e sem ter consciência de qualquer alteração em sua indentidade ou *status* pessoal.

Se desqualificamos Sharada como uma personalidade desencarnada que periodicamente exerce uma possessão sobre Uttara, podemos refletir se os fatos do caso o colocam como um exemplo de lembranças de uma vida anterior ou, em uma palavra, de reencarnação. Alguns elementos do caso, especialmente as características da infância e da adolescência de Uttara que mencionei acima, ao considerar a possibilidade de uma personalidade secundária autoinduzida, também se harmonizam com a explicação de reencarnação. Sua fobia de cobras e seu forte interesse por Bengala poderiam ser explicados tão concisamente pela reencarnação como pela suposição de que se originam de influências em sua vida desde o nascimento. Publiquei relatos de casos do tipo reencarnação nos quais os sujeitos mostravam comportamentos, tais como fobias e *philias*, relacionados a uma vida anterior antes que eles tivessem expressado com palavras quaisquer lembranças sobre suas vidas que eles pareciam recordar e das quais o comportamento observado parecia se originar (Stevenson, 1974b, 1975, 1977, 1980, 1983).

Por outro lado, o caso de Sharada tem alguns atributos que não são os de um caso característico de reencarnação. Por exemplo, Uttara era muito mais velha — quase 33 anos — do que a maioria dos sujeitos de casos sugestivos de reencarnação quando têm pela primeira vez lembranças de suas vidas anteriores, das quais alegam se recordar. Apesar disso, uns poucos sujeitos de casos que me parecem confiáveis não se lembravam de nada até crescerem ou mesmo se tornarem adultos[71].

A supressão completa, ou quase completa, da personalidade normal de Uttara durante as fases Sharada é um traço menos típico em comparação à média dos casos do tipo reencarnação do que a idade tardia para as primeiras lembranças. Não consigo me lembrar de nenhum caso semelhante em minha própria experiência que tivesse tal característica. Krishnanand (1968) publicou o relato de um caso do tipo reencarnação (que ele observou) em que as lembranças do sujeito surgiram repentinamente em um breve "ataque". Durante esse curto período, o menino pareceu estar revivendo a existência de um homem falecido em uma cidade próxima. Enquanto ele permanecia nesse estado, seus pais o levaram à cidade onde ele disse ter vivido, e lá ele chegou a uma casa e reconheceu uma mulher que estava morando ali como "sua" esposa; ela verificou as afirmações que o menino fizera sobre sua vida, e depois localizou uma quantia em dinheiro que seu marido havia enterrado ao seguir as

---

[71] Suleyman Andary teve algumas lembranças fragmentárias de uma vida anterior quando tinha mais ou menos seis anos de idade, mas só se lembrou de grandes detalhes dessa vida aos onze (Stevenson, 1980). Georg Neidhart teve lembranças um tanto confusas de uma vida anterior quando ainda era pequeno, mas só foi vivenciá-las de uma maneira coerente após os vinte e poucos anos (Neidhart, 1956). O caso de Laure Raynaud fornece outro exemplo deste tipo. Laure Raynaud, quando criança, tinha alguma ideia de que vivera antes, mas aparentemente não teve nenhuma imagem detalhada de uma vida anterior até se tornar adulta, e só com mais de quarenta anos obteve todos os detalhes verificados da vida que recordava (Delanne, 1924; Stevenson, 1960). Outro sujeito, Pratomwan Inthanu (Stevenson, 1983), não teve lembranças de uma vida anterior até seus dezenove anos. O caso dela é adicionalmente relevante para a compreensão do de Sharada, porque Pratomwan estava meditando quando (inesperadamente) se tornou consciente de cenas e outros detalhes de uma vida anterior, que depois foram verificados.

instruções do menino para encontrar esse dinheiro. Enquanto o menino e seu pai estavam ali, ele de repente recuperou sua condição normal, não se lembrou de suas recentes afirmações sobre a casa onde se encontravam, e pareceu perplexo ao ver-se em uma casa completamente desconhecida para ele. Essa criança, ao contrário de Uttara, não teve mais nenhuma fase de recordações da vida anterior na qual aparentemente tinha sido arremessada de volta durante esse único episódio.

Embora eu nunca tenha encontrado um sujeito cujas lembranças de uma vida anterior ocorressem em fases descontínuas e com completa obliteração da consciência normal, como no caso relatado por Krishnanand e nesse que estamos tratando aqui, alguns sujeitos de outros casos que examinei mostraram um grau menor, mas ainda notável, de absorção das lembranças das vidas anteriores das quais alegavam se recordar. Por exemplo, Prakash Varshnay costumava despertar — ou talvez quase despertar — e sair de casa correndo em direção à cidade da vida anterior que recordava (Stevenson, 1974b). E o pai de Indika Guneratne disse a respeito do mergulho parecido com um transe em suas lembranças: "Embora o corpo dele aparentemente esteja aqui, sua mente nos passa a impressão de estar lá", isto é, em Matara, a cidade onde Indika alegava ter vivivo antes (Stevenson, 1977). Outro sujeito, Marta Lorenz, tinha laringite com frequência na infância; quando isso acontecia, ela tinha a sensação de estar no corpo de um adulto e sentia que estava agonizando. Suas experiências nesses momentos pareciam reproduzir lembranças revividas dos últimos dias de uma pessoa, Sinhá, cuja vida Marta recordava com grandes detalhes. Sinhá tinha estado quase afônica (devido à laringite) quando morreu, provavelmente de tuberculose

(Stevenson, 1974b). O sujeito de outro caso (não publicado) no Líbano me contou que, quando foi pela primeira vez (quando criança) à aldeia da vida anterior da qual se lembrava, ao caminhar pela estrada da aldeia teve a experiência de sentir-se no corpo adulto do homem que vivera essa vida. Durante esse breve momento, ele de fato se sentiu como esse mesmo homem. Sua percepção de seu corpo encolheu de volta para o seu tamanho normal — de uma criança — quando ele terminou sua caminhada pela aldeia.

Suponho que todos nós somos mais ou menos capazes de reviver o passado como um presente real. Na empolgação de recordar uma experiência comovente, um narrador pode inconscientemente passar a usar o tempo presente quando o narra. O uso dos verbos no tempo presente na fala do passado, acompanhado de uma sensação de viver no presente, vem com particular facilidade nas ab-reações de eventos traumáticos que um hipnotizador pode trazer à tona (Dane e Whitaker, 1952; Schneck, 1954). Sob a influência de ácido lisérgico e durante os sonhos, também podemos vivenciar eventos de nossa tenra infância com realismo vívido e com a impressão de que as vivemos pela primeira vez. Só mais tarde — depois que os efeitos da droga passaram ou, no caso do sonhador, após o despertar — a pessoa que teve tal experiência compreende que não estava vivendo tais eventos pela primeira vez, e sim *re*vivendo-os. Se conseguimos nos lembrar de eventos passados desta vida tão claramente que eles parecem estar em nosso tempo presente, poderíamos esperar que, se ocorre a reencarnação, memórias de uma vida anterior também seriam acompanhadas às vezes de uma falsa sensação de estarem acontecendo no tempo presente. O caso de Uttara pode fornecer um exemplo extremo de tal condição, no qual a personalidade do "presente" do sujeito se torna por algum tempo totalmente eclipsada por uma personalidade "anterior". A diferença, nessa característica, entre Uttara e outros sujeitos que se lembram de vidas anteriores, seria em grau mais do que em tipo; podemos situá-la numa escala na qual podemos também situar outros sujeitos.

Isso nos leva à seguinte pergunta: por que as lembranças de Uttara surgiam quando surgiam e com tal força que dominavam sua personalidade normal. Anteriormente, descrevi as duas circunstâncias que aparentemente precipitaram a primeira aparição de Sharada: ligação estreita com um homem por quem ela se sentia fortemente atraída, e exercícios de ioga que a colocavam em estado alterado de consciência e aumentavam sua suscetibilidade à "interioridade" e ao afloramento, na consciência, de lembranças comumente ocultas. Ao supor que o contato de Uttara com o doutor Joshi estimulou o aparecimento de Sharada, não nos comprometemos a aceitar a ideia de Sharada de que ele era, ou tinha sido, seu marido. Admitindo que uma Sharada real existiu e teve um marido real, o doutor Joshi podia simplesmente ter se assemelhado o suficiente a ele para despertar em Uttara (e, daí, nos elementos de Uttara em Sharada) as emoções que ela sentia em relação ao marido (é fácil esquecer que a sensação de *déjà-vu* pode ser evocada não só por pessoas e cenas vistas anteriormente, mas também por pessoas e cenas *semelhantes* a essas que, contudo, o percipiente nunca viu). Se, além disso, aceitarmos por seu valor de face a afirmação (não verificada) de Sharada de que, após dois abortos, ela estava grávida de sete meses quando uma cobra a picou, podemos facilmente designá-la para um grupo de personalidades anteriores que parecem ter "assuntos não terminados" (Stevenson, 1974a, 1980). Os sujeitos desse grupo com frequência dizem que se lembram de vidas anteriores em que as personalidades anteriores relacionadas morreram e deixaram bebês ou filhos pequenos aos cuidados de outras pessoas que, em sua opinião, provavelmente não cuidaram tão bem deles como eles próprios. Sukla Gupta (Stevenson, 1974b) e Lalitha Abeyawardena (Stevenson, 1977) são exemplos de tais sujeitos. Um feto de sete meses — como o que Sharada disse estar carregando na época em que a cobra a picou — é quase um bebê, e uma mãe com a vida interrompida nesse estágio da gravidez sem dúvida consideraria que tem "assuntos não terminados". O anseio pelo término podia persistir e tornar uma pessoa que teve tal experiência suscetível a um estímulo que evocasse lembranças do projeto não concluído. Tal estímulo podia muito bem ser um homem que se parecesse fisicamente com o pai do bebê não nascido.

No final de minha discussão anterior do caso de Gretchen, sugeri que um trauma severo poderia tê-la levado à preocupação obsessiva e paranoide com o *Bundesrat* e ter fornecido uma "força" mental que facilitou, mais tarde, o aparecimento da personalidade por intermédio de D.J. A morte prematura de uma Sharada real, frustrada em seu anseio por um bebê, podia ter contribuído de modo parecido para o surgimento posterior da Sharada fenomênica.

Em 1975, quando comecei a investigar o caso, eu estava inclinado a pensar que reencarnação era sua explicação mais apropriada. Alguns acontecimentos no decorrer do caso durante o final de 1975 e em 1976 reforçaram minha preferência por essa interpretação. Eles sugeriram que a personalidade Sharada e a de Uttara estavam gradualmente se fundindo.

Em seções anteriores deste relatório, descrevi o impacto menos que favorável que Sharada teve em Uttara e sua família. Mas, a partir de outubro de 1975, Sharada exerceu uma influência sobre Uttara que deveríamos considerar construtiva e que a própria Uttara acolheu bem e mesmo encorajou. Esse desenvolvimento sugeriu uma gradual fusão das duas personalidades. Como já mencionei, Uttara tinha tido um interesse reprimido em religião antes do advento de Sharada. Mas, em fevereiro de 1976, contou ao professor Pal que passara a se dedicar a rituais devocionais diariamente. Em outubro do mesmo ano, ela havia ampliado os períodos dessa prática para meia hora três vezes ao dia. A família de Uttara anteriormente tinha venerado Ganesha e, em algum grau, Shiva; mas, depois do surgimento de Sharada, Uttara se voltou cada vez mais para Durga, de quem Sharada era devota. Uttara às vezes também adotava o estilo de Sharada de usar o sári como um véu cobrindo-lhe parcialmente a cabeça e o rosto. Uttara anteriormente fora uma pessoa algo inquieta, mas se tornou mais calma depois que Sharada apareceu.

Uttara também se descobriu interessada em canções devocionais dirigidas a Durga e sensível à sua influência. Certa vez, quando o professor Pal recitou algumas dessas canções a seu pedido, ela pareceu passar por uma alteração de consciência e pediu a ele que parasse. Naquela noite, Sharada apareceu novamente. Uttara também começou — em 1976 — a cantarolar os nomes das flores preferidas de Sharada, que, por sua vez, até se dignou a aprender um pouco de marata. Sua pronúncia e entonação também se tornaram mais parecidas com as de Uttara.

Em novembro de 1976, Sharada ainda não reconhecia os Huddars como parentes seus e mantinha certa distância deles. Mas ela se ofereceu para ajudar a mãe de Uttara nas tarefas domésticas e demonstrou um interesse de tia pelo filho pequeno do irmão de Uttara, Satish, que morava com sua família, na casa dos Huddars. Sharada também mostrou sinais de adaptação a inovações, para ela, como automóveis e lâmpadas elétricas.

Como descrevi anteriormente, Sharada apareceu com bastante regularidade durante o ano de 1980, embora permanecesse por períodos bem mais curtos do que nos vários anos anteriores. A união das duas personalidades não tinha, portanto, avançado muito. Não posso predizer o rumo da fusão entre as duas personalidades a partir de então, que pode estar ocorrendo lentamente. Se estiver, podemos achar que Uttara obtém de fato acesso pleno às lembranças de Sharada e talvez também à sua habilidade de falar bengali.

Nos anos subsequentes, a própria Uttara pareceu ter considerado a possibilidade de uma fusão entre Sharada e sua personalidade normal. Quando a vi pela última vez antes da publicação deste livro, em novembro de 1980, discutimos essa eventualidade e suas implicações. Ela pareceu receptiva à integração das lembranças de Sharada com o que ela considerava as suas lembranças, e se perguntou se isso incluiria uma habilidade, de sua parte, de falar bengali. Detectei aqui uma insinuação de preocupação com esse desenvolvimento por medo de que outras pessoas alegassem que ela tivesse aprendido bengali por meios normais.

A reação de Sharada à morte da mãe de Uttara no verão de 1981 mostrou quão longe ela e Uttara estavam de uma fusão completa de personalidades. O doutor Sinha (1981) me enviou as seguintes informações numa carta: "Manorama Huddar morreu em 3 de julho, após uma curta doença durante a qual Uttara tinha cuidado dela amorosamente. Em 8 de agosto, Sharada se manifestou novamente, sem ter, de início, a mais leve consciência de que Manorama falecera um mês antes. Disseram-lhe, então, que sua 'tia' havia morrido e ela imediatamente começou a soluçar com pesar. Depois disso ela ficou mais calma e fez perguntas detalhadas sobre o funeral, como se achasse que era responsabilidade sua assegurar que todos os ritos necessários tivessem sido adequadamente realizados."

Discussão geral

Autenticidade em casos de xenoglossia

Uma vez que definimos xenoglossia como a habilidade de falar uma língua estrangeira não aprendida por meios normais, a consequência mais importante está associada à nossa habilidade de dizer com segurança que o sujeito de um caso de xenoglossia não aprendeu a língua por meios normais. Algumas vezes me perguntei se estava realmente convicto de que os sujeitos desses casos não aprenderam, de uma maneira normal, os idiomas que falavam. Sempre respondi — e ainda respondo — que, a respeito de tal questão, não me sinto totalmente seguro. Nem aqueles, incluindo os próprios sujeitos, que podem ter esquecido que aprenderam a língua estrangeira na infância, embora devam saber com certeza se isso aconteceu mais tarde e ocultaram o fato de mim e de outras pessoas. Se é dito que, numa questão tão importante como os sinais da sobrevivência do homem após a morte física, não podemos aceitar nenhuma evidência a não ser de prova, replico que, precisamente porque a questão é tão importante, deveríamos estar dispostos a considerar todos os indícios, por mais imperfeitos que alguns deles possam ser. Dificilmente conseguimos evitar ter uma opinião sobre se sobreviveremos à nossa morte física. Além disso, não existe uma terceira alternativa para a sobrevivência ou a não sobrevivência à morte (pode haver muitas formas de sobrevivência, mas essa é outra questão). Assim sendo, deveríamos usar os mapas de que agora dispomos para seguir em frente, em vez de nos queixarmos da imperfeição deles (mas vamos também tentar melhorá-los).

Cada um dos três casos de xenoglossia responsiva que estudei depende basicamente da integridade dos sujeitos e dos outros informantes. Não encontrei motivos para duvidar do que essas pessoas me contaram com relação à sua completa ignorância, antes do desenvolvimento dos casos em que estavam envolvidos, da língua falada pela nova personalidade que neles surgiu. E tenho razões adicionais a partir de evidências internas para acreditar em suas afirmações. Refiro-me aqui às características específicas das línguas faladas pelas três personalidades do transe. Em cada caso, obtivemos indícios de que a língua desconhecida que o sujeito falava tinha elementos que geralmente não seriam falados ou ensinados por falantes ou professores modernos do idioma. O sueco de Jensen continha uma mistura considerável de norueguês com pitadas de dinamarquês e formas dialetais. O alemão de Gretchen incluía um grande número de palavras obscuras que, sem dúvida, não são comuns, embora também não sejam completamente desconhecidas, no alemão falado moderno. O bengali de Sharada é o falado por falantes modernos, não uma forma arcaica. Mas ela também usava algumas palavras que não são encontradas no bengali moderno (ver Tabela 7). Se um leitor desejar acreditar que esses sujeitos aprenderam a língua estrangeira que falavam com a intenção de enganar, terá, além disso, de supor que eles sofreram um bocado para aprender uma variedade da língua que, segundo os críticos, não podia ser aprendida com facilidade.

Casos de xenoglossia responsiva como exemplos de capacidades paranormais intransmissíveis

Os novos casos incluídos neste livro fizeram aumentar — triplicar, acho que posso dizer — as evidências de xenoglossia responsiva. Eles também reforçaram minha antiga convicção sobre a importância de tais casos. Embora eu tenha examinado com alguns detalhes a base teórica para essa convicção em meu primeiro trabalho sobre o assunto (Stevenson, 1974c), não posso pressupor que todos os leitores do presente livro terão lido aquele. Portanto, recapitularei brevemente os argumentos que me levaram a pensar que casos autênticos de xenoglossia responsiva fornecem indícios importantes da sobrevivência da personalidade humana depois da morte física.

Os fundadores da pesquisa psíquica do século 19 e de sua sucessora, a parapsicologia, tinham um profundo interesse em indícios da "sobrevivência à morte física", expressão que apareceu no próprio título da maior obra produzida por esse grupo notável (Myers, 1903). Esses pioneiros obtiveram muitas evidências que, aparentemente, tinham relação com a questão da sobrevivência, e analisaram-nas por meio de processos que separavam o material inútil ou de menos valor de um resíduo que parecia indicativo de sobrevivência, embora eles nunca alegassem que a haviam provado. Esse tipo mais útil de evidência derivava, sobretudo, de pesquisas com certos médiuns e da análise cuidadosa de experiências envolvendo manifestações. Mas esse grupo fundador, assim como seus sucessores no decorrer do século, também obteve abundantes indícios de percepção extrassensorial entre pessoas vivas. Tais indícios desempenharam um papel duplo na história subsequente da parapsicologia. Por um lado, apontaram aspectos da natureza do homem não explicados pelo conhecimento vigente de seu corpo físico, e sugeriram que parte de uma pessoa podia sobreviver à decomposição de seu corpo. Por outro lado, as mesmas evidências tendiam a abalar a interpretação de dados originários de estudos de manifestações e de mediunidade (que superficialmente indicavam a sobrevivência à morte), ao sugerir que a percepção extrassensorial entre pessoas vivas pode explicar adequadamente tais fenômenos sem o uso da hipótese da sobrevivência. Assim, embora parecesse cada vez mais provável que a natureza humana incluía um componente que podia sobreviver à morte física, também parecia menos provável que tivéssemos indícios *diretos* de que isso de fato acontece. Nessa situação, a maioria dos parapsicólogos se afastou de investigações diretamente ligadas à questão da sobrevivência após a morte, na crença de que deveríamos adiar as tentativas de investigar essa possibilidade até que tivéssemos explicado os processos e limites da percepção extrassensorial entre pessoas vivas.

Não acredito que os melhores indícios de mediunidade e de manifestações sejam necessariamente explicados de maneira mais adequada por processos de percepção extrassensorial entre pessoas vivas. A hipótese da "percepção superextrassensorial", como é chamada com frequência, pode parecer atraente em termos abstratos, mas perde muito de seu encanto quando testada em casos específicos. Por exemplo, uma vez que a teoria pressupõe que personalidades desencarnadas não existem, é preciso atribuir um motivo para uma comunicação mediúnica ou experiência de manifestação específica do sujeito. Mas as evidências desse motivo não estão sempre disponíveis e, na falta delas, não deveríamos supor que ele existe. Gibson (1944) fez uma análise que ilustra esse ponto. Ele estudou as evidências de motivação no percipiente e no suposto agente em 313 casos publicados em *Phantasms of the living* (Gurney, Myers e Podmore, 1886), que fornece a mais notável e mais bem investigada compilação de casos de manifestação já registrada. Gibson descobriu que, a partir dos indícios registrados, a motivação para a comunicação envolvendo manifestação, na maioria dos casos, parecia ser mais forte no suposto agente, isto é, uma pessoa supostamente agonizante ou morta, do que no percipiente.

Apesar das objeções à hipótese da percepção superextrassensorial apoiada por análises como a de Gibson, reconheço que não podemos excluir a possibilidade de que informações podem ser transmitidas, em grande quantidade, de uma pessoa para outra por meio da percepção extrassensorial. Vamos admitir, ao menos teoricamente, que a percepção extrassensorial entre pessoas vivas não tenha limitações de tempo ou espaço. Apesar disso, podem existir limitações à transmissibilidade de aspectos da personalidade humana que não sejam cognitivos.

Isso nos leva à distinção entre informação, ou "saber que", e habilidade, ou "saber como". Bergson (1959) enfatizou os dois tipos de memórias que correspondem aos dois tipos de conhecimento: memórias das imagens e memórias comportamentais ou motoras. Polanyi, contudo, foi o primeiro filósofo a demonstrar a importância da distinção, quando afirmou que as habilidades, diferentemente da informação, não podem ser transmitidas (Polanyi, 1958, 1962, 1966). Ele insistia em que as habilidades contêm componentes implícitos que são inerentemente intransmissíveis. Uma vez que algumas pessoas não conseguiram reconhecer o valor do argumento de Polanyi, preciso enfatizar que ele não nega a utilidade de instruções verbais ou de um modelo apropriado quando se tenta adquirir uma nova habilidade, como andar de bicicleta, dançar ou falar uma língua estrangeira. Um *expert* (que um aprendiz pode tentar imitar) e sua orientação sem dúvida podem tornar mais fácil o aprendizado de uma habilidade específica; mas não é possível substituir a prática real da habilidade. Ninguém consegue aprender a andar de bicicleta ou falar uma língua (nativa ou estrangeira) sem treinar. A prática não leva apenas à perfeição; ela é indispensável para a aquisição de qualquer habilidade.

A descrição de Polanyi da intransmissibilidade de habilidades tem, acredito, o *status* de um argumento filosófico. Ele a enunciou como um axioma, e ela não teve, até recentemente, a corroboração de investigações empíricas. No entanto, experimentos sobre aprendizado em pacientes de amnésia forneceram parte dessa corroboração (Cohen e Squire, 1980).

A intransmissibilidade de habilidades tem duas relevâncias para os casos de xenoglossia responsiva. A primeira refere-se às explicações normais dos casos, como os que investiguei. Alguns leitores de meu relato do caso de Jensen (Stevenson, 1974c) e de meus relatos anteriores dos casos de Gretchen (Stevenson, 1976) e Sharada (Stevenson e Pasricha, 1979, 1980), evidentemente a partir de uma postura de incredulidade, sugeriram que os sujeitos de algum modo *devem* ter aprendido normalmente as línguas estrangeiras que falavam; segue-se, portanto, que devo ter fechado os olhos para os indícios de como e quando eles o fizeram. Alguns desses críticos afirmaram (e outros insinuaram) que os sujeitos podiam ter aprendido as línguas ao ouvir, por acaso, elas sendo faladas quando eram mais jovens. Mas isso é precisamente o que a intransmissibilidade da habilidade de falar uma língua nega. Só se pode adquirir a aptidão para usar uma língua responsivamente usando-a, e não a ouvindo por acaso. Devemos, então, perguntar se é provável que os sujeitos pudessem ter treinado a língua estrangeira sem que alguém — eles próprios ou as pessoas à sua volta — mais tarde se lembrasse disso.

Se as habilidades são intransmissíveis por meios normais, elas também são intransmissíveis por meios paranormais. Ducasse (1962) parece ter sido a primeira pessoa a aplicar esse princípio aos indícios de sobrevivência após a morte (ao que tudo indica, ele desenvolveu suas ideias sobre o assunto independentemente de Polanyi). Minha aceitação do princípio da intransmissibilidade das habilidades explica meu interesse em casos de xenoglossia responsiva. A aptidão para falar uma língua é a habilidade ou, mais precisamente, um conjunto de habilidades e informações. Se não podemos adquirir uma habilidade pela percepção extrassensorial, qualquer pessoa (ou personalidade) que demonstre a aptidão para falar uma língua deve ela mesma tê-la aprendido algum tempo antes da ocasião de demonstrar essa aptidão. E se podemos, além disso, excluir a possibilidade de que a pessoa envolvida não aprendeu a língua mais cedo na vida, segue-se que ela foi aprendida por alguma outra personalidade manifestando-se através dela. Essa outra personalidade podia ser uma encarnação anterior da pessoa em questão ou uma personalidade desencarnada manifestando-se temporariamente através do sujeito vivo — possuindo o sujeito, poderíamos dizer. Discuti anteriormente, nos relatos dos casos individuais, os méritos da reencarnação e da possessão como explicações alternativas para eles, e não pretendo recapitulá-las agora. Aqui, desejo apenas enfatizar o princípio geral da intransmissibilidade — por vias normais ou paranormais — das habilidades, como a de falar uma língua estrangeira. Se outras pessoas vierem a concordar comigo no que se refere a esse princípio, e concordarem também que os sujeitos dos três casos de xenoglossia responsiva que relatei não aprenderam as línguas estrangeiras que falavam por meios normais, elas também concordarão que esses casos contribuíram para as evidências de sobrevivência do homem à morte física.

Comentários sobre alguns aspectos linguísticos de casos de xenoglossia responsiva

A investigação de casos futuros pode nos ajudar a obter uma melhor compreensão dos processos linguísticos envolvidos na xenoglossia responsiva. Um dos enigmas que estou particularmente ansioso por resolver é o de como Jensen e Gretchen conseguiam entender inglês, de modo a poder responder, em suas línguas nativas[72], tanto questões dirigidas a eles em inglês como às feitas em suas línguas. Não se pode supor que Jensen e Gretchen, se foram outrora pessoas vivas, soubessem quaisquer idiomas que não suas línguas maternas. Eles devem então ter obtido sua compreensão do inglês com os sujeitos através dos quais se manifestavam.

Podemos explicar algo da habilidade das personalidades do transe de falar inglês imaginando que elas usam uma espécie de dicionário mental tríplice. As palavras inglesas ouvidas pelos sujeitos, T.E. e D.J., provavelmente evocavam imagens não verbais, isto é, pictóricas, nas mentes de algum modo ligadas ou associadas das personalidades de Jensen e Gretchen. Essas imagens teriam estimulado palavras na língua nativa da personalidade de Jensen ou Gretchen, e o cérebro, os nervos

---

[72] Meu uso da palavra *nativa* aqui é uma conveniência e não implica nenhuma conclusão específica quanto ao *status* ontológico das personalidades fenomênicas de Gretchen, Jensen ou Sharada.

motores e o aparelho vocal do sujeito expressariam então as representações verbais apropriadas.

Talvez seja útil refletir sobre um exemplo real de como esse processo poderia ocorrer. Suponhamos que alguém perguntasse a Gretchen, em inglês, o que ela comia. Essa pergunta despertaria na mente de D.J. imagens de carne, verduras e outros gêneros alimentícios. Gretchen seria capaz de "ver" interiormente essas imagens, e primeiro pensaria para, em seguida, dizer palavras alemãs correspondentes a elas, como *Fleisch* ["carne"], *Gemüse* ["legumes"] e *Obst* ["frutas"]. Naturalmente, o processo seria mais demorado do que quando ocorre em associações dentro de uma única língua, e poderia explicar a lentidão das respostas dadas tanto por Jensen como por Gretchen. (Deveríamos lembrar, contudo, que todos os sujeitos profundamente hipnotizados, ou quase todos, respondem morosamente quando se fala com eles; tal atraso é um sinal de hipnose profunda, havendo ou não alguma alteração aparente ou troca de personalidade).

Ao tratar da possível interação entre representações pictóricas e verbais nos processos de xenoglossia responsiva, não pretendo sugerir que ela dê conta de explicar todo o processo de uma habilidade paranormal de falar uma língua estrangeira. Quero apenas indicá-la como uma possível explicação para o fato de personalidades de transe como Jensen e Gretchen conseguirem responder, em suas línguas maternas, a perguntas em inglês que elas parecem incapazes de responder nesse idioma. A habilidade de Gretchen e Jensen de falarem suas línguas nativas ia além da representação de imagens pictóricas nas palavras dessas línguas. Ambos eram capazes de fazer pelo menos algumas afirmações de ideias abstratas, tais como "Eu não entendo", ou que são parcamente representadas em termos pictóricos, como "Estou cansado"[73].

Além disso, não temos de supor que um estágio de imagens visuais conscientes deve ocorrer cada vez que uma pergunta em inglês estimula uma resposta em outra língua. Isso não acontece na maior parte da tradução comum; não temos de visualizar uma cadeira quando lembramos que a palavra francesa correspondente é *chaise*. Do mesmo modo, uma pergunta feita em inglês para Gretchen, por exemplo, podia mobilizar imagens mentais *que não se tornavam conscientes*, mas para as quais a Gretchen falante do alemão podia fornecer palavras alemãs corretas.

Tive alguns vislumbres em mim mesmo de um processo não pictórico que, creio, está ligado a processos de tradução envolvidos em alguns casos de xenoglossia responsiva. Ao ler um trecho de uma língua estrangeira, às vezes chego a uma palavra que me parece familiar, mas cuja tradução não consigo lembrar imediatamente. Meu impulso normal é procurar tais palavras em um dicionário, mas, se não há um ao meu lado quando estou lendo, posso preguiçosamente tentar

---

[73] Mas mesmo conceitos abstratos podem ter representações pictóricas. O mnemonista russo S. descobriu que, quando pensava na expressão "pesar as palavras", ele imediatamente criava uma imagem de uma balança (Luria, 1969, p. 119); e, quando tentava entender a frase "o trabalho evoluiu normalmente", ele via uma fábrica com operários e (para "normalmente") "uma mulher grande, de faces rosadas, uma mulher *normal*" (Luria, 1969, p. 128). Do mesmo modo, a frase de Jensen "Estou cansado" podia evocar a imagem de um homem na cama desligando um abajur antes de dormir.
A pessoa comum em seu estado normal raramente se torna consciente de como palavras unidas e imagens relacionadas subsistem em nossa mente. Tirando pessoas incomuns, como S., que têm imagens que são mais estáveis, mais vívidas e mais intrusivas do que as de gente comum, pode-se ter um vislumbre dessas conexões sob a influência de drogas alucinógenas, como eu mesmo tive. Antes de um de meus autoexperimentos com mescalina, combinei que a pessoa que estava comigo enquanto eu me encontrava sob efeito da droga testaria minha capacidade de abstração, pedindo que eu explicasse vários provérbios. Imagens visuais intrusivas interferiram em meu desempenho no teste. Assim, quando fui solicitado a explicar o significado de "Não conte com o ovo dentro da galinha", imediatamente vi um galinheiro cheio de galinhas.

lembrar o seu significado sem fazer o esforço de pegar o dicionário. Nessas situações, tenho às vezes a ideia não da palavra inglesa correta, mas de outra palavra da língua estrangeira que é uma associação adequada para ela. Assim, numa ocasião desse tipo, não consegui lembrar o significado em inglês da palavra alemã *Faden* ["fio"], mas pensei na palavra alemã *Nadel* ["agulha"], e em seguida me perguntei como pude ter feito isso quando não sabia conscientemente (naquele momento) que *Faden* é a palavra alemã correspondente a fio. O leitor deveria entender que isso não é um exemplo de simples associação de palavras. No teste comum de associação de palavras, o sujeito tem uma compreensão da palavra-estímulo e, embora ele possa reagir com sua palavra de reação sem de fato ver interiormente uma imagem do objeto que corresponde à palavra-estímulo, ele sempre pode fazer isso (admitindo que as palavras-estímulo sejam nomes de objetos familiares, que podem ser representados visualmente). Mas, no exemplo que acabei de dar, eu obviamente não tive nenhuma imagem visual de um fio estimulada pela palavra *Faden*. Se isso tivesse acontecido, eu deveria ter dito *fio* para mim mesmo, em vez de fazer a associação com a palavra *Nadel*. Todo o processo de associação se desenrolou abaixo do nível de minha consciência.

Outro exemplo, embora mais frágil, mostra um processo igual ou similar. Lendo um trecho em alemão, deparei-me com a palavra *Schutz* ["defesa", "proteção" e "abrigo"], mas não reconheci seu significado imediatamente. A princípio, pensei que podia significar "regaço". A palavra alemã que corresponde a "regaço" é *Schoss*, e me parece que, provavelmente abaixo do nível de minha consciência, minha mente associou *Schutz* com *Schoss* e chegou à tradução correta para a segunda palavra.

Spiegel e Spiegel (1978) relataram um caso que ilustra o tipo de sobreposição de inglês e outra língua que tentei descrever. O sujeito era um homem de 25 anos que tinha emigrado da Áustria para os Estados Unidos aos treze anos e meio. Ele nunca tinha falado inglês antes disso e, depois, passou a falar pouco ou nada de alemão. Quando foi hipnotizado e regrediu para uma idade inferior a treze anos, ele não conseguiu se expressar em inglês e o hipnotizador solicitou um intérprete de alemão para se comunicar efetivamente com ele. Apesar disso, o sujeito mostrou claramente respostas corretas às instruções em inglês do hipnotizador quando ele regrediu para seus dez anos, idade na qual ele ainda não tinha aprendido inglês.

Se a minha argumentação ajuda a explicar a habilidade de Jensen e Gretchen de entender inglês pelo menos em algum grau, deveríamos nos perguntar por que Sharada não conseguia entender inglês ou marati. A língua materna de Uttara era o marati, e ela também sabia falar bem o inglês. Poderíamos supor que o marati ou o inglês falados a Sharada passariam pelos filtros mentais de Uttara e, por meio de um processo similar ao que sugeri ter ocorrido com Jensen e Gretchen, a teriam estimulado a responder em bengali. Mas isso não aconteceu, uma característica que pode ser creditada à manifestação "mais forte" de Sharada, comparada com a de Jensen e Gretchen. Jensen e Gretchen normalmente permaneciam passivos, com os olhos fechados. Sharada ficava com os olhos abertos na maior parte do tempo, era capaz de se movimentar e mesmo de andar regularmente, percorrendo longas distâncias. Sua personalidade pode ter suprimido a personalidade normal de Uttara num grau maior do que Jensen e Gretchen o fizeram com as personalidades normais dos sujeitos através dos quais se manifestavam.

Um problema adicional levantado pelos casos de xenoglossia responsiva é a superioridade (na língua estrangeira expressa) do vocabulário sobre a gramática e a sintaxe, uma característica verificada em cada um dos três casos aqui examinados. Um tópico relacionado é o das variadas deficiências de pronúncia das personalidades secundárias ao falarem a língua estrangeira. Quanto a isso, elas não eram muito diferentes das pessoas comuns que aprendem a falar uma segunda língua depois de um período crítico na infância. A gramática, a sintaxe e a pronúncia da língua nativa, e às vezes as palavras também, interferem mais ou menos na adequada expressão da nova língua. Não dizemos que alguém é realmente bilíngue até que ele tenha dominado a segunda língua a um nível em que ocorra pouca ou nenhuma interferência de sua língua materna. A maioria das pessoas que tentam aprender um idioma estrangeiro descobre que consegue aprender a ler e a entender a língua mais rápido do que consegue aprender a falar. Isso se deve à fricção, por assim dizer, exercida pela língua materna durante as tentativas de se comunicar em outra língua aprendida depois da tenra infância. A lentidão ocorre em algum grau em relação à gramática e à sintaxe, mas é mais evidente e mais difícil de superar na pronúncia. Lenneberg (1960) chamou a atenção para o contraste entre um papagaio e uma criança no que se refere ao aprendizado de uma segunda língua. Se um falante do russo ensina algumas frases em russo e depois um nativo do inglês ensina frases em inglês a um papagaio, as frases em inglês deste não terão um sotaque russo. Mas se um falante do russo tentar aprender inglês após o período de maturação do sistema linguístico (por volta da puberdade), ele falará inglês com sotaque russo. O papagaio aprende uma sequência de fonemas que ele pode aprender a expressar em sinais específicos; mas uma criança aprende um sistema fonêmico inteiro, do qual os elementos não podem ser facilmente suprimidos em favor de um sistema fonêmico diferente.

Não temos motivo para esperar que o processo de interferência fosse diferente em circunstâncias em que a segunda língua, ao ser falada, parece nunca ter sido aprendida pela personalidade primária. Uma personalidade secundária — como podemos chamar Jensen, Gretchen e Sharada — que tenta falar sua língua nativa deve, contudo, expressá-la por meio de um aparato linguístico (mental, cerebral e vocal) da personalidade primária. Os esforços conflitantes dos dois sistemas fonêmicos diferentes dão a impressão de um falante não nativo. E, como acontece com segundas línguas aprendidas normalmente, a interferência da primeira língua ocasionalmente diferiria. Os registros dos transes da senhora Osborne Leonard contêm um exemplo disso. O incidente ocorreu durante uma ocasião em que o controle regular da médium, Feda, tinha sucumbido ao controle de outra comunicante, A.V.B., mas esta, depois de algum tempo, achou que a voz que transmitia as comunicações estava assumindo a qualidade do sotaque comum da médium e, portanto, deixando de representá-la como ela desejava. Ela disse: "Oh! Agora o poder está indo, você consegue ouvir minha voz dominando a senhora Leonard de novo?". Os participantes da sessão consideraram esse um registro correto de uma mudança que eles próprios não tinham notado (Radclyffe-Hall e Troubridge, 1919, p. 480).

Há registros de que algumas crianças sujeitos de casos sugestivos de reencarnação mostram uma interferência linguística similar. Nos raros exemplos em que essas crianças alegam (ou parecem) se lembrar de uma vida anterior como alguém de outro país, elas podem resistir a aprender a língua de seus pais e parecem falar uma língua estrangeira. Anteriormente mencionei um caso desse tipo, o de Nawal Daw (do Líbano), que se opôs a aprender árabe até os cinco anos e preferia falar outro idioma, que provavelmente era (a partir de outros indícios) híndi ou punjabi (Stevenson, 1974c). Fui informado da existência de outros exemplos de tal "glossofobia" entre algumas das crianças birmanesas que tinham alegado se lembrar de vidas anteriores como soldados japoneses mortos na Birmânia durante a Segunda Guerra Mundial (Stevenson, 1983). Os pais desses sujeitos com frequência relatam que os filhos se expressaram em uma língua estranha quando começaram a falar, e que eles aprenderam a falar birmanês depois de outras crianças birmanesas. Além disso, mesmo na idade adulta, alguns desses sujeitos apresentaram sinais, ou mais do que sinais, de características não nativas em seu birmanês[74].

No que se refere à teoria de que seres humanos têm características inatas que fornecem uma estrutura para o aprendizado de línguas, Crystal (1971, p. 257) afirmou:

> Não é possível sugerir que a criança (que está aprendendo uma língua) tem características de uma língua inata *específica* como, por exemplo, uma característica específica da sintaxe inglesa que não ocorre no francês ou no alemão. Uma criança zulu aprende zulu tão rápido quanto uma criança inglesa aprende inglês, ao que parece.

---

[74] Nenhum desses casos — nem o de Nawal Daw ou das crianças birmanesas que alegavam terem sido soldados japoneses em vidas anteriores — foi verificado. Não consegui confirmar que Nawal Daw falava híndi (ou punjabi) ou que as crianças da Birmânia falavam, ou tentavam falar, japonês quando mais novas. Em cada exemplo, ninguém em torno das crianças, na época em que elas falavam as línguas estranhas, teve competência para identificar tais línguas. Apesar disso, achei que valia a pena mencionar esses casos, porque os vários registros de resistência semelhante a aprender a língua materna por parte de crianças que alegavam se lembrar de vidas anteriores em países de outras línguas sugerem fortemente um fenômeno genuíno do qual podemos ter a esperança de encontrar exemplos no futuro.

Isso sem dúvida é verdadeiro para a maioria das crianças, mas os indícios que acabei de mencionar sugerem que, se a reencarnação acontece e a língua nativa da vida imediatamente anterior é diferente da falada pela família do sujeito, a interferência na aprendizagem da língua materna pode às vezes ocorrer a partir da "estrutura profunda" da língua da vida anterior. Tal interferência no aprendizado da língua na infância não me foi relatada por nenhum dos sujeitos dos três casos de xenoglossia responsiva que investiguei. Mas, em cada um desses casos, a presumida ou possível vida anterior ocorreu muitos anos antes do nascimento do sujeito. Neles, a presumida língua anterior não impediu o sujeito de aprender sua língua materna quando era criança; mas essa língua materna mais tarde pareceu interferir na expressão da língua anterior.

Considerando os modos como um idioma pode interferir numa segunda língua aprendida depois da infância, deveríamos talvez estar surpresos com o fato de as línguas faladas por Jensen, Gretchen e Sharada não mostrarem mais interferência do que o faziam a partir das línguas nativas dos sujeitos pelos quais eles se manifestavam. Podem-se ver indícios de tal interferência no uso que Gretchen fazia de *chicken* ["galinha"] (quando ela na verdade conhecia uma palavra alemã correspondente a *chicken*, *Küchlein*); e no híbrido *Bettzimmer*, dado como uma resposta correta a uma pergunta sobre dormir, mas evidentemente resultando da fusão de uma palavra inglesa com uma alemã. Os exemplos de sintaxe não bengali na língua falada por Sharada, para a qual o professor Das chamou a atenção, fornece outras demonstrações de como uma língua pode interferir na correta expressão de outra.

Os leitores que me acompanharam até aqui podem agora se sentir desapontados, e talvez mesmo enganados, porque não ofereço uma explicação de como a personalidade que sobrevive à morte consegue se expressar em outro corpo físico — se por meio da reencarnação ou da possessão temporária — com uma língua aprendida em uma vida anterior. Tal tentativa, contudo, está além de minhas capacidades e, acredito, além do conhecimento atual tanto da parapsicologia como da linguística. Aos parapsicólogos, não preciso dizer que não temos nenhuma teoria comumente aceita de como as comunicações extrassensoriais se dão; e não será uma depreciação dos peritos em linguística assinalar que eles não produziram uma explicação totalmente satisfatória de como falamos e entendemos línguas. Os casos de xenoglossia responsiva deveriam ser um estímulo para uma colaboração adicional entre cientistas da língua e parapsicólogos. Os parapsicólogos sem dúvida precisam da ajuda dos linguistas no estudo desses casos; e me arrisco a dizer que os linguistas podem aprender algo de valor com os casos de xenoglossia. Correndo o risco de parecer ir muito além no futuro, sugiro que as teorias unificadas que cada disciplina busca podem com o tempo mostrar que há conexões que agora não são evidentes.

Apêndice A
Trechos de transcrições das sessões com Gretchen

Introdução

Este apêndice reproduz trechos de quatro sessões em que a personalidade Gretchen se manifestou. Na primeira (de 2 de agosto de 1970), C.J. falou em inglês e Gretchen respondeu em alemão antes que qualquer pessoa tivesse falado nessa língua com ela. Os demais trechos foram extraídos das sessões de 5 de outubro de 1971, 11 de maio de 1973 e 25 de março de 1974, e em todas elas um falante nativo do alemão e eu falamos com Gretchen em alemão.

Os participantes das sessões estão indicados pelas seguintes iniciais:

    C.J.   Carroll Jay
    S.   O sujeito, Dolores Jay, ou a personalidade Gretchen
    I.S.   Ian Stevenson
    D.W. Doris Wilsdorf
    K.K. Kurt Kehr
    E.D. Elisabeth Hölscher Day

As palavras na transcrição que são mal ouvidas e conjecturais, ou parcialmente fornecidas por inferência a partir do contexto, estão indicadas por sua localização entre colchetes ou precedidas por um ponto de interrogação. Palavras entre colchetes na tradução não estão representadas no alemão e foram fornecidas para melhorar a tradução.

Apêndice B
Trechos traduzidos de anotações e gravações em fita de conversas com Sharada

Introdução

Este apêndice traz trechos das traduções de registros de três conversas com Sharada. A primeira foi registrada por M. C. Bhattacharya em anotações feitas durante a conversa; a segunda e a terceira foram gravadas.

Durante a primeira conversa, M. C. Bhattacharya fez suas anotações em bengali. Depois ele as traduziu para o híndi para a doutora Satwant Pasricha, e ela posteriormente as forneceu para mim com uma tradução para o inglês.

A segunda e a terceira conversas foram gravadas pela doutora Pasricha. Na primeira, M. C. Bhattacharya foi o entrevistador; na segunda, o doutor R. K. Sinha. Algumas outras pessoas estavam presentes em cada uma das entrevistas, mas elas pouco ou nada contribuíram para sua realização.

As transcrições completas — das quais os trechos se originaram — são todas curtas. A tradução (inglesa) das anotações de M. C. Bhattacharya da primeira entrevista com Sharada tem quatro páginas. A tradução (inglesa) da conversa entre M. C. Bhattacharya e Sharada, gravada em 2 de julho de 1975, tem dezesseis páginas, e a da conversa entre o doutor Sinha e Sharada, de 7 de maio de 1976, tem menos de seis páginas. As músicas que Sharada cantou nessas duas ocasiões não foram transcritas.

Trecho da transcrição da sessão de 2 de agosto de 1970

	Transcrição	*Tradução*	*Comentários*
C.J.:	...Agora, relaxe. Diga de novo seu nome completo, seu primeiro nome, seu sobrenome.		
S.:	*Ich heisse Gretchen.*	Meu nome é Gretchen.	
C.J.:	Eu sei, Gretchen. Quero seu sobrenome agora. Fale um pouco mais alto.		
S.:	*Gottlieb.*		
C.J.:	Onde você mora, Gretchen? Você mora numa cidade ou no campo?		
S.:	*Stadt.*	Cidade.	
C.J.:	Fale um pouquinho mais alto.		
S.:	(mais alto) *Stadt.*	Cidade.	Um bom exemplo da habilidade de Gretchen de responder a instruções em inglês.
C.J.:	Me conte exatamente onde você mora.		
S.:	*Leb in Eberswalde.*	[Eu] moro em Eberswalde.	Não se ouve o *e* final de *lebe*, mas o de *Eberswalde* é ouvido nitidamente.
C.J.:	Com quem você mora? Com quem você mora? Com quem você mora, Gretchen?		

S.:	*Mein Vater.*	Meu pai.	
C.J.:	Quantos anos você tem, Gretchen? Quantos anos você tem?		
S.:	*Ich weiss nicht.*	Não sei.	Aqui Gretchen usa corretamente uma das duas palavras alemãs para expressar o inglês *to know*.
C.J.:	Você já tem idade para ir à escola? Não sacuda a cabeça. Responda. Fale alto para que eu consiga ouvir o que você diz.		
S.:	*Nein.*	Não.	
C.J.:	Eu quero que você avance no tempo dez anos. Você agora é dez anos mais velha. Quantos anos você tem agora, Gretchen? Quantos anos você tem?		
S.:	*Fünfzehn.*	Quinze.	
C.J.:	Você é casada?		
S.:	*Nein.*	Não.	
C.J.:	Você está planejando se casar?		
S.:	*Nein.*	Não.	

275

Trecho da transcrição da sessão de 2 de agosto de 1970 (Continuação)

Transcrição	Tradução	Comentários
C.J.: Você trabalha?		
S.: (suspira profundamente)		
C.J.: Você...		
S.: (interrompe) *Ich beistehen der Hausfrau.*	Eu ajudo a empregada.	Um som de *s* antes do *ich* de Gretchen faz com que ele soe um pouco como *sich*. A frase está incorreta e em alemão correto deveria ser: "*Ich stehe der Hausfrau bei*". Gretchen, contudo, flexiona corretamente o artigo para o caso dativo.
C.J.: Quero que você fale um pouco mais alto agora. Não conseguimos ouvir...		
S.: (interrompendo) *Nein.*	Não.	
C.J.: Por que você não vai falar mais alto? Por que você não vai falar mais alto?		
S.: *Ist gefährlich.*	É perigoso.	
C.J.: Ninguém vai ouvir além de mim. Preciso que você fale um pouco mais alto. Quero que você me diga de novo: que tipo de trabalho é o seu?		

S.:	*Ich beistehen der Hausfrau. Das Kinder.*	Eu ajudo a empregada. As crianças.	Aqui Gretchen repete os erros gramaticais anteriores. *Das* é o artigo neutro correto para *Kind*, mas, ao usar a forma plural *Kinder*, Gretchen deveria ter usado o artigo no plural *die*.
C.J.:	De quantas crianças você toma conta? A senhora para quem você trabalha é bɔa para você?		
S.:	*Ja.*	Sim.	
C.J.:	Ela paga bem?		
S.:	*Nein.*	Não.	
C.J.:	Quanto ela paga a você?		
S.:	(suavemente) *Nicht Geld.*	Não dinheiro.	O alemão correto aqui seria *Kein Geld*.
C.J.:	Nada? Que tipo de trabalho é o do seu pai? Seu pai ainda é vivo, Gretchen?		
S.:	*Ja.*	Sim.	
C.J.:	Que tipo de trabalho é o dele?		
S.:	*Er Bürgermeister.*	Ele [é o] prefeito.	

Trecho da transcrição da sessão de 2 de agosto de 1970 (Continuação)

	Transcrição	*Tradução*	*Comentários*
C.J.:	Qual é o nome da escola onde ele dá aula?		Anteriormente um amigo tinha informado C.J. erroneamente de que *Bürgermeister* significa "mestre-escola" em alemão.
S.:	*Sie haben nicht recht. Nicht Schul.*	Você está enganado. Não escola.	Aqui Gretchen corrige C.J. Ela omite o *e* final de *Schule*.
C.J.:	Quantos alunos ele tem?		
S.:	*Nicht Schule.*	Não escola.	Aqui se ouve claramente o *e* final de Gretchen em *Schule*.
C.J.:	A palavra *Bürgermeister* não significa "mestre-escola"?		
S.:	*Nicht Meister, Bürgermeister.*	Não mestre, prefeito.	Gretchen tenta ajudar C.J. a entender o que *Bürgermeister* significa.
C.J.:	Continue e me explique a diferença. Explique a diferença. Eu não entendo. Ele trabalha para a cidade? Para o governo?		
S.:	*Ja.*	Sim.	
C.J.:	Para qual governo ele trabalha? Para qual governo ele trabalha?		
S.:	*Nicht verstehen.*	[Eu] não entendo.	O alemão correto seria: "*Ich verstehe nicht*".

278

C.J.:	Bem, em que país você vive?	
S.:	(suspira profundamente) *Ich leb in Deutschlande.*	Eu vivo na Alemanha.	Mal se ouve um *e* final no *lebe* de Gretchen. Ela acrescenta um *e* final supérfluo a *Deutschland*.
C.J.:	Qual é o nome do distrito ou da cidade em que seu pai trabalha?	
S.:	*Eberswalde*.	
C.J.:	Quantos anos seu pai tem?	
S.:	*Ich weiss nicht.*	Não sei.
C.J.:	Sua mãe é viva?	
S.:	*Nein.*	Não.
C.J.:	Gretchen, de que cor é seu cabelo?	
S.:	(suspira profundamente) *Braun.*	Castanho.
C.J.:	De que cor são seus olhos?	
S.:	*Blü.*	Azuis.	A pronúncia de Gretchen é mais próxima do inglês *blue* do que do alemão *blau*.

Trecho da transcrição da sessão de 2 de agosto de 1970 (Continuação)

Transcrição	Tradução	Comentários
C.J.: De novo. Eu não ouvi.		
S.: *Blü.* (suavemente) *Das ist genug.*	Azuis. Já basta.	
C.J.: Não entendi.		
S.: (mais alto) *Das ist genug.*	Já basta.	
C.J.: Você conhece pessoas que são famosas, vivas?		
S.: *Nein.*	Não.	
C.J.: Você nunca ouviu falar de músicos famosos ou artistas, líderes religiosos que estão vivos agora?		
S.: *Nicht verstehen.*	[Eu] não entendo.	
C.J.: Quem é o maior líder religioso hoje? Que pessoa lidera o povo religiosamente hoje?		
S.: *Der Papst.*	O papa.	Gretchen pronuncia essa palavra como *Päpst*.
C.J.: Quem é o papa? Como chamam o papa? Qual é o nome dele? Gretchen, qual é o nome do papa?		

S.:	*Nicht sprechen.*	Não falar.	Uma frase fragmentária. Em outras ocasiões, Gretchen deu o nome do papa como "Leão".
C.J.:	Você conhece Martinho Lutero? Você conhece Martinho Lutero?		
S.:	*Ich kenne ihn nicht.*	Eu não o conheço.	Aqui Gretchen mostra o uso correto de *kennen*, significando conhecer alguém ou alguma coisa por familiaridade. Antes ela havia usado corretamente *wissen* em referência a saber sobre alguma coisa. C.J. ainda está tentando encontrar *points de repère* para a datação da vida de Gretchen.
S.:	*Sehr kühner, Martin Luther.*	Muito corajoso, Martinho Lutero.	Ver o texto para discussão de *kühner* ou *Kühner*. Gretchen pronuncia *Luther* corretamente, como faria um falante do alemão.
C.J.:	Vamos avançar no tempo mais cinco anos.		
S.:	(com bastante firmeza) *Nein.*	Não.	

Fim do trecho da transcrição da sessão de 2 de agosto de 1970

Trecho da transcrição da sessão de 5 de outubro de 1971

	Transcrição	Tradução	Comentários
D.W.:	Gehst du denn zur Kirche?	Bem, você vai à igreja?	No começo desta parte da sessão, D.W. está tentando saber mais sobre onde e como Gretchen vive.
S.:	Ja.	Sim.	
D.W.:	Wo ist denn die?	Onde fica?	
S.:	Kirche. Was?	Igreja. O quê?	
D.W.:	Lass uns zusammen zur Kirche gehen. Was siehst du jetzt?	Vamos à igreja juntos. O que você vê agora?	
S.:	Ich gehe der Kirche.	Eu vou [a] a igreja.	Aqui Gretchen omite a preposição *zu*. Ela pronuncia o *e* final em *Kirche*, talvez imitando D.W.
D.W.:	So gehen wir zur Kirche. Was siehst du jetzt?	Está bem. Vamos à igreja. O que você vê agora?	
S.:	(depois de uma longa pausa) *Nichts.*	Nada.	
D.W.:	Nun ist es Sonntag. Es ist Sonntag in der Kirche. Was siehst du?	Agora é domingo. É domingo dentro da igreja. O que você vê?	
S.:	Ja. Sonntag Kirche. Kirche.	Sim. Domingo igreja. Igreja.	Um exemplo de perseveração.
D.W.:	Was siehst du?	O que você vê?	

282

S.:	(depois de uma longa pausa) *Sie horen.*	Eles estão escutando.	Não bem pronunciado aqui. Gretchen diz *horen*, mais do que *hören*. *Sie hören* é uma variante de uma das frases estereotipadas de Gretchen. Sua declaração espontânea aqui mostra sua ansiedade difusa.
D.W.:	*Wie bitte?*	O que você disse?	
I.S.:	*Was haben Sie gesagt, Gretchen?*	O que você disse, Gretchen?	
S.:	*Ich versteh nicht.*	Eu não entendo.	Gretchen omite o *e* final de *verstehe*.
I.S.:	*Nein, nein.*	Não, não.	
S.:	*... das Kirche.*	... a igreja.	O artigo de Gretchen está errado. O alemão correto seria *die Kirche*.
I.S.:	*Sie verstehen nichts über die Kirche? Also, erzählen Sie uns etwas anderes. Sagen Sie uns etwas über Ihre Eltern.*	Você não entende nada sobre a igreja? Está bem. Então nos conte alguma outra coisa. Conte-nos sobre seus pais.	
S.:	*Mein Vater.*	Meu pai.	Uma associação pertinente. Gretchen mostra entender que *Eltern* se refere a "pais", pela menção imediata a seu pai.
I.S.:	*Ja. Wie heisst Ihr Vater?*	Sim. Qual é o nome dele?	
S.:	*Mein Vater im Haus.*	Meu pai [está] em casa.	Uma frase incompleta.

Trecho da transcrição da sessão de 5 de outubro de 1971 (Continuação)

	Transcrição	Tradução	Comentários
I.S.:	Er is t im Hause? Ja, und wie heisst er? Also [mit]...? Ja?	Ele está em casa? Sim, e qual é o nome dele? Assim como...? Sim?	
S.:	Sie müssen... mein [Vater].	Você deveria [ir]... meu pai.	Conjecturei *go* (ir) na tradução uma vez que Gretchen, com bastante frequência, disse (incorretamente): *"Du müssen gehen weg* (você deveria ir embora)", ou variantes dessa frase.
I.S.:	Sie müssen Ihren Vater kennen, nicht wahr? Wie alt ist Ihr Vater?	Com certeza você conhece seu pai, não é?: Quantos anos ele tem?	
S.:	Ist alt.	[Ele] é velho.	A frase não tem sujeito.
I.S.:	Er ist alt. Ja. Ungefähr wie alt?	Ele é velho. Sim. Mais ou menos quantos anos?	
S.:	Ich weiss nicht.	Não sei.	Uma frase correta.
I.S.:	Und wie alt sind Sie?	E quantos anos você tem?	
S.:	Neun.	Nove.	Outra resposta adequada.
I.S.:	Sie sind neun. Ja, und was ist Ihr Geburtstag? In welchem Monat sind Sie geboren?	Você tem nove anos. Sim, e quando é seu aniversário? Em que mês você nasceu?	
S.:	Ich weiss nicht, wann geboren.	Eu não sei quando [eu] nasci.	Gretchen omite parte da frase que, completa, provavelmente seria: *"wann ich geboren bin"*.

284

D.W.:	*Kannst du das Vaterunser?*	Você sabe rezar o Pai-Nosso?	D.W., bastante abruptamente, introduz um novo assunto aqui.
C.J.:	Gretchen, você…?		
S.:	*Gretchen nicht gut mit Zahlen.*	Gretchen não [é] boa com números.	Aqui Gretchen mostra uma resposta atrasada à pergunta anterior sobre sua idade.
I.S.:	*Nicht gut mit was? Mit was?*	Não boa com o quê? O quê?	
S.:	*Zählen.*	Contar.	Aqui Gretchen dá à vogal seu trema e, assim, muda o significado, mas não o tópico.
I.S.:	*Zählen.*	Contar.	
S.:	*Nicht.*	Não.	
D.W.:	*Kennst du ein Gebet? Beim Essen?*	Você conhece uma prece? Na hora das refeições?	D.W. está perguntando se Gretchen sabe uma ação de graças dita antes de comer.
S.:	*Essen?*	Comer?	
D.W.:	*Betet ihr beim Essen?*	Você reza antes de comer?	
S.:	*Essen viel Sache.*	Comer muitas coisas.	Uma frase incorreta, mas uma associação adequada. O alemão correto seria: "*Wir essen viele Sachen*". A palavra *Sache* não foi sugerida ou falada.

285

Trecho da transcrição da sessão de 5 de outubro de 1971 (Continuação)

	Transcrição	*Tradução*	*Comentários*
I.S.:	*Viel Sache. Ja, was für Sache essen Sie?*	Muitas coisas. Sim. Que tipo de coisas você come?	I.S. agora segue o curso do pensamento de Gretchen. Ele também omite o *e* final em *viele* e o *n* final *Sachen*, como Gretchen.
S.:	*Fleisch.*	Carne.	
I.S.:	*Fleisch. Und noch?*	Carne. E o que mais?	
S.:	[inaudível]		
I.S.:	*Ausser Fleisch, was essen Sie?*	Tirando carne, o que você come?	
S.:	*Schwein.*	Porco.	Outra resposta correta, mas incompleta. *Carne de porco* em alemão é *Schweinefleisch*.
I.S.:	*Schwein.*	Porco.	
S.:	*Rind.*	Boi.	Aqui, de novo, a resposta de Gretchen está correta, mas incompleta. *Carne de boi* em alemão é *Rinderbraten* ou *Rindfleisch*.
I.S.:	*Rind.*	Boi.	

286

S.:	Küchlein.	Galinha.	Outra resposta adequada. *Küchlein* é uma palavra um pouco arcaica, substituída hoje por *Küken*.
I.S.:	Küchlein. Ja, Sie erinnern sich gut daran. Und was noch?	Galinha. Sim. Você está lembrando muito bem. E o que mais?	
S.:	Was?	O quê?	
I.S.:	Was essen Sie?	O que você come?	
S.:	Essen Abendessen.	Como [a] refeição da noite.	Aqui Gretchen omite o artigo.
I.S.:	Abendessen.	Refeição da noite.	
S.:	? Essen.	Comendo.	
I.S.:	Was haben Sie gesagt? Was für Essen? Was für Essen ist das? Wiederholen Sie das bitte. Abendessen und...?	O que você disse? Que tipo de refeição? Que tipo de refeição era essa? Repita isso, por favor. Refeição da noite e...?	
S.:	Fleisch.	Carne.	Não exatamente uma resposta direta, mas não inadequada.
I.S.:	Fleisch.	Carne.	
S.:	Gemüse.	Legumes.	Outra resposta adequada.

Trecho da transcrição da sessão de 5 de outubro de 1971 (Continuação)

	Transcrição	Tradução	Comentários
I.S.:	*Gemüse. Ach so, was für Gemüse essen Sie?*	Legumes. Mesmo? Que tipos de legumes você come?	
S.:	*Nicht mögen Gemüse. Essen Kartoffel.*	Não gostar legumes. Comer batatas.	Ninguém mencionou batatas a Gretchen antes. Mas essas frases são fragmentadas e incompletas.
I.S.:	*Kartoffel, ja.*	Batatas, sim.	
S.:	*Kohl.*	Couve.	Ninguém mencionou couve a Gretchen antes.
I.S.:	*Kohl. Hat sie Kohl gesagt?*	Couve. Ela disse couve?	Este comentário é dito de um entrevistador para o outro.
D.W.:	*Kannst du's noch mal sagen? Sag's noch mal.*	Você pode repetir? Diga de novo.	
I.S.:	*Ich hörte "Kohl". Haben Sie "Kohl" gesagt? Sie sprechen sehr gut, Gretchen.*	Eu ouvi couve. Você disse couve? Você fala muito bem, Gretchen.	A primeira frase de I.S. aqui é dirigida a D.W. As próximas duas são ditas a Gretchen.
S.:	*Was?*	O quê?	
I.S.:	*Also, was essen Sie sonst? Fleisch, ja. Und Gemüse.*	Então, o que mais você come? Carne, sim. E legumes.	
S.:	*Gemüse.*	Legumes.	A palavra *Gemüse* de Gretchen começa antes da de I.S. terminar e a obscurece parcialmente.

288

I.S.:	*Ja, und...?*	
S.:	*Obst.*	Outra resposta correta, sendo que Gretchen foi a primeira a usar essa palavra. Gretchen pronuncia a palavra como *Aabst*, em vez de usar o longo *o* da pronúncia alemã habitual.
I.S.:	*Obst.*	Frutas.
D.W.:	*Obst. Was für Obst?*	Frutas. Que tipo de frutas?
S.:	*Der Apfel.*	A maçã.
I.S.:	*Der Apfel. Ja.*	A maçã. Sim.
D.W.:	*Was gibt es denn nach dem Schlafen?*	E depois de dormir?
S.:	*Schlafen... Bettzimmer.*	Durmo [num] quarto.

Gretchen usa o artigo correto, mas o número singular.

D.W. está sondando o que Gretchen come no desjejum ou que roupa ela veste.

O alemão correto para quarto é *Schlafzimmer* (em outra ocasião Gretchen mostrou familiaridade com a palavra *Schlafzimmer*). Gretchen aqui omite a preposição e o artigo.

Fim do trecho da transcrição da sessão de 5 de outubro de 1971

Trecho da transcrição da sessão de 11 de maio de 1973

	Transcrição	Tradução	Comentários
C.J.:	... Então, fale com ele e lhe diga todas as coisas que você tentou me dizer.		*Ele* se refere a I.S., que está prestes a começar a conversa em alemão antes de K.K. se juntar ao grupo.
S.:	*Warum er kommen wieder und wieder?*	Por que ele vem várias vezes?	O alemão correto seria: *"Warum kommt er immer wieder?".*
C.J.:	Você pode falar um pouco mais alto, Gretchen?		
S.:	*Warum er kommen wieder und wieder?*	Por que ele vem várias vezes?	
I.S.:	*Vormittag kommen? Sprechen Sie lauter, Gretchen. Wie geht es Ihnen heute?*	A manhã vem? Fale mais alto, Gretchen. Como você está hoje?	I.S. tenta repetir o que Gretchen diz e ele ouve mal.
S.:	*Gefährlich.*	Perigoso.	Gretchen pronuncia a última sílaba como se fosse grafada (em inglês) *lish*.
I.S.:	*Gefährlich? Warum? Was ist gefährlich?*	Perigoso? Por quê? O que é perigoso?	
S.:	*Sie horen.*	Eles ouvem.	Gretchen pronuncia a palavra como *horen*, como se não tivesse trema.
I.S.:	*Wie?*	O quê?	
C.J.:	Um pouco mais alto, Gretchen.		
S.:	*Sie horen.*	Eles ouvem.	
I.S.:	*Sie zuhören? Gretchen, wiederholen Sie bitte.*	Eles escutam? Por favor, repita, Gretchen.	A gramática de I.S. aqui é imperfeita, uma vez que ele deveria dizer: *"Sie hören zu?".*
S.:	*Das Bundesrat.*	O Conselho Federal.	O artigo correto é *der*.
I.S.:	*Und was wird das Bundesrat tun?*	E o que o Conselho Federal fará?	I.S. repete o erro de Gretchen do artigo definido.

C.J.:	Gretchen, quantos anos você tem?	
S.:	(interrompendo C.J.) *Gretchen Sache sehr schlecht.*	Frase incorreta, com significado.
C.J.:	Quantos anos você tem, Gretchen?	
S.:	*Vierzehn.*	Catorze.
I.S.:	*Vierzehn. Ja, und wo wohnen Sie jetzt?*	Catorze. Sim, e onde você está morando agora?
S.:	*In Eberswalde.*	Em Eberswalde.
I.S.:	*Eberswalde.*	
S.:	*Ja.*	Sim.
K.K.:	*Wo ist Eberswalde?*	Onde fica Eberswalde?
S.:	*Deutschland.*	Alemanha.
K.K.:	*Deutschland.*	Alemanha.
S.:	*Ja.*	Sim.
K.K.:	*Wo in Deutschland?*	Onde na Alemanha?
S.:	*Ich weiss nicht.*	Não sei.
K.K.:	*Nicht in Österreich?*	Não na Áustria?
S.:	*Nein.*	Não.
K.K.:	*Wo ist der Bundesrat?*	Onde fica o Conselho Federal?
S.:	[inaudível]	
K.K.:	*Bitte wiederholen Sie.*	Por favor, diga de novo.
S.:	*Was?*	O quê?
K.K.:	*Wo is der Bundesrat? In welchem Land ist der Bundesrat?*	Onde fica o Conselho Federal? Em que país fica o Conselho Federal?

Trecho da transcrição da sessão de 11 de maio de 1973 (Continuação)

	Transcrição	*Tradução*	*Comentários*
S.:	*Der ist überall.*	Em todo lugar.	A frase de Gretchen não é bem ouvida.
K.K.:	*Überall?*	Em todo lugar?	
S.:	*Ja.*	Sim.	
K.K.:	*Überall. Sie horen zu.*	Em todo lugar. Eles estão escutando.	
S.:	*Ja.*	Sim.	
K.K.:	*Das ist gefährlich?*	Isso é perigoso?	
S.:	*Sehr beschwerlich.*	Muito perturbador.	
K.K.:	*Sehr beschwerlich. In Eberswalde?*	Muito perturbador. Em Eberswalde?	
S.:	*Ja.*	Sim.	
K.K.:	*Wieviel Jahre sind Sie? Wieviel Jahre bist du, Gretchen?*	Quantos anos você tem? Quantos anos você tem, Gretchen?	K.K. muda para a forma mais pessoal *du*, aparentemente esperando estabelecer um relacionamento mais próximo com Gretchen.
C.J.:	Vamos, Gretchen. Fale com meu amigo.		
S.:	*Viel Sache.*	Muitas coisas.	O alemão correto seria: *"Viele Sachen"*. A frase de Gretchen aqui é aparentemente uma resposta atrasada a uma pergunta anterior de K. K.: *"Das ist gefährlich?"*
K.K.:	*Wie alt bist du, Gretchen, in Eberswalde?*	Quantos anos você tem, Gretchen, em Eberswalde?	
S.:	*Spielen.*	Brinco.	Gretchen provavelmente pretende comunicar aqui a ideia de que ela ainda está na idade de brincar, isto é, de uma criança.

K.K.:	Spielen?	Brinca?	
S.:	Ja.	Sim.	
K.K.:	Mit wem?	Com quem?	
S.:	Das Kinder.	As crianças.	Gretchen dá o artigo neutro correto para o singular *Kind*, mas o artigo definido plural correto é *die*, ou — para o dativo admitido em resposta à pergunta — *den*. Em alemão correto, então, ela devia ter dito: "*Das Kind*", "*Die Kinder*" ou "*Den Kindern*".
K.K.:	Kinder.	Crianças.	
S.:	Ja.	Sim.	
K.K.:	Wie heissen die Kinder?	Quais são os nomes das crianças?	
S.:	Ist Frau Schilders Kinder.	[Eles] são filhos da senhora Schilder.	O verbo de Gretchen está incorretamente no singular.
K.K.:	Frau Schilders Kinder? Wie heissen die Kinder?	Filhos da senhora Schilder? Quais são os nomes das crianças?	
S.:	Ist Karl.	Tem Karl.	
K.K.:	Karl?	Karl?	
S.:	Ja. Ist Karin.	Sim. Tem Karin.	
K.K.:	Karin.	Karin.	
S.:	Ja.	Sim.	
K.K.:	Noch ein Kind?	Alguma outra criança?	
S.:	Nein.	Não.	Gretchen na verdade mencionou os nomes de duas outras crianças, Erich e Kurt, em outras ocasiões.

Trecho da transcrição da sessão de 11 de maio de 1973 (Continuação)

	Transcrição	Tradução	Comentários
K.K.:	*Wie alt sind die Kinder? Wie alt ist Karl?*	Quantos anos têm as crianças? Quantos anos tem Karl?	
S.:	*Möglicher... sieben.*	Mais ou menos... sete.	
K.K.:	*Sieben. Möglicherweise sieben. Wie alt ist Karin?*	Sete. Mais ou menos sete. Quantos anos tem Karin?	
S.:	*Neun.*	Nove.	
K.K.:	*Karin ist neun. Wie alt ist Frau Schiller?*	Karin tem nove. Quantos anos tem a senhora Schiller?	K.K. aqui diz *Schiller* em vez de *Schilder*.
S.:	*Ich weiss nicht.*	Não sei.	
K.K.:	*Ist Frau Schiller gut?*	A senhora Schiller é boa?	
S.:	*Ist... ist gut zu mir.*	É... [Ela] é boa para mim.	
K.K.:	*Sie spielen. Gretchen spielt. Was noch? Ist das in Eberswalde?*	Você brinca. Gretchen brinca. O que mais? É em Eberswalde?	
S.:	*Ist was in Eberswalde?*	É o que em Eberswalde?	
K.K.:	*Sie spielen in Eberswalde?*	Você brinca em Eberswalde?	
S.:	*Ja.*	Sim.	
K.K.:	*Wer is der Vater?*	Quem é o pai?	
S.:	*Nicht Frau Schiller.*	Não a senhora Schiller.	A própria Gretchen parece estar dizendo *Schiller* aqui.
K.K.:	*Nicht Frau Schiller.*	Não a senhora Schiller.	
S.:	*Nein.*	Não.	
K.K.:	*Frau Schiller ist nicht in Eberswalde?*	A senhora Schiller não está em Eberswalde?	

S.:	(enfaticamente) *Ja. Ja.*	Sim. Sim.	
I.S.:	*Sie spielt aber nicht.*	Mas ela não brinca.	Gretchen corrige o mal-entendido de K.K.
K.K.:	*Aber sie spielt nicht. Sie spielen. Gretchen spielt.*	Mas ela não brinca. Você brinca. Gretchen brinca.	I.S. diz isso em segundo plano para explicar o significado da fala de Gretchen para K.K.
S.:	*Sache.*	Coisa.	Uma resposta aparentemente irrelevante, mas possivelmente um exemplo de perseveração para a frase anterior de Gretchen *Viel Sache*.
K.K.:	*Was spielen Sie? Was spielen Sie?*	Do que você brinca? Do que você brinca?	
S.:	*Wie?*	O quê?	Gretchen parece ter dificuldade para falar nesta parte.
K.K.:	*Ball?*	De bola?	
S.:	[inaudível]		
K.K.:	*Spielen Sie Ball?*	Você brinca [com uma] bola?	
S.:	*Ja.*	Sim.	
K.K.:	*Grosser Ball?*	Uma bola grande?	
S.:	*Nein.*	Não.	
K.K.:	*Kleiner Ball?*	Uma bola pequena?	
S.:	*Mit...*	Com...	
K.K.:	*Mittlerer Ball?*	Bola de tamanho médio?	

Trecho da transcrição da sessão de 11 de maio de 1973 (Continuação)

	Transcrição	Tradução	Comentários
S.:	*Ja.*	Sim.	
K.K.:	*Mittlerer Ball.*	Bola de tamanho médio.	
S.:	(fracamente) *Ja.*	Sim.	
K.K.:	*Alle Kinder spielen?*	Todas as crianças brincam?	
S.:	*Ja.*	Sim.	
K.K.:	*In Eberswalde?*	Em Eberswalde?	
S.:	*Ja.*	Sim.	
K.K.:	*Frau Schillers Kinder?*	Os filhos da senhora Schiller?	
S.:	*Ja. Sich verstehen mit Frau Schilder.*	Sim. Dou-me bem com a senhora Schilder.	Aqui Gretchen diz *Schilder* mais nitidamente. Sua frase, contudo, está incorreta.
I.S.:	*[Verstehen.]* (mais alto) *Sich verstehen.*	Entendo. [Você] se dá bem.	
S.:	*Sich verstehen. Ja, helfen sie [mit] Kinder.*	Se dá bem. Sim, ajuda ela com as crianças.	A frase de Gretchen está parcialmente encoberta pela fala de K.K. (em segundo plano): *"Frau Schilder?"*
K.K.:	*Ah, Sie verstehen die Kinder?*	Oh, você entende as crianças?	
S.:	*Ja.*	Sim.	
K.K.:	*Und Frau Schiller versteht die Kinder. Die Kinder sind gut?*	E a senhora Schiller entende as crianças. As crianças são boas?	
S.:	*Manchmal.*	Às vezes.	Aqui ocorre um exemplo excelente e não atípico da habilidade de Gretchen de introduzir pela primeira vez uma palavra alemã inteiramente apropriada que ninguém disse a ela anteriormente.

K.K.:	*Sehr kleine Kinder? Manchmal. Ich habe [verstanden.] Manchmal. Ja.*	Crianças muito pequenas? Às vezes. Entendi. Às vezes. Sim.	
S.:	*Sehr klein.*	Muito pequenas.	
K.K.:	*Sehr klein, ja. Wie heisst Ihr Vater?*	Muito pequenas. Sim. Qual é o nome do seu pai?	
S.:	*Mein Vater. Hermann.*	Meu pai. Hermann.	
K.K.:	*Hermann?*	Hermann?	
S.:	*Ja.*	Sim.	
K.K.:	*Was tut er? Was tut der Vater?*	O que ele faz? O que o pai faz?	
S.:	*Ist Bürgermeister.*	[Ele] é [o] prefeito.	
K.K.:	*Bürgermeister?*	Prefeito?	
S.:	*Ja.*	Sim.	
K.K.:	*Wo wohnt er? In welcher Strasse wohnt er? Wie heisst die Strasse?*	Onde ele mora? Em que rua ele mora? Qual é o nome da rua?	
S.:	(suspira profundamente) *Ah. Birkenstrasse.*	Oh. Rua da Bétula.	O nome da rua às vezes é ouvido como *Bürgenstrasse*. A pronúncia aqui é ambígua.
K.K.:	*Bitte sagen Sie es noch einmal. Welche Strasse? Wie heisst die Strasse?*	Por favor, diga de novo. Que rua? Qual o nome da rua?	
S.:	*Das Strasse heisst die Birkenstrasse.*	A rua se chama Rua da Bétula.	Não se ouve bem o primeiro artigo definido, mas, se foi utilizado *das*, está errado.
K.K.:	*Ah, Birkenstrasse.*	Oh. Rua da Bétula.	
S.:	*Ja.*	Sim.	

Trecho da transcrição da sessão de 11 de maio de 1973 (Continuação)

	Transcrição	*Tradução*	*Comentários*
K.K.:	*Birkenstrasse. Ist der Vater, ist der Vater gut?*	Rua da Bétula. O pai, o pai é bom?	
S.:	*Ja.*	Sim.	
K.K.:	*Guter Vater?*	[Um] bom pai?	
S.:	*Gut zu mir.*	Bom para mim.	Um exemplo do uso correto por Gretchen de uma preposição e seu pronome relacionado adequadamente flexionado.
K.K.:	*Sie wollen sprechen?*	Você gostaria de conversar?	
S.:	*Schon. Ich habe reden alles. Warum der Fragen wieder und wieder?*	Já. Falei tudo. Por que as perguntas várias vezes?	Frases incorretas, mas com significados claros o suficiente. *Reden* é um verbo intransitivo. O alemão correto seria: *"Ich habe schon geredet. Warum die Fragen immer wieder?"*. Gretchen poderia também ter dito corretamente: *"Ich habe alles gesagt"*.
C.J.:	Gretchen, quero que você avance, Gretchen. Como seu amigo, quero que você avance agora, Gretchen, um ano, até você ter dezesseis anos. Você tem dezesseis anos.		
S.:	*Nein.*	Não.	
C.J.:	Por que você não quer ir para seus dezesseis anos, Gretchen?		

298

S.:	*Nicht kann.*	[Eu] não posso.	A palavra *kann* de Gretchen tem um *a* adequadamente longo, diferente do *a* no inglês *can*.
C.J.:	Precisamos saber sobre a sua vida aos dezesseis anos, Gretchen. Quero que você avance agora.		
S.:	*Gretchen tot.*	Gretchen [nessa época está] morta.	
K.K.:	*Gretchen ist tot? Wann ist Gretchen tot? Sechzehn Jahre alt?*	Gretchen está morta? Quando Gretchen morre? Aos dezesseis anos?	
S.:	*Ich bin krank.*	Eu estou doente.	
K.K.:	*Krank? Ist krank? Sechzehn Jahre alt? Gretchen ist krank.*	Doente? [Você] está doente? Dezesseis anos? Gretchen está doente.	
S.:	*Tot.*	Morta.	
K.K.:	*Sie ist tot. Ist Gretchen fünfzehn Jahre alt?*	Ela está morta. Gretchen tem quinze anos?	
S.:	*Ja.*	Sim.	
K.K.:	*Ja.*	Sim.	
S.:	*Fünfzehn.*	Quinze.	
K.K.	*Fünfzehn Jahre.*	Quinze anos.	

Fim do trecho da transcrição da sessão de 11 de maio de 1973

Trecho da transcrição da sessão de 25 de março de 1974

	Transcrição	Tradução	Comentários
I.S.:	*Sind Sie nun bereit, mit meiner Freundin zu besprechen? Ja?*	Você está pronta agora para conversar com a minha amiga? Sim?	Aqui I.S. está apresentando E.D. a Gretchen.
S.:	*Ich versuche.*	Tentarei.	
I.S.:	*Ja, gut, danke sehr. Hier ist sie.*	Que bom, muito obrigado. Aqui está ela.	
E.D.:	*Gretchen, ich bin deine Freundin.*	Gretchen, eu sou sua amiga.	
S.:	*Ja?*	Sim?	
E.D.:	*Ja. Ich möchte mit dir spielen. Ich möchte...*	Sim. Eu gostaria de brincar com você. Eu gostaria...	
S.:	(interrompe) *Sp... Spielen. Spielen nicht.*	Brincar. Não brincar.	
E.D.:	*Spielen.*	Brincar.	
S.:	*Nicht.*	Não.	
E.D.:	*Was ist spielen?*	O que é brincar?	
S.:	*Mit eine Kinder.*	Com uma criança.	Uma frase incorreta. O alemão correto seria ou *"Mit dem Kind"* ou *"Mit den Kindern"*.
E.D.:	*Ja, mit den Kindern.*	Sim, com as crianças.	
S.:	(interrompe) *Ja.*	Sim.	
E.D.:	*Oder wir beide. Du, und ich. Wir spielen, und sprechen.*	Ou nós duas. Você e eu. Nós vamos brincar e conversar.	
S.:	*In Strasse?*	Na rua?	O alemão correto seria: *"Auf der Strasse?"*. E.D. corrige Gretchen em sua resposta.
E.D.:	*Auf der Strasse oder im Haus. Möchtest du lieber auf der Strasse spielen? Oder im Haus?*	Na rua ou em casa. Você prefere brincar na rua? Ou em casa?	

S.:	(interrompe) Sp… spielen im Strasse?	Brincar na rua?	
E.D.:	Ja, oder lieber im Haus?	Sim, ou você prefere em casa?	
S.:	Mein Vater?	Meu pai?	
E.D.:	Ja, im Haus deines Vaters. Hast du Puppen?	Sim, na casa do seu pai. Você tem bonecas?	
S.:	(interrompe) Mir. Ja.	Eu. Sim.	O *mir* (dativo) de Gretchen é aparentemente uma resposta atrasada para a referência de E.D. à casa. Gretchen evidentemente quer que E.D. saiba que a casa também é dela (Gretchen). Seu *Ja* falado depois é uma resposta mais rápida à pergunta de E.D. sobre bonecas.
E.D.:	Du hast Puppen!	Você tem bonecas!	
S.:	Frau Schilder.	Senhora Schilder.	
E.D.:	Ja, hat Frau Schilder dir die gegeben?	Sim, a senhora Schilder deu para você?	
S.:	Ich leb in Haus.	Eu moro [na] casa.	Gretchen omite o *e* final em *lebe*.
I.S.:	(repetindo) Ich lebe in Haus.	Eu moro [na] casa.	
E.D.:	Ja, du, du lebst im Haus.	Sim, você mora na casa.	
S.:	Nicht Frau Schilder.	Não senhora Schilder.	
E.D.:	Nein, nicht Frau Schilder.	Não, não a senhora Schilder.	
S.:	Nein.	Não.	
E.D.:	Nein, aber du und dein Vater. Ihr lebt im Haus.	Não, mas você e seu pai. Você mora na casa.	
S.:	Nicht mehr.	Não mais.	

Trecho da transcrição da sessão de 25 de março de 1974 (Continuação)

	Transcrição	*Tradução*	*Comentários*
E.D.:	*Nicht mehr? Können wir nicht im Haus spielen? Wo bist du denn?*	Não mais? Não podemos brincar na casa? Então, onde vocês estão?	
S.:	*Mein Vater.*	Meu pai.	
E.D.:	*Ja?*	Sim?	
S.:	*Ist gefährlich.*	É perigoso.	Gretchen aqui parece sugerir que ela e seu pai estão longe de casa, numa situação perigosa. De seu ponto de vista, a sugestão de E.D. de brincarem juntas parece totalmente inadequada. Para Gretchen, não é hora de brincar.
E.D.:	*Nein, es ist nicht gefährlich. Wir sind Freunde. Ich bin deine Freundin. Es ist nicht gefährlich.*	Não, não é perigoso. Somos amigas. Eu sou sua amiga. Não é perigoso.	
S.:	*Ich weiss nicht.*	Eu não sei.	
E.D.:	*Doch, du weisst es. Es ist alles gut. Es ist alles gut.*	Sim, você não sabe. Está tudo bem. Está tudo bem.	
S.:	*Alles?*	Tudo?	
E.D.:	*Alles gut. Sag mir was von deinen Puppen. Ich möchte gern deine Puppen sehen. Wie heissen die Puppen? Hast du eine?*	Tudo está bem. Conte-me sobre suas bonecas. Eu gostaria de ver suas bonecas. Quais são os nomes delas? Você tem uma?	
S.:	*Nein.*	Não.	

E.D.:	Nein? Möchtest du gern meine Puppe sehen? Ich kann sie mitbringen.	Não? Você gostaria de ver minha boneca? Eu posso trazê-la comigo.
S.:	Viel Sache.	Muitas coisas.	O alemão correto para essa frase seria: *"Viele Sachen"*.
E.D.:	Du willst sie sehen?	Você gostaria de vê-la?
S.:	Gretchen dumm.	Gretchen [é] burra.	Gretchen pronuncia *dumm* mais como *dome* (em inglês). Talvez Gretchen se chame de burra aqui por não entender por que E.D. pode dizer que tudo está bem na presença de um perigo tão evidente (na concepção de Gretchen).
E.D.:	Nein, Gretchen ist nicht dumm. Gretchen ist lieb.	Não, Gretchen não é burra. Gretchen é doce.
S.:	Ist sagen fremd. (em segundo plano) Sagen fremd.	É fala estranho.	Uma frase completamente incorreta.
E.D.:	Ach so. Kannst du mir sagen, womit du gern spielst? Kannst du mir sagen, womit du gern spielst? Spielst du gern Verkleiden? Weisst du was Kleider anziehen? Ja.	Oh. Você pode me dizer do que você gosta de brincar? Você gosta de brincar de *dress up*? Você sabe o que é *dressing up*? Sim.
S.:	Ja, ist.	Sim, é.
E.D.:	Ist was?	É o quê?
S.:	Ist... ist kleiden? Kleid?	É... é [para] vestir? Vestido?
E.D.:	Kleider anziehen, ja. Oder vielleicht können wir mit dem Ball spielen. Tust du das gern?	Vestir, sim. Ou talvez a gente possa brincar com uma bola. Você gosta?

Trecho da transcrição da sessão de 25 de março de 1974 (Continuação)

	Transcrição	Tradução	Comentários
S.:	*Wo gehen?*	Ir aonde?	
E.D.:	*Ich frage dich, wohin du gern gehen möchtest. Wohin möchtest du gern gehen?*	Estou perguntando aonde você gostaria de ir. Aonde você gostaria de ir?	
S.:	*Ich beistehen mit Kinder.*	Eu cuido [das] crianças.	Uma frase incorreta. O alemão correto seria: *"Ich stehe der Hausfrau bei"* ou *"Ich bleibe bei den Kindern"*. A frase de Gretchen tem característica americana.
E.D.:	*Ja, mit den Kindern. Hast du das gern? Dann können wir spielen.*	Sim, com as crianças. Você gosta de fazer isso? Então podemos brincar.	
S.:	*Ist viel Kühner.*	[Há] pessoas muito imprudentes.	A tradução é conjectural. Ver a discussão sobre *Kühner* no texto. Essa passagem mostra a tendência de Gretchen a ir espontaneamente para sua principal preocupação sobre a luta.
E.D.:	*Was ist "viel Kühner"? Was ist "viel Kühner"?*	O que é "pessoas muito imprudentes"? O que é "pessoas muito imprudentes"?	
S.:	*Ist streiten*	É brigar.	
E.D.:	*Die streiten?*	Eles brigam?	
S.:	*Ja.*	Sim.	
E.D.:	*Wer streitet?*	Quem está brigando?	
S.:	*Jedermann.*	Todo mundo.	Um exemplo de uma palavra nova introduzida por Gretchen.

E.D.:	*Jedermann streitet?*	Todo mundo está brigando?	
S.:	*Ja.*	Sim.	
E.D.:	*Aber nicht du und ich. Nicht du und ich.*	Mas não você e eu. Não você e eu.	
S.:	*Reiten das Pferd. Verborgen das Wald.*	Andar a cavalo. Escondido na floresta.	Tanto *reiten das Pferd* como *verborgen das Wald* são exemplos de frases estereotipadas de Gretchen. O artigo definido está correto para *Pferd*, mas errado para *Wald*. Ambas as frases são apenas fragmentos.
E.D.:	*Ja? Was ist im Wald verborgen? Bist du im Wald verborgen? Bist du, Gretchen, im Wald verborgen?*	Sim? O que é escondido na floresta? Você está escondida na floresta? Você, Gretchen, está escondida na floresta?	
S.:	*Verborgen.*	Escondida.	
E.D.:	*Ja, warum bist du im Wald verborgen, Gretchen?*	Sim, por que você está escondida na floresta, Gretchen?	
S.:	(geme)		
E.D.:	*Du sagst, du lebst nicht mehr im Haus, und du bist im Wald verborgen. Warum?*	Você diz que não mora mais na casa e está escondida na floresta. Por quê?	
S.:	*Mein Vater.*	Meu pai.	
E.D.:	*Ja. Ist dein Vater auch da?*	Sim. Seu pai está lá também?	
S.:	*Ich nicht kann.* (suspira) *Viel Kühner.*	Não posso. Muitas pessoas imprudentes.	Gretchen inverte a ordem usual das palavras nesta frase.

305

Trecho da transcrição da sessão de 25 de março de 1974 (Continuação)

	Transcrição	Tradução	Comentários
E.D.:	*Viel Kühner.*	Muitas pessoas imprudentes.	
S.:	*Ja.*	Sim.	
E.D.:	*Viel Kühner auf der Strasse? Wie lange bist du im Wald? Wie lange bist du im Wald? Viele Tage, oder ein Tag?*	Muitas pessoas imprudentes na rua? Há quanto tempo você está na floresta? Há quanto tempo você está na floresta? Muitos dias, ou um dia?	
S.:	*Der versteh nicht.*	Ele não entende.	Não está claro quem não entende. Não se ouve um *t* no final do verbo de Gretchen, embora a terceira pessoa do singular correta de *verstehen* (tempo presente) seja *versteht*.
E.D.:	*Wie lange... lange Zeit, bist du lange Zeit im Wald?*	Há quanto tempo... muito tempo, você está na floresta há muito tempo?	
S.:	*Ja.*	Sim.	
E.D.:	*Ja, lange Zeit, viele Tage? Bist du allein?*	Sim, muito tempo, muitos dias? Você está sozinha?	
S.:	*Ja.*	Sim.	
E.D.:	*Du bist allein im Wald. Warum...?*	Você está sozinha na floresta. Por quê...?	
S.:	(interrompe) *Ich bin nicht dieselbe.*	Eu não sou a mesma.	Gretchen parece comentar aqui uma consciência da mudança de sua própria condição. Ela usa a palavra *dieselbe* pela primeira vez.

E.D.:	(repetindo para I.S.) *Ich bin nicht dieselbe?* (para S.) *Wer bist du? Du sagst, ich bin nicht dieselbe. Aber wer bist du?*	Eu não sou a mesma? Quem é você? Você diz: "Eu não sou a mesma". Então quem é você?	
S.:	*Hast sterben*	Estou morta.	Uma frase incorreta. O alemão correto seria: *"Ich bin gestorben"*. *Gestorben* pede o verbo auxiliar *sein*, não *haben*.
I.S.:	*Törpen?*	Morta?	Aqui I.S., para ajudar Gretchen, usa *törpen*, a própria palavra dela de ocasiões anteriores. É a forma abreviada de Gretchen para *gestorben*, particípio passado de *sterben*.
S.:	(em voz baixa) *Törpen, törpen.*	Morta. Morta.	Gretchen pronuncia a palavra como se tivesse trema.
I.S.:	*Törpen.*	Morta.	Aqui I.S. imita a pronúncia de Gretchen da palavra *törpen*.
E.D.:	*Du?*	Você?	
S.:	*Tot.*	Morta.	
E.D.:	*Tot? Im Wald?*	Morta? Na floresta?	
S.:	*Ich bin [schlecht].*	Eu sou má.	
E.D.:	*Meinst du, du bist krank?*	Você quer dizer que está doente?	
S.:	*Ich... ich habe reden dir alles.*	Eu... Eu falei tudo para você.	O significado de Gretchen é claro, mas a frase está incorreta. Ela poderia ter dito *"Ich habe dir alles gesagt"* ou *"Ich habe schon geredet"*. *Reden* (português: "falar") é intransitivo.

307

Trecho da transcrição da sessão de 25 de março de 1974 (Continuação)

	Transcrição	*Tradução*	*Comentários*
E.D.:	*Du hast alles gesagt. Du hast alles gesagt, was du zu sagen hast?*	Você disse tudo? Você disse tudo que tem que dizer?	
S.:	*Ich [werde] versuche.*	Eu [vou] tentar.	*Werde* é conjectural aqui. Apenas a primeira sílaba pode ser ouvida. Se estiver correto, é um raro exemplo do uso, por Gretchen, do tempo futuro. O *n* final de *versuchen* não é ouvido.
E.D.:	*Ja.*	Sim.	
S.:	[inaudível]		
E.D.:	*Wenn du deine Augen aufmachst, was siehst du? Was siehst du?*	Quando você abre os olhos, o que você vê? O que você vê?	
S.:	*Ich versteh nicht warum hier.*	Eu não entendo por que [nós estamos] aqui.	
E.D.:	*Ich möchte dich gern kennenlernen, Gretchen. Ich möchte dich gern kennenlernen.*	Eu gostaria de vir a conhecê-la, Gretchen. Eu gostaria de vir a conhecê-la.	
S.:	(aparentemente com esforço) *Was?*	O quê?	
E.D.:	*Ich möchte dich gern kennenlernen.*	Eu gostaria de vir a conhecê-la.	
S.:	*Nein.*	Não.	
E.D.:	*Warum sagst du nein? Ich bin deine Freundin.*	Por que você diz "não"? Sou sua amiga.	
I.S.:	*Gretchen, wie alt bist du?*	Gretchen, quantos anos você tem?	

S.:	Wo ist mein Freund?	Onde está meu amigo?	Gretchen chegou a considerar e a se referir a C.J. como "meu amigo".
I.S.:	Ihr Freund ist auch hier. Er ist bei uns, ja? Willst du mit ihm sprechen?	Seu amigo está aqui também. Ele está conosco. Quer falar com ele?	
S.:	Ich versuche, machen Sie verstehen.	Eu [vou] tentar fazer você entender.	Gretchen pronuncia *machen* com um *a* longo, que soa como *make* em inglês. Ela parece acrescentar um *r* supérfluo ao final de *versuche*. No mais, a frase é bem pronunciada.
I.S.:	Wie alt bist du jetzt, Gretchen? Wie alt bist du?	Quantos anos você tem agora, Gretchen? Quantos anos você tem?	
S.:	Sechzehn.	Dezesseis.	
I.S.:	Sechzehn. Ja. Willst du jünger werden? So, Sie könnten zehn Jahre alt sein, nicht wahr? Ich werde zählen. Und als ich zähle, dann werden Sie jünger. Sind Sie bereit nun? Sie werden zehn Jahre alt, ja? Als ich fünf sage, dann werden Sie zehn Jahre alt. Ein, zwei, drei....	Dezesseis. Você que ficar mais jovem? Você podia ter dez anos, sabia? Eu vou contar. E enquanto eu conto, você ficará mais jovem. Está pronta agora? Você terá dez anos. Quando eu disser cinco, você terá dez anos. Um, dois, três....	Aqui a gramática de I.S. é deficiente. Uma vez que ele está se referindo ao futuro, ele deveria ter dito *wenn* em vez de *als*.
S.:	(interrompe) [Inaudível]		Gretchen parece dizer *sei* e talvez esteja tentando dizer *sein*.

Trecho da transcrição da sessão de 25 de março de 1974 (Continuação)

	Transcrição	*Tradução*	*Comentários*
I.S.:	*Vier, fünf. Nun, wie alt sind Sie? Wie alt sind Sie?*	Quatro, cinco. Agora, quantos anos você tem? Quantos anos você tem?	
S.:	*Fünf? Ich bin sechzehn.*	Cinco? Tenho dezesseis.	Gretchen não seguiu a instrução de se tornar mais jovem.
I.S.:	*Noch sechzehn? Also ist gut. Meine Freundin ist noch hier. Ja, und sie wird nochmals sprechen.*	Ainda dezesseis? Está bem. Minha amiga ainda está aqui, e ela falará [com você] de novo.	
E.D.:	*Wo bist du, Gretchen, wenn du sechzehn bist?*	Onde você está, Gretchen, com dezesseis anos?	
S.:	*Ich lebe in Eberswalde.*	Eu vivo em Eberswalde.	
I.S.:	(repetindo para E.D.) *Ich lebe in Eberswalde.*	Eu vivo em Eberswalde.	
E.D.:	*Ah, das ist gut, du lebst in Eberswalde, das ist gut. Und was machst du gern? Was machst du den ganzen Tag? Du hast uns gesagt, dass du nicht zur Schule gehst. Was machst du? Was machst du, Gretchen?*	Que bom, você vive em Eberswalde. Que bom. E o que você gosta de fazer? O que você faz o dia todo? Você nos contou que não vai à escola. O que você faz? O que você faz, Gretchen?	
S.:	*Sich... Sich beistehen Frau Schilder mit Kinder.*	[Eu] ajudo a senhora Schilder com [as] crianças.	Gretchen repete erros gramaticais anteriormente comentados.

310

E.D.:	Ah, du bist mit den Kindern von Frau Schilder.	Ah, você está com os filhos da senhora Schilder.
S.:	Ja.	Sim.
E.D.:	Ja. Und passt du auf die Kinder auf? Passt du auf die Kinder auf? Oder spielst du mit den Kindern?	Sim. E você toma conta das crianças? Você toma conta das crianças? Ou você brinca com as crianças?
S.:	(suspira profundamente) Nein.	Não.
E.D.:	Was machst du denn? Bist du im Haus?	Então, o que você faz? Você está em casa?
S.:	Kleid.	Vestido.
E.D.:	Ja. Wer is klein?	Sim. Você é pequena?
S.:	Sagen nicht klein. Kleid!	Não disse pequena. *Vestido*!	Gretchen corrige E.D. sobre o que ela (Gretchen) disse.
E.D.:	Ah, mit Kleidern.	Ah, com roupas.	
S.:	Kleid.	Vestido.	
E.D.:	Ja, mit Kleid. Was machst du mit Kleid? Ziehst du ein Kleid an? Ja? Ziehst du ein Kleid an? Ah, das ist schön. Das ist ein schönes Kleid, das du anziehst. Wie sieht es aus? Wie sieht es aus? Kannst du die Farbe sagen?	Sim, com vestido. O que você faz com vestido? Você põe um vestido? Sim? Você põe um vestido? Ah, que bom. É um vestido bonito esse que você está usando. Como ele é? Como ele é? Você pode me dizer a cor?	

Trecho da transcrição da sessão de 25 de março de 1974 (Continuação)

	Transcrição	Tradução	Comentários
S.:	*Ich weiss nicht Zentimeter.*	Eu não sei os centímetros.	Durante essa passagem, Gretchen gesticula com a mão para indicar o comprimento do vestido do qual estão falando. Embora a palavra *Zentimeter* tenha sido usada numa conversa anterior, aqui ela a introduz de maneira completamente espontânea. Sua resposta não é direta à pergunta sobre cor, mas é relevante para o tópico do vestido.
E.D.:	*Zentimeter?*	Centímetros?	
S.:	*Ich weiss nicht wieviel.*	Eu não sei quantos.	
E.D.:	*Du weisst nicht wieviel Zentimeter. Weisst du, ob das Kleid rot ist, oder blau?*	Você não sabe quantos centímetros. Você sabe se o vestido é vermelho ou azul?	
S.:	*Ja.*	Sim.	
E.D.:	*Was, ist es blau?*	O que, é azul?	
S.:	*Etwas braun.*	Um tipo de marrom.	Essa resposta mostra que Gretchen entende o que está sendo dito a ela e também que ela não aceita sugestões prontamente.
E.D.:	*Braun, ja. Das ist hübsch. Etwas braun. Noch eine Farbe?*	Marrom. Que bonito. Um tipo de marrom. Alguma outra cor?	
S.:	(suspira)		
E.D.:	*Ist es...*	É...	

S.:	(interrompe) *Schön.*	Bonito.	A palavra de Gretchen na verdade soa como *schöd.*
I.S.:	(repetindo em segundo plano para E. D.) *Schön.*	Bonito.	
E.D.:	*Oh, es ist schön. Ja. Ist es lang? Geht es bis zu den Füssen? Geht es bis zu den Füssen?*	Oh, é bonito. É comprido? Chega até os pés? Chega até os pés?	
S.:	*Ich versteh nicht. Warum der Fragen?* [Inaudível]	Eu não entendo. Por que as perguntas?	O artigo definido plural correto seria *die.*
E.D.:	*Ich möchte gern wissen, wie schön dein Kleid aussieht. Ich bin deine Freundin.*	Eu gostaria de saber quão bonito é seu vestido. Eu sou sua amiga.	
S.:	*Kleid.*	Vestido.	
E.D.:	*Ja. Wir sehen alle...*	Sim, nós vemos tudo...	
S.:	(interrompe) *Schuh.*	Sapato.	É possível que Gretchen diga *schön* aqui e não *Schuh.*
E.D.:	*Bis zum Schuh, ja. Ist dein Kleid lang?*	Até o sapato, sim. Seu vestido é comprido?	
S.:	*Ja.*	Sim.	
E.D.:	*Ah, es ist lang. Das ist sehr schön. Und du hast Schuhe an.*	Ah, é comprido. Que bom. E você está de sapatos.	

Trecho da transcrição da sessão de 25 de março de 1974 (Continuação)

	Transcrição	*Tradução*	*Comentários*
S.:	*Was?*	O quê?	
E.D.:	*Du hast Schuhe an.*	Você está de sapatos.	
S.:	*Nein.*	Não.	
E.D.:	*Nein?*	Não?	
S.:	*Nein.*	Não.	
E.D.:	*Bist du barfuss?*	Você está descalça?	
S.:	*Ja.*	Sim.	
E.D.:	*Ja. Wollen wir Schuhe anziehen? Wollen wir Schuhe anziehen? Oder hast du keine Schuhe?*	Sim. Será que devemos pôr sapatos? Será que devemos pôr sapatos? Ou você não tem sapatos?	
S.:	*Ist... zu sehen.*	É... para ser visto.	
E.D.:	*Bitte?*	O quê?	
S.:	*Der zu sehen.*	Isso [é] para [ser] visto.	
E.D.:	*Es ist zu sehen.*	É para ser visto.	
S.:	*Nicht wichtig.*	Não importante.	Gretchen pronuncia *wichtig* perfeitamente.
E.D.:	*Es ist nicht wichtig.*	Não é importante.	
S.:	*Nein.*	Não.	
E.D.:	*Was ist wichtig, Gretchen? Was ist wichtig? Bitte, sag es mir, was ist wichtig?*	O que é importante, Gretchen? O que é importante? Por favor, me diga, o que é importante?	

314

S.:	*Ich von den Sterbe.*	Talvez Gretchen estivesse apontando para algo como: "*Ich rede von dem Sterben*" ["Eu estou falando sobre agonizar"].
E.D.:	*Bitte?*	
S.:	*Ich... von den Sorge.*	O plural correto de *Sorge* é *Sorgen*. Aqui novamente talvez *rede* possa ser colocado entre *Ich* e *von*, mas nada do tipo foi ouvido na gravação em fita.
E.D.:	*Sorge?*	Preocupada?
S.:	*Stille.*	Silêncio.
E.D.:	*Stille?*	Silêncio?
S.:	*Stille.*	Silêncio.
E.D.:	*Stille.*	Silêncio.
I.S.:	*Stille.*	Silêncio.
S.:	*Ja.*	Sim.
E.D.:	*Warum ist Stille wichtig?*	Por que o silêncio é importante?	Gretchen não respondeu a essa pergunta diretamente. No trecho seguinte da entrevista, no entanto, ela introduziu o tópico de "pessoas imprudentes" e lutas, talvez por associação com o anseio por silêncio expresso aqui.

Fim do trecho da transcrição da sessão de 25 de março de 1974

Tradução de trechos de anotações de uma conversa entre M. C. Bhattacharya e Sharada (sem data, mas do início de 1974)

M.C.B.:	Qual é seu nome?
S.:	Senhora Sharada Devi.
M.C.B.:	Quem são os outros membros da sua família?
S.:	Sogro, sogra e marido.
M.C.B.:	Onde você vive?
S.:	Khulna Shivapur.
M.C.B.:	Qual é o nome de seu pai?
S.:	Senhor Brajesh Chattopadhaya.
M.C.B.:	Onde ele vive?
S.:	Em Burdwan, perto do templo de Shiva.
M.C.B.:	Qual é o nome de sua mãe?
S.:	Renukha Chattopadhaya, e minha madrasta é Anandamoyi.
M.C.B.:	Quando você veio para Nagpur?
S.:	Seis meses atrás.
M.C.B.:	Onde você estava antes disso?
S.:	Saptagram.
M.C.B.:	Com quem?
S.:	Com minha tia materna.
M.C.B.:	Qual era o nome do marido dela?
S.:	Jagadhatri[75] Mukhopadhaya.
M.C.B.:	O que eles fazem em Saptagram?
S.:	Não me lembro.
M.C.B.:	Você já foi a Kalighat?

---

75 Como expliquei anteriormente na nota 49, Jagadhatri era tia de Sharada, não seu tio.

S.:   Sim.

M.C.B.:   Com quem?

S.:   Com meu marido.

M.C.B.:   Quando?

S.:   Depois do meu casamento.

M.C.B.:   Qual é o nome de seu marido?

S.:   (*Não falaria o nome mas escreveu*): Swami[76] Vishwanath Mukhopadhaya...

M.C.B.:   Você foi iniciada?

S.:   Não.

M.C.B.:   Você faz preces?

S.:   Sim, para Durga...

M.C.B.:   Você teve instrução?

S.:   Sim, com "Kakababu".

M.C.B.:   O que você leu?

S.:   Panini, o *Raghuvansh*, de Kalidasa, o *Manusmriti*[77].

M.C.B.:   Quem é "Kakababu"?

S.:   O filho da tia materna de meu pai.

M.C.B.:   Você é casada?

S.:   Sim.

M.C.B.:   Com que idade você se casou?

S.:   Sete anos.

M.C.B.:   Quando você estudou?

S.:   Aos doze anos.

---

76 *Swami* significa "mestre". É usado como título honorífico para professores religiosos. Sharada o está usando aqui para indicar respeito por seu marido.

77 O *Raghuvansh* é um poema épico de Kalidasa (século 5 d.C.), considerado o maior dos poetas do sânscrito. *Manusmriti* é um antigo código da lei hindu atribuído a um codificador quase mítico chamado Manu.

M.C.B.:   Onde você estudou?

S.:   Em Burdwan.

Fim dos trechos das anotações de M. C. Bhattacharya
Trechos de uma transcrição traduzida de uma entrevista com Sharada feita por M. C. Bhattacharya em 2 de julho de 1975

M.C.B.:   Diga-me como você veio parar aqui.

S.:   Vim de Saptagram a pé.

M.C.B.:   (*Evidentemente não tendo entendido a resposta*) Quem veio andando?

S.:   Eu.

M.C.B.:   Quem é você?

S.:   Sharada...

M.C.B.:   Quando você veio para cá? Quando?

S.:   Não lembro.

M.C.B.:   Você não lembra? Por que você veio? Por quê?

S.:   Por quê? Para encontrar meu marido.

M.C.B.:   Você vai encontrar seu marido?

S.:   Sim...

M.C.B.:   (*Referindo-se ao marido de Sharada*) Onde?

S.:   Ele está aqui agora. Antes ele estava em Shivapur, perto de Khulna.

M.C.B.:   Em Shivapur?

S.:   Sim.

M.C.B.:   Em Bansberia?

S.:   Em Bansberia. O Templo Hansheshwari fica em Bansberia. Eu estive lá.

M.C.B.:   Você esteve no Templo Hansheshwari em Bansberia? Com quem?

S.:   Depois do meu casamento...

M.C.B.:   Você irá para Burdwan?

S.:   Ninguém está em Burdwan.

M.C.B.:   Ninguém está em Burdwan? E Saptagram?

S.:   Minha tia está lá.

M.C.B.:   Você vai para a cidade de sua tia?

S.:   Você a procurou?

M.C.B.:   Eu a procurei em Calcutá.

S.:   Minha tia morreu.

M.C.B.:   O que seu pai disse?

S.:   Ele disse que minha tia tinha morrido...

M.C.B.:   Você se lembra de alguma canção em bengali? Cante uma. Cante aquela da qual você me falou...

S.:   (*canta*) Oh, Nitai, seja misericordioso. Você é a única esperança para a desesperança. Homens sábios dizem isso. (*volta a falar*) Existe outra canção. Devo cantá-la?

M.C.B.:   Sim. Por favor, cante essa canção.

S.:   (*canta*) Vitória para a senhora, oh, Mãe Tara. (*volta a falar*) É uma música sobre Mãe Tara.

M.C.B.:   Você esteve no templo de Tara?

S.:   Em Shivapur.

M.C.B.:   Em Shivapur? Que outras canções você conhece? Você sabe alguma canção de casamento?

S.:   Me diga de que tipo.

Fim dos trechos da gravação feita em 2 de julho de 1975

Trechos de uma transcrição traduzida de uma entrevista com Sharada feita pelo doutor R. K. Sinha em 7 de maio de 1976

R.K.S.: Quantos tios você tem?

S.: Dois.

R.K.S.: Onde fica a casa de seu tio paterno? Qual é o nome dele?

S.: Dinanath Bandyopadhaya.

R.K.S.: Qual é o nome de sua mãe?

S.: Renukha.

R.K.S.: Oh. Renukha.

[Aqui outra pessoa perguntou a Sharada qual era o nome de sua *tia*. Ela respondeu:]

S.: O nome de minha tia era Jagadhatri.

R.K.S.: Você morava com sua tia?

S.: Eu tinha duas tias. O nome de minha tia era Jagadhatri e o de minha mãe era Anandamoyi.

R.K.S.: O nome de sua mãe era Anandamoyi?

S.: Eu tive duas mães[78].

R.K.S.: Qual a distância da casa de sua tia ao rio Saraswati?

S.: O rio Saraswati? Ficava perto do rio Saraswati.

R.K.S.: E de Hansheshwari?

S.: O rio Saraswati fica perto de Bansberia...

R.K.S.: Deram-lhe um diamante. Onde isso aconteceu? Para quem ele foi dado? O diamante que a Mãe Durga deu?

---

78 Aqui a própria Sharada corrigiu uma escorregada em que tinha incorrido em sua afirmação anterior. Sua tia Jagadhatri se tornou sua mãe de criação, por isso ela poderia dizer corretamente que teve duas mães. Também é possível que, ao dizer que teve duas mães, ela estivesse pensando em Renukha (sua mãe real) e Anandamoyi, sua madrasta.

S.:	Ele foi...
R.K.S.:	Onde aconteceu isso? Em Burdwan?
S.:	Não. Em Shivapur.
R.K.S.:	Em Shivapur? Quem deu o diamante?
S.:	Minha tia o deu para mim. Ele foi dado a ela por sua mãe, que o tinha recebido da mãe dela.
R.K.S.:	Onde ele foi obtido? Quem tinha dado o diamante, e para quem?
S.:	Primeiro ele foi dado pela própria Mãe Durga.
R.K.S.:	Como ele foi dado?
S.:	Ela disse alguma coisa, mas não sei se é verdade.
R.K.S.:	O que ela disse?
S.:	Muito tempo atrás, durante o *satya-yuga* [era da verdade]. Havia uma senhora religiosa cujo marido não a tratava bem. [...] Uma esposa colhe o benefício da boa sorte do marido e vice-versa. Mas ele não a ouvia e foi embora. Mais tarde, ele morreu e foi levado para o crematório. Então, a Mãe Durga apareceu [para a esposa] e lhe perguntou: "Você quer seu marido de volta?" Ela respondeu: "Sim. Por favor, faça-o reviver".

NOTA: A transcrição (e a gravação) foi interrompida neste ponto, antes de Sharada concluir a narrativa do episódio do diamante herdado por ela. Dei seu relato completo no texto, como registrado pelo professor Pal.

Fim dos trechos da gravação de 7 de maio de 1976

Referências bibliográficas

Bangladesh: Official Standard Names. 1976. Washington, D. C.: Defense Mapping Agency Topographic Center.

Beames, J. 1966. *A comparative grammar of the modern Aryan languages of India.* Delhi: Munshiram Manoharlal. (Primeira publicação em 3 volumes, Londres: Trübner and Co., 1872-79.)

Bergson, H. 1959. *Matière et mémoire.* Paris: Presses Universitaires de France. (Primeira publicação, Paris: F. Alcan, 1896.) [*Matéria e memória.* São Paulo: Martins Fontes, 1999.]

Bliss, E. 1980. "Multiple personalities." *Archives of General Psychiatry* 37:1388-97.

Bornkamm, H. 1969. *Die Staatsidee im Kulturkampf.* Darmstadt: Wissenschaftliche Buchgesellschaft.

Broad, C. D. 1925. *The mind and its place in nature.* Londres: Kegan Paul, Trench, Trübner and Co.

Bussmann, W. 1956. "Das Zeitalter Bismarcks." In *Handbuch der deutschen Geschichte*, edição L. Just. Konstanz: Akademische Verlagsgesellschaft Athenaion Sachfeld, vol. 3.

Chatterji, S. K. 1926. *The origin and development of the Bengali language.* Calcutá: Calcutta University Press.

—————. 1963. *Languages and literatures of modern India.* Calcutá: Bengal Publishers Private Ltd.

Cohen, N. J. e Squire, L. R. 1980. "Preserved learning and retention of pattern-analyzing skill in amnesia: Dissociation of knowing how and knowing that." *Science* 210:207-10.

Congdon, M. H., Hain, J. e Stevenson, I. 1961. "A case of multiple personality illustrating the transition from role-playing." *Journal of Nervous and Mental Disease* 132:497-504.

Crystal, D. 1971. *Linguistics*. Harmondsworth, Middlesex: Penguin Books.

Dane, P. G. e Whitaker, L. H. 1952. "Hypnosis in the treatment of traumatic neurosis." *Diseases of the Nervous System* 13:67-76.

Davis, D. 1970. *History of Harrison County, West Virginia*. Clarksburg, Virgínia Ocidental: American Association of University Women.

Delanne, G. 1924. *Documents pour servir à l'étude de la réincarnation*. Paris: Éditions de la B. P. S.

Ducasse, C. J. 1962. "What would constitute conclusive evidence of survival after death?" *Journal of the Society for Psychical Research* 41:401-6.

Franz, S. I. 1933. *Persons one and three: A study in multiple personalities*. Nova York: McGraw-Hill.

Freed, S. A. e Freed, R. S. 1964. "Spirit possession as illness in a North Indian village." *Ethnology* 3:152-71.

Fromm, E. 1970. "Age regression with unexpected reappearance of a repressed childhood language." *International Journal of Clinical and Experimental Hypnosis* 18:79-88.

Gibson, E. P. 1944. "An examination of motivation as found in selected cases from *Phantasms of the living*." *Journal of the American Society for Psychical Research* 38:83-105.

Glasfurd, A. L. 3 e 23 de fevereiro de 1981. Comunicações pessoais.

Greyson, B. e Stevenson, I. 1980. "The phenomenology of near-death experiences." *American Journal of Psychiatry* 137:1193-96.

Grimm, J. e Grimm, W. 1854. *Deutsches Wörterbuch*. Leipzig: Verlag von S. Hirzel.

Gurney, E., Myers, F. W. H. e Podmore, F. 1886. *Phantasms of the living*. 2 vols. Londres: Trübner and Co.

Haraldsson, E. e Stevenson, I. 1975. "A communicator of the 'drop in' type in Iceland: The case of Runolfur Runolfsson." *Journal of the American Society for Psychical Research* 69:33-59.

Hart, H. 1958. "To what extent can the issues with regard to survival be reconciled?" *Journal of the Society for Psychical Research* 39:314-23.

Hill, J. A. 1917. *Psychical investigations*. Nova York: George H. Doran Co.

Hodgson, R. 1898. "A further record of observations of certain phenomena of trance." *Proceedings of the Society for Psychical Research* 13:284-582.

―――――――. 1901. "Some cases of secondary personality" (em relato de encontro da Society for Psychical Research). *Journal of the Society for Psychical Research* 10:99-104.

James, W. 1890. *The principles of psychology*. 2 vols. Nova York: Henry Holt and Company.

Jay, C. E. 1977. *Gretchen, I am*. Nova York: Wyden Books.

Jones, T., ed. 1974. *Harrap's standard German and English dictionary*. Londres: George G. Harrap.

Jung, C. G. 1936. *The psychology of dementia praecox*. Tradução A. A. Brill. Nova York: Nervous and Mental Disease Publishing Co. (Primeira publicação em 1906.)

Jung, C. G., Riklin, F. 1904. "Diagnostische Assoziationsstudien: Experimentelle Untersuchungen über Assoziationen Gesunder. *Journal für Psychologie und Neurologie* 3:193-215.

Kehr, K. 16 de dezembro de 1981. Comunicação pessoal.

Kinsley, D. R. 1975. *The sword and the flute: Kali and Krsna, dark visions of the terrible and the sublime in Hindu mythology*. Berkeley: University of California Press.

Klein, H. 27 de janeiro e 16 de março de 1975. Comunicações pessoais.

Kluge, F. 1960. *Etymologisches Wörterbuch der deutschen Sprache*. Revisão V. Mitzka. 18ª ed. Berlim: Walter de Gruyter and Co.

Krishnanand, Swami. 1968. *Reminiscences*. Baroda: Shriman Ashabhai G. Patel.

Kupper, H. 1955. Wörterbuch der deutschen Umgangssprache. Hamburgo: Claassen Verlag.

Lenneberg, E. H. 1960. "Language, evolution, and purposive behavior." In *Culture in history: Essays in honor of Paul Radin*, edição S. Diamond. Nova York: Columbia University Press.

Ludwig, A. M., Brandsma, J. M., Wilbur, C. B., Bendfeldt, F. e Jameson, D. H. 1972. "The objective study of a multiple personality." Archives of General Psychiatry 26:298-310.

Luria, A. R. 1969. *The mind of a mnemonist*. Tradução Lynn Solotaroff. Londres: Jonathan Cape.

Maddison, D. C. 1953. "A case of double personality." *Medical Journal of Australia* 1:814-16.

Medlicott, W. N. 1965. *Bismarck and modern Germany*. Nova York: Harper and Row.

Moody, R. L. 1946. "Bodily changes during abreaction." *Lancet* 2:934-35.

_____. 1948. "Bodily changes during abreaction." *Lancet* 1:964.

Moser, H. 1965. *Deutsche Sprachgeschichte*. Tübingen: Max Niemeyer Verlag.

Myers, F. W. H. 1903. *Human personality and its survival of bodily death*. 2 vols. Londres: Longmans, Green and Co.

Neidhart, G. 1956. *Werden wir wieder geboren?* Munique: Gemeinschaft für religiöse und geistige Erneuerung.

Olbrich, W. 1960. *Der Romanführer*. 16 vols. Stuttgart: Anton Hiersemann.

Opler, M. E. 1958. "Spirit possession in a rural area of Northern India." Pp. 553-66 in *Reader in Comparative Religion*, edição W. A. Lessa e E. Z. Vogt. Evanston: Row, Peterson and Co.

Pargiter, F. E. (tradução). 1904. *The Markandeya Purana*. Calcutá: The Asiatic Society.

Paul, G. C. 23 de março de 1981. Comunicação pessoal.

Pinnow, H. 1936. *History of Germany*. Londres: J. M. Dent & Sons. (Primeira publicação em 1929 como *Deutsche Geschichte*. Berlim: Josef Singer Verlag.)

Plummer, W. S. 1887. *Mary Reynolds: A case of double consciousness*. Chicago: Religio-Philosophical Publishing House.

Polanyi, M. 1958. *Personal knowledge*. Londres: Routledge and Kegan Paul Ltd.

_____. 1962. "Tacit knowing: Its bearing on some problems of philosophy." *Reviews of Modern Physics* 34:601-16.

_____. 1966. *The tacit dimension*. Garden City, Nova York: Doubleday.

Prince, M. 1901. "The development and genealogy of the Misses Beauchamp: A preliminary report of a case of multiple personality." *Proceedings of the Society for Psychical Research* 15:466-83.

_____. 1906. *The dissociation of a personality.* Nova York: Longmans, Green and Co.

Radclyffe-Hall, M. e Troubridge, U. 1919. "On a series of sittings with Mrs. Osborne Leonard." *Proceedings of the Society for Psychical Research* 30:339-554.

Richter, W. 1962. *Bismarck.* Frankfurt: S. Fischer Verlag.

Ring, K. 1980. *Life at death.* Nova York: Coward, McCann, and Geoghegan.

Sabom, M. 1981. *Recollections of death: A medical investigation.* Nova York: Harper and Row.

Schmidt, R. 1939 e 1941. *Geschichte der Stadt Eberswalde.* 2 vols. Eberswalde: Verlagsgesellschaft Rudolf Müller.

Schmidt-Volkmar, E. 1962. *Der Kulturkampf in Deutschland 1871-1890.* Göttingen: Musterschmidt-Verlag.

Schneck, J. M. 1954. "Hypnotherapy in a case of claustrophobia and its implications for psychotherapy in general." *Journal of Clinical and Experimental Hypnosis* 2:251-60.

Schulz, D. 27 de fevereiro de 1975. Comunicação pessoal.

Sinha, R. K. 15 de setembro de 1981. Comunicação pessoal.

Spiegel, H. e Spiegel, D. 1978. *Trance and treatment: Clinical uses of hypnosis.* Nova York: Basic Books.

Stevens, E. W. 1887. *The Watseka wonder: A narrative of startling phenomena occurring in the case of Mary Lurancy Vennum.* Chicago: Religio-Philosophical Publishing House.

Stevenson, I. 1960. "The evidence for survival from claimed memories of former incarnations." *Journal of the American Society for Psychical Research* 54:51-71 e 95-117.

_____. 1970. *Telepathic impressions: a review and report of thirty-five new cases.* Charlottesville: University Press of

Virginia. (Também publicado em 1970 como *Proceedings of the American Society for Psychical Research* 29:1-198.)

_____. 1972. "Are poltergeists living or are they dead?" *Journal of the American Society for Psychical Research* 66:233-52.

_____. 1973. "A communicator of the 'drop in' type in France: The case of Robert Marie." *Journal of the American Society for Psychical Research* 67:47-76.

_____. 1974a. "Some questions related to cases of the reincarnation type." *Journal of the American Society for Psychical Research* 68:395-416.

_____. 1974b. *Twenty cases suggestive of reincarnation.* 2ª ed. rev. Charlottesville: University Press of Virginia. (Primeira publicação em 1966 como *Proceedings of the American Society for Psychical Research* 26:1-362.) [*Reencarnação: Vinte casos.* São Paulo: Vida & Consciência, 2011.]

_____. 1974c. *Xenoglossy: A review and report of a case.* Charlottesville: University Press of Virginia. (Primeira publicação em 1974 como *Proceedings of the American Society for Psychical Research* 31:1-268.)

_____. 1975. *Cases of the reincarnation type.* Vol. 1, *Ten cases in India.* Charlottesville: University Press of Virginia.

_____. 1976. "A preliminary report of a new case of responsive xenoglossy: The case of Gretchen." *Journal of the American Society for Psychical Research* 70:65-77.

_____. 1977. *Cases of the reincarnation type.* Vol. 2, *Ten cases in Sri Lanka.* Charlottesville: University Press of Virginia.

_____. 1980. *Cases of the reincarnation type.* Vol. 3, *Twelve cases in Lebanon and Turkey.* Charlottesville: University Press of Virginia.

_____. 1983. *Cases of the reincarnation type.* Vol. 4, *Twelve cases in Thailand and Burma.* Charlottesville: University Press of Virginia.

_____. and Greyson, B. 1979. "Near-death experiences: Relevance to the question of survival after death." *Journal of the American Medical Association* 242:265-67.

_____. e Pasricha, S. 1979. "A case of secondary personality with xenoglossy." *American Journal of Psychiatry* 136:1591-92.

_____. 1980. "A preliminary report on an unusual case of the reincarnation type with xenoglossy." *Journal of the American Society for Psychical Research* 74:331-48.

Teja, J. S., Khanna, B. S. e Subrahmanyam, T. B. 1970. "'Possession states' in Indian patients." *Indian Journal of Psychiatry* 12:71-87.

Thigpen, C. H. e Cleckley, H. M. 1957. *The three faces of Eve.* Nova York: McGraw Hill.

Thomas, C. D. 1945. "A discourse given through Mrs. Leonard and attributed to Sir Oliver Lodge." *Journal of the Society for Psychical Research* 33:134-56.

U. S. Bureau of the Census. 1970. *Census of Population, 1970: Subject Reports — National Origin and Language.* Washington, D. C. Tabela 19.

Varma, L. P., Srivastava, D. K. e Sahay, R. N. 1970. Possession syndrome. *Indian Journal of Psychiatry* 12:58-70.

Wendt, H. 23 de janeiro de 1975. Comunicação pessoal.

REENCARNAÇÃO

é um fenômeno da natureza. Em seus ciclos, tudo é equilíbrio e acontece no tempo certo.

Zibia Gasparetto

IAN STEV

Reencarnação: vinte casos

Casos europeus de reencarnação

Crianças que se lembram de vidas passadas

ENSON

Grandes sucessos

Mais de meio século dedicados às investigações parapsicológicas e à comprovação científica da reencarnação. Para conhecer melhor o seu trabalho, sugerimos a leitura de *Reencarnação: Vinte casos*; *Casos europeus de reencarnação* e *Crianças que se lembram de vidas passadas*. Esses livros abrem os olhos e a mente do leitor para compreender, dentro de uma ótica científica, a natureza da existência humana e a morte. Afinal, a reencarnação é uma dádiva maravilhosa, uma oportunidade de progresso e de experiências enriquecedoras.

Esses e outros livros do catálogo você encontra em nosso site:
www.vidaeconsciencia.com.br

Rua Agostinho Gomes, 2.312 – SP
55 11 3577-3200

grafica@vidaeconsciencia.com.br
www.vidaeconsciencia.com.br